福建师范大学省重点学科建设项目

国外马克思主义研究专辑

专辑主编 何贻纶

马克思主义理论与现实研究文库

MARXISM

主编⊙李建平

杨 晶／著

古巴绿色发展理论与实践研究

A Study on the Theory and Practice of Green Development in Cuba

社会科学文献出版社

SSAP

SOCIAL SCIENCES ACADEMIC PRESS (CHINA)

马克思主义理论与现实研究文库
总序

　　神州大地风雷激荡，海峡西岸春潮澎湃。福建师范大学省重点高校建设项目《马克思主义理论与现实研究文库》与大家见面了。

　　本文库以坚持、发展和弘扬马克思主义为宗旨。这既是神圣的使命，又是历史的责任。马克思主义问世已经一个半世纪了，尽管她遭遇到各种各样的围攻、谩骂、禁锢、歪曲……但仍顽强地成长、广泛地传播、蓬勃地发展；尽管也有成百上千种理论、学说来与之较量，企图取而代之，但都无法得逞。"苏东剧变"虽然使世界社会主义遭受严重挫折，但无损马克思主义真理的光辉。马克思主义者在认真总结"苏东剧变"的教训后，将使马克思主义理论变得更纯洁、更成熟，朝着更健康的方向发展。

　　当20世纪即将结束的时候，英国广播公司在全球范围内举行过一次"千年风云人物"网上评选。结果，马克思被评为千年思想家，得票高居榜首。中国共产党人80多年来，坚持以马克思主义为指导，取得了革命和建设一个又一个的胜利，开创了中国特色社会主义道路，把一个贫困落后的中国，变成一个初步繁荣昌盛、欣欣向荣的中国。在进入21世纪后，中国共产党人再次庄严宣告，马克思主义是我们立党立国的根本指导思想，是全党全国人民团结奋斗的共同思想基础，并且以极大的决心和气魄，在全国实施马克思主义理论研究和建设的宏大工程，在马克思主义发展史上留下光辉的篇章。

　　马克思主义之所以具有如此强大的生命力和竞争力，在于她具有以下五个突出的品格。

　　一是科学性。一种理论、观点能称为科学，它必须满足两个条件：一是合理地解释历史的发展，特别是其中的一些难题、怪象；二是有效地预见未来，并为尔后的实践所证实。列宁在评价马克思一生中的两大发现之一唯物史观时这样写道："马克思的历史唯物主义是科学思想中的最大成果。过去在历史观和政治观方面占支配地位的那种混乱和随意性，被一种极其完整严密的科学理论所代替，这种科学理论说明，由于生产力的发展，如何从一种社会生活结构中发展出另一种更高级的结构，例如从农奴制度中生长出资本主义。"① 中国改革开放20多年的实践已向世人有力地证明中国所选择的建设中国特色社会主义道路及其指导思想马克思主义是完全正确的，而西方一些别有用心的人士所鼓吹的"中国崩溃论"等论调则是完全错误的。

马克思主义是科学，这就要求我们以科学的态度对待马克思主义。针对林彪、"四人帮"肆意割裂、歪曲毛泽东思想，邓小平提出要完整、准确地理解毛泽东思想，这是十分正确的。同样，我们对马克思主义的主要创始人马克思的学说也要完整、准确地理解。在这方面，由于种种原因，我们还做得不够理想。例如，对马克思主义哲学，我们主要通过恩格斯、列宁，甚至斯大林的著作来了解，而对马克思在《资本论》中所应用的十分丰富的辩证法思想，则研究得不多。《资本论》虽然主要是研究资本主义的这一特殊的市场经济，但同任何特殊事物中都包含着一般一样，透过资本主义市场经济这一"特殊"，马克思也揭示了市场经济的"一般"，这个"一般"对社会主义市场经济也是同样适用的。因此，我认为要从现时代的观点重新解读《资本论》，发掘那些有益于建设社会主义市场经济的东西。学术界有人提出要"回到马克思"、"走近马克思"、"与马克思同行"，但最重要的是要完整、准确地理解马克思。恩格斯在《资本论》第二卷序言中写道："只要列举一下马克思为第二卷留下的亲笔材料，就可以证明，马克思在公布他的经济学方面的伟大发现以前，是以多么无比认真的态度，以多么严格的自我批评精神，力求使这些伟大发现达到最完善的程度。"② 因此，我们对待马克思的著作，对待马克思的一系列"伟大发现"，也要采取"无比认真的态度"和"严格的自我批评精神"。只有以科学的精神和科学的态度才能产生科学的结论。

二是人民性。列宁指出："马克思学说中的主要的一点，就是阐明了无产阶级作为社会主义社会创造者的世界历史作用。"③ 马克思主义从来没有

① 《列宁选集》第2卷，人民出版社，1995，第311页。
② 《马克思恩格斯全集》第24卷，人民出版社，1972，第4页。
③ 《列宁选集》第2卷，人民出版社，1995，第305页。

隐讳，她是为无产阶级服务的，是无产阶级认识世界和改造世界的思想武器。但是，无产阶级又是人民群众的一部分——当然是核心部分。无产阶级的利益和广大人民群众的利益是相一致的，而且，无产阶级只有解放全人类，才能最后解放自己。可以说，马克思主义不仅是反映无产阶级利益的学说，同时也是反映最广大人民群众利益的学说。阶级性和人民性本质上是相一致的，只不过在不同的时期强调的侧重点有所不同罢了。在革命战争年代，强调马克思主义的阶级性，是完全必要的，也是十分正确的；在社会主义建设时期，随着社会主要矛盾的转换，在坚持马克思主义阶级性的同时，应该强调她的人民性，强调马克思主义反映最广大人民群众的根本利益要求。"三个代表"重要思想以及科学发展观、"执政为民"、"以人为本"、构建和谐社会、开展荣辱观教育等理论，一经问世就广为流行，受到了人民群众的热烈拥护，就是因为它们具有鲜明的人民性。过去很长一段时间中，由于受"左"的思潮的影响，我们把人权看成是资产阶级的观点，采取回避、批判的态度，结果在国际政治斗争中经常处于被动境地。这一情况在20世纪90年代发生了根本变化。1991年11月1日中国正式公布了《中国的人权状况》（又称《中国人权白皮书》），高度评价人权是一个"伟大的名词"、"崇高的目标"，是"长期以来人类追求的理想"。以此为开端，中国掀起了研究人权、关心人权、维护人权的热潮，人权理论成了马克思主义理论体系的一个重要组成部分。从人权理论在我国所发生的变化，说明人民性的确应该成为马克思主义的一个重要特征。

三是实践性。"强调理论对于实践的依赖关系，理论的基础是实践，又转过来为实践服务。判定认识或理论之是否真理，不是依主观上觉得如何而定，而是依客观上社会实践的结果如何而定。真理的标准只能是社会的实践。"[①] 毛泽东同志在将近70年前讲的这段话，至今仍十分正确。马克思主义是放之四海而皆准的普遍真理，因为她揭示了人类社会发展的客观规律，为人类进步、社会发展，为全人类的最后解放指明了正确方向；但在实际运用马克思主义的理论时，又要同各国的具体实践相结合，不能生搬硬套，不能搞教条主义。实践在发展，马克思主义本身也要随着实践的发展而发展。马克思主义虽然诞生于19世纪，但她没有停留在19世纪。作为一个开放的理论体系，150多年来，她始终与时代同行，与实践同步。党的十六大把

---

① 《毛泽东选集》第1卷，人民出版社，1991，第284页。

"与时俱进"作为中国共产党新时期思想路线的重要内容，把能否始终做到实践基础上的理论创新当作我们必须长期坚持的治党治国之道，正是对马克思主义实践性的高度重视和深刻体现。

社会实践是检验科学与非科学、真理与谬误的巨大试金石。当苏联解体、东欧剧变时，西方一些人兴高采烈，并且迫不及待地兜售所谓的"华盛顿共识"，把它当成是解决各国社会经济危机、走向繁荣富强的灵丹妙药。但实践表明，推行"华盛顿共识"的国家非但没有摆脱危机，反而陷入了更深重的灾难，"华盛顿共识"不得不宣告失败。与之形成鲜明对照的是，中国坚持和发展马克思主义，走中国特色社会主义道路，取得了令世人瞩目的伟大成绩。中国的成功实践已在国际上逐步形成了"北京共识"，这既是中国20多年来改革开放实践的胜利，也是中国化的马克思主义的胜利。

四是战斗性。马克思在《资本论》第一卷的序言中写道："在政治经济学领域内，自由的科学研究遇到的敌人，不只是它在一切其他领域内遇到的敌人。政治经济学所研究的材料的特殊性，把人们心中最激烈、最卑鄙、最恶劣的感情，把代表私人利益的复仇女神召唤到战场上来反对自由的科学研究。"[1] 由于马克思主义公然申明是为无产阶级和广大人民群众谋利益的，所以从她一问世，就受到了敌人的百般攻击，在其生命的途程中每走一步都得经过战斗。马克思一生中的主要著作大多是和资产阶级思想家进行论战的记录，就连《资本论》的副标题也是资产阶级"政治经济学批判"。"正因为这样，所以马克思是当代最遭嫉恨和最受诬蔑的人。"[2] 可是，当马克思逝世的时候，在整个欧洲和美洲，从西伯利亚矿井到加利福尼亚，千百万战友无不对他表示尊敬、爱戴和悼念。恩格斯十分公正地说："他可能有过许多敌人，但未必有一个私敌。"[3]

在我国，马克思主义已经处于意识形态的指导地位，在马克思主义的指引下，全党全国人民正在为实现第三步战略目标、推进现代化建设而努力。但是，也要清醒地看到，在新的历史条件下，巩固马克思主义在意识形态领域的指导地位面临的形势是严峻的。从国际看，西方敌对势力把中国作为意识形态的主要对手，对我国实施西化、分化的图谋不会改变。从国内看，随

---

① 《马克思恩格斯全集》第 23 卷，人民出版社，1972，第 12 页。
② 《马克思恩格斯选集》第 3 卷，人民出版社，1995，第 777 页。
③ 《马克思恩格斯选集》第 3 卷，人民出版社，1995，第 778 页。

着社会主义市场经济的发展和对外开放的扩大,社会经济成分、组织形式、就业方式、利益关系和分配方式日益多样化,人们思想活动的独立性、选择性、多变性和差异性进一步增强。在这种情况下,出现非马克思主义甚至反马克思主义的思想倾向,也就不可避免了。面对这种挑战,我们不能回避,不能沉默,不能妥协,更不能随声附和、同流合污。苏联、东欧的前车之鉴,我们记忆犹新。我们应该表明态度,应该奋起反击,进行有理有据有说服力的批判,以捍卫马克思主义的科学尊严。例如,有人肆意贬低、歪曲、否定马克思的劳动价值论,企图动摇马克思主义政治经济学大厦的基石,难道我们能听之任之吗?有人千方百计地要把"华盛顿共识"推销到中国来,妄图使中国重蹈拉美、俄罗斯、东欧和东南亚一些国家的覆辙,我们能袖手旁观吗?当然不能!这不仅是党性立场所致,也是科学良知使然!在这一点上,我们应该向德国工人运动的老战士、杰出的马克思主义理论家弗兰茨·梅林学习,他在一个世纪前写的批判各种反马克思主义思潮的论文(已收入《保卫马克思主义》一书中,苏联 1927 年版,中文版为人民出版社 1982 年版),今天读来仍然感到新鲜和亲切。

五是国际性。1848 年,当马克思、恩格斯出版《共产党宣言》,发出"全世界无产者,联合起来"的号召时,就注定了马克思主义是一种超越地域、肤色、文化局限的国际性的思想理论体系。当今,方兴未艾的经济全球化浪潮正深刻地影响着世界各国的经济社会进程,尽管这种影响有其积极的一面,但也会给许多发展中国家造成消极的甚至是严重的后果。这已为许多事实所证明。如何在经济全球化进程中趋利避害,扬善去恶,除了以马克思主义作指导外,别无其他更好的主义。因此,马克思主义的国际化,现在比以往任何时候都显得重要和迫切。西方垄断资本出于维护其根本利益的考虑,竭力反对马克思主义的国际化,也就不足为奇了。

中国共产党人把马克思主义普遍真理与中国具体实践相结合,产生了中国化的马克思主义,指引中国的革命与建设不断取得新的胜利。随着中国改革开放的不断深入、综合国力不断强大、人民生活不断改善、国际地位不断提高,世界各国对中国的兴趣日益浓厚。因此,"北京共识"、"中国模式"逐渐成为国际论坛的重要议题。看来,中国化的马克思主义正在走向世界,这不仅是马克思主义在中国 85 年发展的必然,也是当今世界经济社会形势发展的必然。作为中国的马克思主义者,应该感到自豪,因为对马克思主义的发展作出了自己的贡献;应该要有广阔的国际视野,不仅要关注世界的风云变幻，也要了解和研究国外马克思主义研究的动态。要积极推进国际的学术交流与合作，让中国化的马克思主义为世界各国朋友所了解，并与他们一道，共同推进马克思主义的发展。

以上所述马克思主义的五大品格，也是本文库所遵循的指导思想。福建师范大学历来重视马克思主义理论的教学与研究，20多年来在本科生、研究生中坚持开设《资本论》和其他马克思主义原著课程，出版、发表了许多用马克思主义立场、观点和方法分析问题、解决问题的论著。学校把马克思主义理论研究和学科建设紧密结合起来，迄今已获得理论经济学、历史学、中国语言文学等一级学科博士点、博士后科研流动站和马克思主义原理、马克思主义中国化、思想政治教育等二级学科博士点，培养了一大批有志于马克思主义理论教学和研究的学术骨干。2006年年初，学校整合相关院系师资，成立了马克思主义研究院。本文库是学校学习、研究、宣传马克思主义理论的重要阵地，也是开展对外学术交流的重要平台。

本文库初步安排10辑。大体是：马克思主义哲学研究；《资本论》与马克思主义经济理论研究；中国社会主义市场经济研究；马克思主义中国化研究；思想政治教育研究；马克思主义发展史研究；社会主义经济发展史研究；国外马克思主义研究；西方经济学与当代资本主义研究；建设海峡西岸经济区研究等。每辑出若干本著作，计划用10年左右的时间，出版100本著作。本文库的出版得到福建省重点高校建设项目的特别资助和社会科学文献出版社的大力支持，在此表示衷心感谢！

胡锦涛同志十分重视实施马克思主义理论研究和建设工程，勉励参与这一工程的学者要进一步增强责任感和使命感，满腔热忱地投身这一工程，始终坚持解放思想、实事求是、与时俱进，大力弘扬理论联系实际的马克思主义学风，深入研究马克思主义基本原理，深入研究邓小平理论和"三个代表"重要思想，深入研究重大的理论和实际问题，为马克思主义在中国的发展，为全面建设小康社会、开创中国特色社会主义新局面作出新的更大的贡献。这段语重心长的话，也是本文库所追求的终极目标。

是为序。

李建平

2006 年 3 月 31 日

前　言

　　古巴的绿色发展以其独特的历史背景和探索历程引起国内外学者，特别是西方左翼学者的关注。殖民破坏、大国依赖、单一种植等是革命胜利前古巴生态环境严重破坏的主要原因。社会主义建设初期，美国长期封锁和苏东剧变加剧了古巴生态环境问题。面对脆弱的生态系统、短缺的资源供给等困境，工业化程度尚且不高的古巴果断放弃传统的工业化农业模式，历经基础铺设、框架建立以及自我转型等发展过程，探索出一条自给自足的绿色发展之路。古巴在绿色发展方面的主要经验包括：在农业方面，打造具有古巴特色的永续栽培模式；在工业方面，实施石油替代计划并对垃圾及废弃物进行可再生处理；在劳动关系方面，重建粮食生产体系中的劳动关系；在社会发展方面，重视绿色医疗、绿色教育和绿色旅游的建设。古巴的绿色发展具有如下特色：一是以马克思主义为指导；二是以社会主义制度为保障；三是以政府为主导。经过多年努力，古巴的绿色发展实践取得显著成效，生态环境得到普遍改善，有效促进了国内经济社会的恢复和发展。古巴在绿色发展方面的成就，也获得国际社会的普遍认可和赞誉。但古巴仍面临严峻的现实挑战，领导层更迭、经济建设与环境保护的不够协调、与美国复杂且不稳定的外交关系等，是古巴当前需要应对的问题。

　　古巴的绿色发展既是基于本国实际进行的生态环境治理，也是一种促进国家经济恢复发展的重要手段。它不仅向国际社会展现可持续发展的绿色路径，也为不同制度国家提供一种生态环境治理范式。不过，古巴的绿色发展模式并不稳定和成熟。古巴现有的经济水平限制了绿色发展的进一步转型，古巴的绿色发展尚缺乏深度的理论思考与制度建构。古巴的国情及其社会主义发展程度与我国存在相当差异，绿色发展水平不同，但其在都市农业、永续栽培模式、公众环境意识培养等方面的成功经验，对我国生态文明建设，特别是在绿色城市建设、绿色农业发展以及人们的环保意识教育等方面，具有积极的借鉴价值。

目　录

绪　论

一　选题缘起与研究意义

（一）选题缘起

本选题的确定主要通过理论与实践两个层面进行考量。理论层面在于丰富国内外学界对古巴绿色发展的研究；实践层面在于探讨古巴经验对中国生态文明建设的有益启发。

1. 理论层面

工业文明涌现出的种种技术手段，为调和人与自然的矛盾提供了方案，但这类方法通常以社会经济效益最大化为导向，着眼于短期目标，功能单一，忽视与生态系统的关联性，本身也会对生态环境产生一定负面影响。[①]片面依赖技术手段实施生态治理的方式无法从根本上缓解生态危机。如何从根源上解决环境问题，实现可持续发展，一直是国内外学者们关注的一个问题。西方绿色左翼学者认为，资本主义制度是当前生态环境危机日益严重的一个重要原因。在新自由主义的统治下，社会倾向于以金钱和物质财富作为增长的主要目标。这样的一种市场逻辑破坏了人与自然之间的和谐关系。解决环境问题的根本途径是转向社会主义发展之路。古巴是全球唯一在人类发展指数（0.82）和生态足迹指数（1.5ha/p）两方面都达到很高标准的国家，古巴生态环境治理及绿色发展方面的努力在国际范围内获得认可。世界自然基金会（WWF）《2006 年地球生命力报告》称，古巴是世界上唯一可持续发展的国家。与世界其他发展水平类似的国家相比，古巴在绿色发展方

[①]　庄贵阳、薄凡：《从自然中来，到自然中去——可持续发展建设与基于自然的解决方案》，《光明日报》2018 年 9 月 12 日，第 14 版。

面的建设更为系统，生态环境治理成效显著。在"资强社弱"的格局下、在严峻的国内外形势下，绿色发展何以在古巴被提出并持续推动，其探索历程、主要经验、主要特征以及其实践成效无疑是一个值得探究的问题。学界对古巴绿色发展的研究已取得了较为丰富的成果，但通过对现有研究成果的梳理，笔者发现目前该领域的研究也存在一些不足：一是从事古巴绿色发展研究的学者尽管对本研究的相关问题做出若干研判，但他们对生态环境领域的研究大多从属于环境领域和经济领域的研究，对社会主义与绿色发展二者之间的学理联系阐述不足；二是从事社会主义研究的学者在各自学科领域内只侧重生态环境的某一维度研究，对其整体发展逻辑和经验研究不足。

本研究以古巴的绿色发展为主题，在批判资本主义反生态本质，评析社会主义进行绿色发展的可能性和必要性的基础上，在社会主义范畴内、在公有制的框架下对古巴的生态环境治理进行理论研究和实践总结，通过对古巴绿色发展的理论渊源、时代背景、发展历程、主要经验、基本特征、建设成效和面临的挑战以及对中国的有益启示等几大部分进行分析，探索当代世界社会主义发展新态势。

2. 实践层面

党的十八大以来，我国把生态文明建设作为"五位一体"总体布局和"四个全面"战略布局的重要组成部分，并形成了科学系统的习近平生态文明思想。

我国开展了一系列根本性、开创性、长远性工作，加快了生态文明顶层设计和体系建设，加强法治建设，建立并实施了中央环境保护监督制度，实施大气、水和土壤污染防治三大行动计划，率先发布《中国落实 2030 年可持续发展议程国别方案》，实施《国家应对气候变化规划（2014—2020年）》，促进生态环境保护产生历史性、转折性、全局性变化。[①] 习近平总书记在全国生态环境保护大会上也指出："总体上看，我国生态环境质量持续好转，出现了稳中向好趋势，但成效并不稳固。"[②] 目前美丽中国的建设仍旧面临诸多挑战：不同地区环境治理与改革力度不均衡，各级政府对环境保护重视程度自上而下层层衰减，对生态文明理念的深化认知仍需加强等，成为建设过程中无法回避的现实。随着我国的社会主义建设进入新时代，社

[①] 《坚决打好污染防治攻坚战 推动可持续发展建设迈上新台阶》，《人民日报》2018 年 5 月 20 日，第 1 版。

[②] 《坚决打好污染防治攻坚战 推动可持续发展建设迈上新台阶》，《人民日报》2018 年 5 月 20 日，第 1 版。

会主要矛盾已发生变化，人们对美好生活的渴望更加强烈。为了满足人们对美好环境日益增长的需求，如何持续、稳步地推进中国生态文明建设，促进人与自然和谐相处，已是当前关注的焦点。

与资本主义的环境治理不同，古巴的绿色发展以一种全新的方式推动社会发展。虽然同样作为社会主义国家的古巴，其社会主义"更新"模式与我国社会主义建设路径及发展模式有所不同，但二者在公有制框架内进行的生态环境治理与发展却有着共同的规律。古巴的绿色发展是建立在古巴特色的社会主义"更新"模式内，以土地公有制为基础的。坚持社会主义方向，选择独立探索、寻求马克思主义与本国实际的具体结合等经验与中国生态文明建设理念不谋而合。在社会主义制度的强大保障下，古巴的实践经验向国际社会提供了一条全新的绿色发展道路。古巴政府在都市农业、有机替代、新型可再生能源等方面的实践成效对同为社会主义国家的中国有着一定的借鉴作用，古巴政府坚持将绿色发展融入医疗、教育、旅游等特色行业发展的经验对世界环境治理具有一定的启示。深入研究古巴的绿色发展，有利于我们进一步把握可持续发展规律，汲取古巴经验中的有益成分，不断完善我国的生态文明建设，为世界生态安全做出更大贡献。

（二）研究意义

绿色发展已成为当今世界潮流，特别是进入 21 世纪以来，顺应自然、着眼长期的发展目标已成为共识。社会主义国家如何进行绿色发展，不仅引起国际社会的关注，也成为学术界聚焦的一个崭新命题。深入探讨古巴绿色发展的理论与实践经验，无疑有重大的理论意义和应用价值。

1. 理论意义

第一，有助于总结古巴社会主义绿色发展建设模式。作为西半球唯一的社会主义国家，古巴的绿色发展是以政府为主导，发挥群众力量即通过上下联动模式进行的；是在实际国情的背景下发挥本国的特色优势，统筹环境与教育、医疗、旅游等行业协调发展的。强调维护人与自然和谐是社会主义的根本特征，古巴的绿色发展经验符合"基于自然的解决方案"，更是古巴社会主义模式"更新"的重要组成部分。对古巴绿色发展进行深入研究"对丰富科学社会主义内容，扩大马克思主义者和共产党人的视野和思路只有好处"[①]。

[①]　胡振良：《变革中的社会主义向何处去——当前党政领导干部关注的重大思想现实问题（十九）》，《科学社会主义》2007 年第 3 期。

第二，有助于把握发展规律，探索社会主义国家可持续发展的道路，拓宽世界社会主义研究的视野。生态思想是马克思恩格斯留给我们的一份重要的理论遗产，如何正确处理人、自然、社会的关系，解决人与自然的矛盾，在马克思主义经典著作中有不少重要论述。充分掌握这一部分的理论，有助于我们理解和解决当代生态问题，为推动社会主义可持续发展提供思想武器。但不可否认，马克思恩格斯并没有对在社会主义初级阶段如何促进可持续发展提供现成的答案。社会主义制度下的可持续发展作为现代文明的基本追求，其实现是一个长期的过程，需要我们在理论上把握不同阶段、不同方面的特点，建构可持续发展的总体框架，推动可持续发展从初级阶段向高级阶段不断发展。本研究打通学科之间的壁垒，在马克思主义指导下对古巴的绿色发展进行研究分析，对其生态保护及环境治理经验进行理论思考，探索生态环境保护与社会发展的可持续路径，拓宽世界社会主义研究的深度和广度。

2. 应用价值

通过对古巴的研究，总结其绿色发展经验。

第一，有利于为中国生态环境治理和生态文明建设体制改革提供经验参考。中国共产党第十七次全国代表大会首次提出要进行生态文明建设，阐述了建设生态文明的一系列方针、政策和措施，深刻把握生态文明建设的重要性和紧迫性。十八大继承和发展这一思想，首次对生态文明建设进行全面论述，并把其纳入我国社会主义建设的总布局中。十九大对生态文明建设提出了一系列新思路、新目标、新要求和新部署，把建设美丽中国确立为社会主义现代化的重要目标。中国生态文明建设理论成为当前我国社会主义生态文明建设的灵魂，为建设美丽中国提供重要支撑。本研究对古巴绿色发展的具体情况进行考察分析，对中国解决环境与发展之间的矛盾、大力推进生态文明体制改革，有现实意义。

第二，有利于世界社会主义国家吸收绿色发展研究成果。世界上现存的五个社会主义国家均处于不断探索本国特色的社会主义发展阶段。经济发展成为社会主义国家建设的重心。但在经济飞速发展的同时，社会主义国家也出现严重的生态环境问题。与日常生活和社会稳定密切相关的森林砍伐、饮用水污染、城乡垃圾、工业化农业危机和空气污染日益严重。对古巴绿色发展的深入研究，让我们认识到绿色发展已成为社会主义文明体系的重要基础和保障，必须充分发挥社会主义制度的优越性，探索适合本国的绿色发展之路，为世界社会主义的发展做出贡献。

二　国内外研究现状综述

关于古巴的绿色发展，总的来说，国内外相关研究在数量和质量上都取得了很大进展。特别是近年来，学者们对古巴社会主义制度以及生态环境等进行了大量研究。现有的研究成果为笔者提供了宝贵的理论观点和文献资料。

（一）国内相关研究现状及评述

20世纪八九十年代至今，国内学者围绕马克思恩格斯的生态思想、绿色发展与社会主义的关系以及古巴社会主义的论著逐年增多，其质量也在不断改善。近年来，国内马克思主义研究者开始从社会主义视角论述古巴环境保护及其绿色发展状况。虽然目前国内在该领域的研究并不普遍，但已有的相关成果为本选题研究古巴绿色发展的建设状况、社会主义制度下的实践经验以及其对中国和世界生态环境的有益启示提供参考。

1. 国内相关研究梳理

目前国内马克思主义学界对古巴绿色发展的研究呈现如下几种视角。

（1）对马克思主义经典著作中蕴含的生态思想给予积极肯定。从20世纪八九十年代开始，国内一些学者明确指出，马克思恩格斯不同时期的作品中含有丰富的生态思想。解保军系统地阐述了马克思自然观的现代生态哲学意蕴。[①] 郎廷建认为，有些学者基于马克思和恩格斯没有提出或使用"可持续发展"和"生态学"等概念或术语，进而断言他们没有可持续发展思想，这种混淆"概念"和"思想"的做法是不科学的。[②] 胡梅叶等认为马克思恩格斯当时密切关注西欧的生态问题，形成了丰富而深刻的生态学理论。可以通过归纳法和综合的方法逻辑展示其基本思想。[③] 李世书指出，生态学马克思主义自然观的思想来源之一是马克思的自然观。马克思的自然与人与社会的互动和辩证关系为当代生态学的传播与发展提供理论支持。他以价值为导向，倡导从社会变革问题中解决自然环境问题，为生态学马克思主义真正解决人与自然的异化提供有效途径。[④]

---

① 解保军：《马克思自然观的生态哲学意蕴："红"与"绿"结合的理论先声》，黑龙江人民出版社，2002。

② 郎廷建：《马克思恩格斯的可持续发展思想》，《上海财经大学学报》2015年第5期。

③ 胡梅叶、陶富源：《马克思主义哲学理论结构的生态维度》，《哲学动态》2015年第9期。

④ 李世书：《生态学马克思主义的自然观研究》，中央编译出版社，2010。

（2）批判资本主义，认为只有社会主义才能实现真正的绿色发展，即可持续发展。我国最早关于"生态问题与社会主义"的期刊文章应是段华明在1996年第4期的《开发研究》中发表的《社会主义与生态问题》。他认为："作为涉及整个人类共同利益和根本前景的生态问题，其本身并不具有意识形态性质。"① 进入21世纪，诞生了诸多关于生态问题、生态危机与社会主义的研究，在学界产生了巨大反响，为研究古巴绿色发展提供了不少有价值的理论借鉴。陈永森、蔡华杰全面介绍生态社会主义的发展演变过程，同时，对生态社会主义的一些基本命题、观点进行了更深入的研究，指出生态社会主义是基于发达资本主义国家背景下的批判性理论，有助于人们进一步认识资本主义的反生态本质；但每个国家或地区的情况不同，因此需要我们辩证地思考、有选择性地借鉴。②

胡振生用马克思主义的立场观点分析了当代世界生态问题中的资本主义根源，认为资本主义不能从根本上解决生态问题。在当代世界社会主义运动普遍处于低潮的时期，文章着眼于世界发展的历史趋势，指出生态问题的未来指向和希望就是共产主义。③ 在拉丁美洲区域研究中，人们批判新自由主义，提出"21世纪社会主义"替代方案，常将古巴的绿色发展视为向社会主义转型的重要标杆。张金霞对卡斯特罗社会主义观进行了理论探索，认为新自由主义对古巴社会和生态环境带来巨大破坏，只有积极探索绿色、可持续的社会主义才是最佳替代方案。④

（3）认为古巴已形成较为系统的可持续发展方式，特别是农业方面的有机农业、都市农业等绿色发展可称为世界标杆。徐世澄等认为，古巴的可持续发展理念较早地渗透到国家建设的方方面面，在可持续发展与环境保护方面积累了丰富的理论与实践经验，并取得了令人瞩目的成就。⑤ 陈美玲从古巴政府对生态农业的奖励激励措施角度切入，认为古巴是世界上极少数将"以农民为主导、社区为基础、经济上可行"的发展模式从科研项目转化为应用型政策并由政府提供大量资源支持，最终取得成功的国家之一。⑥ 房宏

① 段华明：《社会主义与生态问题》，《开发研究》1996年第4期。
② 陈永森、蔡华杰：《人的解放与自然的解放：生态社会主义研究》，学习出版社，2015。
③ 胡振生：《生态环境的恶化呼唤着共产主义》，《当代思潮》2000年第4期。
④ 张金霞：《"古巴模式"的理论探索——卡斯特罗的社会主义观》，人民出版社，2012。
⑤ 徐世澄、贺钦编著《古巴》（第二版），社会科学文献出版社，2018。
⑥ 陈美玲：《古巴农业革命》，社会科学文献出版社，2013。

琳、单吉堃认为，古巴可持续农业发展的模式较为成功地实现了工业化农业
向可持续发展农业的转变。环境友好、经济上可行、社会公平的可持续农业
是世界现代农业的发展方向。古巴的实践经验为可持续农业发展提供了一个
可资借鉴的例证。[①] 林惠贞指出，古巴引以为傲的生态农业，其实是在不得
已的情况下展开的。但在古巴政府确立"生态农业"政策后，古巴利用多
样化的耕作方式发展都市农业，并为全世界提供关于替代食品的新方案。[②]

（4）古巴生态环境治理及绿色发展经验值得中国借鉴，但不能过于简
单化或机械地移植。贺钦通过对古巴可持续发展战略确立与演进的阐述，以
及对古巴可持续发展框架与基本经验进行分析，认为古巴在绿色发展方面具
有忧患意识和超前思维，在有限的生存条件下，古巴政府持续关注社会的可
持续发展，注重系统工程的完善，并形成一套行之有效的发展框架，为发展
中国家进一步探索多元化的和谐发展之路提供了有益的启示。[③] 肖建华指
出，在短期内，古巴被迫转向发展有机农业，以适应世界现代农业的发展，
逐步走上了可持续、环境协调和自给自足的农业发展道路，成为世界可持续
发展农业的典范。他认为古巴发展有机农业的做法对资源和环境双重制约下
的中国农业发展转型具有重要意义。我国应根据国情、国力和农情、农力，
汲取古巴的经验教训，转变观念寻求新的发展思路。[④] 刘贺认为，古巴的绿
色发展取得了巨大成就，形成了一套行之有效的社会主义制度下解决环境问
题、实现经济社会可持续发展的发展框架。以社会主义制度作为绿色发展的
统领，是古巴绿色发展取得成功的法宝。但我们需客观评价和理性借鉴古巴
经验，对于古巴绿色发展所取得的成效要有清醒认识，要结合具体实际，不
能盲目复制。[⑤]

2. 国内关于古巴绿色发展相关研究评述

总体而言，马克思主义学者大多关注古巴社会主义建设方面的研究，对
生态环境领域的研究明显不足；而国内学者对古巴的绿色发展研究多集中于
具体的环境治理问题，对其发展的主要贡献、基本特征及经验成效等的系统

---

① 房宏琳、单吉堃：《古巴可持续农业发展的模式与经验》，《中国农村经济》2009 年第 9 期。
② 林惠贞：《古巴生态农业启示录》，《农产品市场周刊》2014 年第 20 期。
③ 贺钦：《浅析古巴可持续发展的基本经验》，《拉丁美洲研究》2007 年第 3 期。
④ 肖建华：《借鉴古巴经验推进我国"两型"农业发展》，《环境保护》2013 年第 15 期。
⑤ 刘贺：《古巴社会主义生态文明建设的实践与启示》，《重庆社会主义学院学报》2014 年第
　　3 期。

研究相对缺乏。

（1）有关古巴绿色发展的文章引介有待完善。国内关于古巴绿色发展研究的译著稀缺，古巴国内及西方相关研究学者的核心著作和文章都没有完整的中译本。例如，*Sustainable Agriculture and Food Security in an Era of Oil Scarcity: Lessons from Cuba*（Julia Wright），*Greening of the Revolution: Cuba's Experiment with Organic Farming*（P. Rosset and M. Benjamin），*The Greening of the "Barrios": Urban Agriculture and Food Security in Cuba*（M. Altieri），*Toward a Culture of Nature: Environmental Policy and Sustainable Development in Cuba*（Pamela Stricker），*Climate and Catastrophe in Cuba and the Atlantic World in the Age of Revolution*（Sherry Johnson），*The Struggle for Ecological Agriculture in Cuba*（Richard Levins）等英语及其他西班牙语专著和文章未有中译本。这在一定程度上给国内马克思主义学界研究和分析古巴绿色发展增加难度。

（2）在古巴社会主义与绿色发展的关联方面研究不足。目前，学界基本上可以达成以下共识：绿色发展丰富了社会主义的内涵，绿色发展的未来必须是社会主义，社会主义可以为绿色发展的建设提供制度保障。两者都在人类文明发展史的高级阶段，相互支持、共同发展。但国内学者对古巴绿色发展研究尚处于初步发展阶段，对其也持有不同见解，有的学者认为古巴已经将生态环境保护上升到可持续发展的战略高度，有的则强调依据古巴实际，古巴仍旧停留在生态环境治理与污染防治阶段。其研究文献也大多是期刊论文，尚未有专门、系统地描述古巴可持续发展的专著。

但不可否认的是，学界在借鉴古巴绿色发展的成功经验、反思其不足，以期对中国的生态文明建设发展提供参考方面依然不乏丰富成果。在十九大报告将生态文明建设提升至国家战略高度的背景下，这将更有利于国内学界进一步深入研究古巴如何进行绿色发展，为世界生态安全提供更多方案。

（二）国外相关研究现状及评述

对于国外学者对古巴绿色发展的研究，可以从西方左翼或绿色党派对马克思恩格斯生态思想的分析、对社会主义国家生态环境问题的批判和古巴绿色发展的具体研究等几个方面进行梳理。

1. 对马克思恩格斯生态思想的挖掘

西方学者对马克思恩格斯生态思想的挖掘主要体现在对资本主义反生态本质的批判以及对生态社会主义模式的畅想上。西方绿色左翼学者指出，资本主义是生态危机产生的根源。资本主义国家实施的"生态帝国主义"战略造成了全球环境的恶化和全球社会正义的缺失。西方生态社会主义理论坚持人类中心主义所倡导的人与自然协调发展理论，倡导运用"人的尺度"来考察人与自然的关系。代表人物有法兰克福学派的霍克海默（Horkheimer）、阿多尔诺（Adorno）、马尔库塞（Marcuse）、莱斯（Leiss）、阿格尔（Agger）等人。1972年莱斯的《自然的控制》、1976年《满足的极限》，1975年阿格尔的《论幸福和被毁的生活》、1979年的《西方马克思主义概论》等，使生态社会主义的发展趋于完备和成熟。在政治层面，莱斯在马尔库塞"利用技术资本主义"的基础上批判了资本主义"控制自然"的观点，并提出了"控制人与自然关系"的思想①。福斯特（Foster）深刻批判了生态危机与资本主义之间的内在矛盾。克沃尔（Kovel）总结了绿色生态运动和生态社会主义，提出革命的生态社会主义的理论与实现路径。在经济层面，克沃尔抨击资本主义生产方式，并认为资本主义生产方式的改变不能阻止人类面临能源和环境灾难。通过对资本主义生产方式，消费模式和经济组织形式的批判，阿格尔提出了一种人与自然和谐发展的"稳态经济"模式，通过运用现代科技创造性的能力，更公平地分配物质文化成果，创造一个"更容易生存的社会"。在文化和道德层面，奥康纳（O'Connor）批判资本主义文化的"资本"化，并认为资本主义的文化危机、生态危机和经济危机本质上是一致的。②福斯特明确指出了资本主义道德的反生态本质，并认为资本主义道德是人与自然物质转化过程断裂的根本原因。西方生态社会主义理论预测未来社会的理想模式是生态社会主义。在生产资料共同所有的基础上，根据需要进行生产，在合理开发和资源配置的过程中实现人与自然关系的和谐发展，打造人类自由发展的新生活方式。西方生态社会主义者也认为"非暴力"是未来社会变革的重要途径，工人阶级是实现未来社会变革的主力军。

2. 对"第一时代"社会主义国家生态环境问题的揭示

生态问题不仅是资本主义国家的问题，也是社会主义国家的问题，具有全球性。所谓"第一时代"的社会主义包括马克思恩格斯及其之前的社会

---

① 〔加〕威廉·莱斯：《自然的控制》，岳长龄、李建华译，重庆出版社，1993。
② 〔美〕詹姆斯·奥康纳：《自由的理由》，唐正东、臧佩洪译，南京大学出版社，2003。

主义和苏联时代的社会主义。① 苏联解体后，咸海枯萎和干涸、切尔诺贝利核电站泄漏等环境危机更充分地暴露出来。"20 世纪 90 年代后的生态社会主义开始关注社会主义国家的生态问题，并明确地提出凡是把积累当作目标的国家，无论是资本主义，还是社会主义，都无法扭转生态危机的趋势。"② 萨卡（Sarkar）、奥康纳、福斯特等人深刻批判了苏联模式的社会主义生态灾难及其原因，如增长的极限、经济理性、中央集权体制等，并以不同的方式充分论证了以生态社会主义作为解决生态危机的未来社会方案的必要性和基本特征。萨卡在还原苏联社会主义建设的成就和环境保护与破坏的客观事实的基础上，以独特的视角探讨了苏联模式社会主义失败的生态学原因：第一，工业经济与生态之间的矛盾。它表现为"增长的乐观主义"精神的限制，自然资源的开发，粮食生产的限制，环境成本以及国际贸易的局限；第二，蔓延至整个社会的"道德沦丧"，即一个有特权的新阶级的出现和整个社会的道德堕落，将不可避免地导致苏联的解体。③ 在重新思考苏联模式所代表的社会主义国家生态问题的基础上，奥康纳深入探讨了生态社会主义理论，分析了传统社会主义国家生态灾难的成因，提出了改进的生态社会主义方案。他将生态民主思想引入社会主义理论，提出生态社会主义建设理念。福斯特提出，当前的生态危机本质上是资本主义的制度性危机。只有通过生态革命，超越资本主义走向社会主义——但非苏联式的社会主义，才能从根本上解决日益严重的生态问题。更有生态学马克思主义研究者直言社会主义是根本解决生态危机的唯一路径。如佩珀（Pepper）通过坚持历史唯物主义的分析方法，认为要推动生态主义走向生态社会主义，拉比卡（Labica）认为要建立马克思主义的生态社会主义，日本学者岩佐茂（Iwasa Shige）也声称，社会主义本质上是生态社会主义。

3. 对古巴绿色发展的研究

国外学者特别是绿色左翼学者对古巴绿色发展经验及生态环境治理的成效给予较多关注，并大致做出了如下研判。

（1）绿色发展是古巴社会主义一种最新发展模式，既能实现经济增长，

---

① 蔡华杰：《另一个世界可能吗？——当代生态社会主义研究》，社会科学文献出版社，2014，第62页。
② 陈永森、蔡华杰：《人的解放与自然的解放：生态社会主义研究》，学习出版社，2015。
③ 〔印〕萨拉·萨卡：《生态社会主义还是生态资本主义》，张淑兰译，山东大学出版社，2008。

又能保持革命胜利以来的社会主义成果。蒙佐德与富内斯（Monzote &
Funes）认为，从社会角度看，古巴是在充分推广有机农业和真正实现可持
续发展方面的理想例子。① 帕梅拉·斯特里克（Pamela Stricker）认为，在
应对石油危机的背景下，理性的发展不是依靠自由主义市场，而是在有限的
环境资源范围内发展社会意识。可持续发展（绿色发展）对古巴来说是社
会正义与环境保护的结合点，古巴社会主义制度为这种发展提供了必要条
件，但该模式是古巴人民依靠自身经验探索而出的。② 朱莉娅·赖特（Julia
Wright）指出，社会主义阵营瓦解和石油峰值的挑战创造性地为改进古巴农
业和粮食系统提供了机会，古巴开发和实施替代能源供应的经验向世界其他
国家展示了一种更安全、本土化、有机化和公平的粮食与农业生态系统。③
丽贝卡·克劳森（Rebecca Clausen）等表示，古巴社会主义有机粮食生产模
式符合马克思主义的代谢断裂和代谢修复理论，是合理的社会上与生态学上
的粮食体系。它不同于当代资本主义农业，是具有代谢修复潜能的可持续发
展模式。④

（2）古巴现今的绿色发展是社会主义国家中较为成功的，但未来还是
要依托科技等先进技术和手段向更高层次转型。富内斯认为，古巴的有机农
业转型堪称可持续发展的典范，如今的古巴已经完成替代依赖于工业化投入
的农业模式目标，未来要建立更加复杂的生态农业体系。⑤ 戴尔·文（Dale
Jiajun Wen）通过对社会主义国家的变革转型进行对比得出，"古巴农业是
世界上最有利于生态保护和最具有社会责任的农业"。⑥ 古巴国家科学、技
术和环境部生态系统研究所生态学家米格尔·安赫尔·加西亚（Miguel

---

① Monzote, M. and F. Funes, *Agricultura y Educacion Ambiental*, *Primera Convencion International sobre Medio Ambiente y Desarrollo*, Havana: Memorias Congreso de Educacion Ambiental para el Desarrollo Sostenible, 1997.

② Pamela Stricker, *Toward a Culture of Nature*: *Environmental Policy and Sustainable Development in Cuba*, Plymouth: Lexington Books, 2007.

③ Julia Wright, *Sustainable Agriculture and Food Security in an Era of Oil Scarcity*: *Lessons from Cuba*, New York: Earthscan, 2009.

④ 〔美〕丽贝卡·克劳森等：《农业危机与古巴社会主义有机粮食生产模式的潜能》，宋树理译，《海派经济学》2016 年第 2 期。

⑤ 〔古〕费尔南多·富内斯：《古巴的有机农业运动》，黄小莉译，《开放时代》2010 年第 4 期。

⑥ Dale Jiajun Wen, "North Korea and Cuba Offer a Preview of Oil Withdrawal", *Yes Magazine*, 2006/05/05, https://www.yesmagazine.org/issues/5000-years-of-empire/peak-oil-preview-north-korea-cuba.

A. Vales García）强调古巴要注重生物肥料方面的科技研发，这是保障农业可持续发展的重要解决之道。生态可持续的农业发展为古巴人民带来更为健康的食品的同时，更有助于减少国内的资源耗费和环境污染，并能提高本国的经济效益。

（3）国家领导人和古巴政府坚持绿色发展，使之成为古巴社会主义持续发展的重要组成。乔纳森·本杰明-阿尔瓦拉多（Jonathan Benjamin-Alvarado）认为作为领导人的菲德尔·卡斯特罗很早就注重甘蔗的生物利用，同时也关注农业生产的可持续发展，指出在利用土地生产粮食和生产乙醇之间存在着直接的权衡。[①] 尼古拉·S. 列昂诺夫（Nikolai S. Leonov）在对劳尔·卡斯特罗革命生涯的论述中就曾指出劳尔是古巴都市农业的主要创始人和推动者，并将农业的有机生产作为社会主义建设的重心。[②] 古巴领导人菲德尔·卡斯特罗的著作《全球化与现代资本主义》就对社会主义表达了忠贞不渝的追随信念，批判了全球化过程中资本主义新自由主义与社会正义的不相容，其中重点论述了可持续发展、新自由主义和环境的关系问题。[③] 在战略规划方面，古巴政府先后颁布了《国家环境与发展计划》（1993 年）和《国家环境战略》（1997 年），制定并完善了以国家宪法为纲、以《环境法》（1997年）为主干的绿色发展的主要法律制度和环境治理理论。[④]

4. 国外关于古巴绿色发展相关研究评述

（1）西方学界，特别是左翼学者在探讨全球环境危机过程中，将社会主义理论融入其中，是对马克思恩格斯提出的共产主义社会思想的又一个理论新探索，是对马克思主义观点和方法的自觉运用。这些研究加深了我们对资本主义反生态本质的理解。西方生态社会主义理论某种程度上是一个具有美好设想的绿色政治理论，但它仍然存在明显的理论缺陷：对资本主义制度的批判不够彻底，不少学者仍旧认为通过对资本主义的改良是有可能从根本上解决环境问题的；对未来社会模式的探索还存在虚幻性，西方左翼学者对世界上现存的社会主义国家的生态环境保护举措持比较悲观的态度，认为在

---

① Jonathan Benjamin-Alvarado ed., *Cuba's Energy Future：Strategic Approaches to Cooperation*, Washington, D. C.：Brookings Institution Press，2010.

② 〔俄〕尼古拉·S. 列昂诺夫：《劳尔·卡斯特罗：革命生涯》，魏然等译，中国社会科学出版社，2016。

③ 〔古〕菲德尔·卡斯特罗：《全球化与现代资本主义》，王枚等译，社会科学文献出版社，2000。

④ http：//www.medioambiente.cu/.

社会主义条件下进行的生态环境保护和绿色发展并没有得到期望中的巨大成就。他们笔下的未来社会主义模式大都带有乌托邦色彩,导致这些思想仅仅停留在理论层面,在实践中未能得到实施;在社会变革中还没能找到一条彻底推翻资本主义制度的可行道路,对目前资本主义的发展仍抱有一定的期望,使之无法寻求一条完全符合社会主义性质和特色的绿色可持续发展道路。

(2)西方学者对古巴生态环境治理或绿色农业技术等方面的关注,为本研究提供了古巴在有机农业、都市农业、能源替代等方面的具体素材,成为论述马克思主义生态思想及社会主义国家能够进行绿色可持续建设的有力佐证。但从目前的研究来看,这些成果还存在一些明显的不足,缺乏一定的系统性、多呈现碎片化状态。一方面,关注环境方面的研究仅仅从环保等较为具体的举措上进行论述和分析;关注社会主义方面的研究则只是从古巴政府的绿色发展规划等方面进行梳理,满足于简单的对文件内容的归纳和整理。二者都没有看到古巴的绿色发展是无法脱离社会主义制度而进行的大前提。因此,这些研究注定无法实现理论梳理与实际问题研究的有机结合,导致在马克思主义理论范畴内,西方学界对该领域的专门性研究十分稀缺。另一方面,这些研究仅停留在对古巴的个性研究上,忽视了作为社会主义国家所拥有的共性问题。研究的局限性使得西方学者在探讨社会主义国家绿色发展等问题时只能就事论事、浮于表面,停留于客观描述而无法从社会主义的高度进行整体的理论评判和价值定位。

三 相关概念阐释

(一)古巴绿色发展

所谓"绿色发展",一般是以 1992 年里约热内卢联合国环境与发展大会为标志(更早可以追溯到联合国世界环境与发展委员会 1987 年《我们共同的未来》研究报告)、国际社会广泛确认的"可持续发展"理念与战略的通俗性代称。[①] 绿色发展最初主要体现在经济方面的资源利用与生态的可持续性,之后随着社会的不断发展,其内涵逐渐扩展到如何创建一种可持续的经济、社会以及生态系统。因此,本书不仅包括对古巴环境保护的研究,而且包括对其在社会主义建设中农业、工业、服务业等社会、经济和自然可持

---

① 郇庆治:《国际比较视野下的绿色发展》,《江西社会科学》2012 年第 8 期。

续发展的研究，并从时间和空间两个维度阐述古巴的绿色发展。古巴的绿色发展更多的是研究古巴共产党如何在严峻的国内和国际形势下领导人民合理利用资源、维护生态平衡，同时稳定国内经济发展，实现经济、政治、社会、文化和生态环境的可持续和谐发展。

（二）都市农业

都市农业这一概念，最早于 20 世纪上半叶由欧洲、美国以及日本等发达国家和地区率先提出。国际都市农业基金会（RUAF）对都市农业的发展特征进行了界定，认为都市农业除了在家庭后院种植外，还可以在屋顶进行农作物和动物生产，也可在窗台上的花盆里，在公路、铁路边，在工业区的空旷地，在学校、医院和其他组织的地块上进行。发达国家的都市农业概念与发展中国家的都市农业实践有差异，目前学界对此仍旧存在较大争议。西方学者普遍认为，都市农业是在国家经济社会高速发展的背景下，在工业化和城市化已趋完备的过程中形成的。它是城郊农业发展的高级阶段。然而，就目前世界各国都市农业的建设情况可以看出，以上概括存在片面性。都市农业在发展中国家仍旧可以结合本土特色进行建设，它并不是城市工业化高度发展后的自然产物。古巴的都市农业就是在古巴国内经济濒临崩溃之际兴起的一种挽救型发展模式，其成功经验打破了西方学者对其的普遍界定。古巴都市农业的具体实践举措也是本书对古巴绿色发展进行论证的主要论据之一。

（三）永续栽培模式

永续栽培是一种人工环境设计系统，它基于可持续农业技术的有限土地区域内的资源和空间整合，旨在实现永续性的农业（permanent agriculture）生产。就可持续种植而言，永续栽培的目的是创建生态健全且经济有效的系统模型，同时防止由追逐利益引起的直接或间接污染。永续栽培模式最重要的特点是持久，是一种长期种植而不破坏生态平衡的种植模式。它结合了景观结构的自然特征，利用最小的实用面积和植物、动物的固有特质，为城市和乡村建立生命支持系统。因此，永续栽培模式具有生态性和可持续性，顺应自然的发展，与自然相协调。它更注重植物和动物的本身功能，而不是将每个元素视为单一的生产系统。古巴的永续耕作方式正是在这一概念的框架内将传统的耕作方式与现代科学技术相结合，在自然发展而形成的条件下生产出更多满足人类和动物需求的产品。

四　研究方法

本选题将以马克思主义基本原理的世界观和方法论为指导，在批判资本主义反生态性的立场上，坚持社会主义的绿色发展之路，客观分析古巴绿色发展的历史进程与实践举措，总结社会主义制度下的绿色发展经验。具体来说有以下几种方法。

（一）田野调查法

本课题是关于古巴绿色发展的研究，通过实地考察，收集、整理古巴绿色发展方面的实践案例和最新资料，并选取哈瓦那等具有代表性的城市，同政府相关部门工作人员、普通民众、非政府组织、专家学者开展半结构式深度访谈。搜集相关政策文件及具体实例，以此为基础进行理论层面的经验提升。

（二）历史分析法

"绿色发展"贯穿古巴社会主义建设的每一个历史时期，其建设过程中有经验，也有教训。本研究抓住社会主义与绿色发展的主要范式和核心，通过历史分析法，去粗存精，对古巴绿色发展经验保持清醒认识，为其他社会主义国家提供历史借鉴。

（三）比较研究法

在掌握文本意义的基础上，比较研究古巴绿色发展实施前后生态环境与社会发展的变化，比较研究中国生态文明建设与古巴绿色发展的异同。

五　创新之处及有待进一步探究的问题

（一）本研究的创新之处

1. 全面分析并总结概括古巴绿色发展模式的特点

国内目前在古巴绿色发展方面的研究成果稀缺，该领域仍旧属于学界研究的薄弱环节。因此，笔者在收集并阅读相当数量的英语、西班牙语等外文文献的基础上，综合分析国内外学者对古巴社会主义的研究，针对其在绿色发展方面的主要贡献、基本特征、建设成效以及其面临的挑战进行系统的梳理和分析，形成较为全面系统的古巴绿色发展研究成果。

2. 提供古巴绿色发展对中国生态文明建设的有益借鉴

中国的生态文明建设虽已初见成效，但当前仍处于压力叠加、负重前行的关键期。为推进生态文明建设迈上新台阶，更需要来自其他国家和地区的成功经验作为借鉴。因此，本研究并不只是拘泥于实际案例分析，而是通过对古巴绿色发展的经验成效等进行系统梳理和客观评价，总结其发展轨迹，并从都市农业、有机替代等全新视角出发，发现其有益成分，以图为中国的生态文明建设提供参考。

（二）有待进一步探究及解决的问题

本选题是以古巴绿色发展为研究对象，致力于在马克思主义思想的理论基础上，在社会主义制度的框架下，分析其绿色发展的时代背景、发展历程、主要贡献、基本特征、建设成效、面临的挑战以及对中国的有益借鉴。对拉丁美洲的一个国家的生态环境治理和绿色发展进行研究，这本身就是一项充满挑战的研究工作，因此，在研究过程中的困难和限度是显而易见的。

第一，古巴作为一个完全独立自主的社会主义国家，在都市农业、有机替代和可再生能源等方面的实践经验在不断更新，其绿色发展实践随时都会出现新变化，特别是目前古巴面临领导人换届、宪法重新修订等新形势，这些不确定因素决定了要实现对古巴绿色发展进行客观的分析与评价、挖掘内在逻辑必然是一项长期的研究工作。目前呈现的研究成果仅是根据已收集的资料进行的初步研究，其理论深度、论域广度都有待进一步加强。

第二，本选题是关于古巴绿色发展的研究，加之古巴官方语言为西班牙语，这加大了收集、整理国外学者在古巴社会主义建设与绿色发展研究方面最新一手资料的难度。学术资料占有和研究时间的有限性，以及个人研究素养决定了本书只能是在前人研究基础上做一种新角度下的尝试。如何科学地评价古巴绿色发展的建设成效，如何清醒地判定古巴建设面临的挑战，并汲取其有益成分助力中国生态文明建设等，是笔者未来研究的重点。

第一章
古巴绿色发展的理论渊源

古巴是一个社会主义国家，自革命胜利以来始终坚持并运用马克思主义建设和发展社会主义。古巴的绿色发展具有明显的社会主义特征，社会主义制度下的古巴绿色发展实践明显区别于西方资本主义国家的环境治理，其诸多措施符合马克思主义的生态思想。因此，有必要对古巴绿色发展的理论渊源，即马克思恩格斯人与自然关系思想进行系统分析，从马克思主义理论视角研究古巴的绿色发展。古巴的绿色发展与当代世界生态环境的整体状况和古巴的生态环境问题密切相关，对马克思主义生态思想的理论分析以及对当前世界范围内生态环境问题的探讨，有利于我们从整体上更好地把握古巴绿色发展在理论与实践方面的进展。

第一节　马克思恩格斯人与自然关系的思想

马克思恩格斯很早就发现了人类生产活动可能对自然界带来不利影响。当人们普遍缺乏对环境问题的理解时，马克思恩格斯已经看到城市发展带来的环境问题，如空气污染、水污染、垃圾问题、住房问题，以及各类工人的工作环境对其造成的健康危害。通过分析，他们指出如果不充分关注这些环境问题，那么人类将不可避免地遭受自然的报复。马克思恩格斯也揭示了资本主义的反生态本质，并要求人类活动必须尊重自然法则，不得超过自然环境所允许的范围。马克思主义生态思想主要体现为人与自然的辩证关系、资本扩张与生态的对立、城乡物质变换以及"人与自然的和解"的设想等。

一　人与自然的辩证关系

马克思恩格斯认为，在物质材料的生产过程中，人们不仅要与自然发生关系，人与人之间的关系也会产生。他们充分揭示了劳动过程中人与自然的对立统一。马克思指出："劳动首先是人和自然之间的过程，是人以自身的活动来中介、调整和控制人和自然之间的物质变换的过程。人自身作为一种自然力与自然物质相对立。为了在对自身生活有用的形式上占有自然物质，人就使他身上的自然力——臂和腿、头和手运动起来。当他通过这种运动作用于他身外的自然并改变自然时，也就同时改变他自身的自然。"① 马克思用历史唯物主义来分析劳动是人类区别于动物的基本特征。人并不像动物一样完全依附自然，相反，通过劳动的中间纽带，人改变自然，使自然适应人类的需要。马克思在人与自然的关系中肯定了人的能动的创造者地位。他认为："在劳动过程中，人的活动借助劳动资料使劳动对象发生预定的变化。"② 从马克思的描述中可以看出，人与自然的对立统一也体现在人自身作为一个自然在劳动中获得改变的对立统一。"劳动作为使用价值的创造者，作为有用劳动，是不以一切社会形式为转移的人类生存条件，是人和自然之间的物质变换即人类生活得以实现的永恒的自然必然性。"③ 人类很可能会破坏自然，以实现对价值的追逐。"在马克思恩格斯的那个年代，最先进的工业国家降服自然力的直接结果是，一个小孩所生产的东西，比以前的100个成年人生产的还要多。在此情形下，自然资源日益枯竭、生态环境日益恶化成为不可避免的事实。"④ 当前，随着科学技术的不断进步，人类生产水平的提高，人类活动带来的环境污染严重影响了人们的生活质量。如何正确地看待和理解人与自然的辩证关系是改造自然过程中必须注意的问题。

关于人与自然辩证关系的另一个重要关系是人与人之间的关系。人与人之间的关系是人与自然关系的进一步延伸。马克思认为，如果一个人离开自然，那么人与人之间的关系将失去其物质基础；只有当人们之间产生某种关系时，他们才能顺利地使用和改造自然。可以说，人与自然是人与人之间关系发展的基础和前提，人与人之间的关系就是通过人与自然来实现其具体的价值的。资本主义社会打破了数千年来对自然的敬畏和崇拜。它通过科学和技术控制自然，将自然转化为自己的财产，并服从人类的需要。资本主义社

---

① 《马克思恩格斯文集》第 5 卷，人民出版社，2009，第 207~208 页。
② 《马克思恩格斯文集》第 5 卷，人民出版社，2009，第 211 页。
③ 《马克思恩格斯文集》第 5 卷，人民出版社，2009，第 56 页。
④ 翁礼成：《谈马克思恩格斯关于人与自然关系的主要思想》，《思想理论教育导刊》2012 年第 8 期。

会的大规模开发利用无疑加剧了人与自然关系的恶化，导致全球生态危机发生。只有顺应自然，正确处理人与自然、人与人之间的关系，才能从根本上实现社会的和谐与可持续发展。

二 资本扩张与生态的对立

马克思在其经典著作中研究的对象是资本主义生产方式以及与之相适应的生产关系和交换关系。在批判资本的过程中，马克思认识到了资本与生态问题的关系。马克思认为，资本本身就是一种可以自行增殖的价值，"生产剩余价值或赚钱，是这个生产方式的绝对规律"①。这是资本存在的铁律。为了能够无限增值，资本家们尽力扩大生产规模、不断提高劳动生产率、不受限制地追求剩余价值，导致了对自然的过度开发和利用。因此，在资本主义发展的同时，也给地球带来了严重的生态负担。虽然生态环境问题不是马克思主义创始人生活年代的主要问题，但他们并没有忽视资本扩张带来的生态危机。在马克思主义的许多经典著作中，对生态问题的描述不少。马克思还讽刺资本家们"可能是一个模范公民，也许还是禁止虐待动物协会的会员，甚至还享有德高望重的名声，但是在你我碰面时你所代表的那个东西的里面是没有心脏跳动的"②。他们并不关心地球资源的枯竭、环境的持续恶化以及工人总是处于贫困的状态。他们关心的是如何利用资本来攫取最大化的剩余价值。

马克思恩格斯除了描述自然环境中的土地、江河、森林和空气污染以外，还重点分析了资本主义生产下工人们的居住环境和工作环境。马克思指出："资本主义生产使它汇集在各大中心的城市人口越来越占优势，这样一来，它一方面聚集着社会的历史动力，另一方面又破坏着人和土地之间的物质变换，也就是使人以衣食形式消费掉的土地的组成部分不能回归土地，从而破坏土地持久肥力的永恒的自然条件。这样，它同时就破坏城市工人的身体健康和农村工人的精神生活。"③马克思对伦敦的污染情况做出这样的描述："在伦敦，450万人的粪便，就没有什么好的处理方法，只好花很多钱用来污染泰晤士河。"④资本主义经济社会的不断发展，对廉价劳动力的需

① 《马克思恩格斯文集》第5卷，人民出版社，2009，第714页。
② 《马克思恩格斯文集》第5卷，人民出版社，2009，第271页。
③ 《马克思恩格斯文集》第5卷，人民出版社，2009，第578~579页。
④ 《马克思恩格斯文集》第7卷，人民出版社，2009，第115页。

求的不断扩大，导致大量工人涌入城市。城市已不是他们所向往的发达之地，那里到处弥漫着有毒的烟雾，水渠中流淌着乌黑的污水，城市道路被厂房所挤占，工人的工作和居住场所不仅低矮潮湿、阴暗狭小，而且垃圾遍地、污浊不堪。这样的生存和工作环境对工人的身心健康都造成严重损伤，生态问题的严重性不言而喻。马克思对此发出感叹："人为的高温，充满原料碎屑的空气，震耳欲聋的喧嚣等等，都同样地损害人的一切感官，更不用说在密集的机器中间所冒的生命危险了。这些机器像四季更迭那样规则地发布自己的工业伤亡公报。社会生产资料的节约只是在工厂制度的温和适宜的气候下才成熟起来的，这种节约在资本手中却同时变成了对工人在劳动时的生活条件系统的掠夺，也就是对空间、空气、阳光以及对保护工人在生产过程中人身安全和健康的设备系统的掠夺，至于工人的福利设施就根本谈不上了。傅立叶称工厂为'温和的监狱'难道不对吗？"①

三　城乡物质变换思想

马克思恩格斯对人与自然的辩证关系的认识贯穿诸多经典著作中。在谈到物质变换时，马克思从资本主义生产方式导致的物质代谢断裂现象中意识到物质变换和资源循环利用对可持续发展的重大价值。如上文所述，马克思将劳动作为人与外部世界联系的纽带，通过劳动实现自然界、人与社会三者的有机统一。追逐剩余价值是资本家的本性，为了实现利润最大化，劳动产生异化，破坏了其调控人与自然之间物质变换关系的本性。马克思强调："劳动过程，就我们在上面把它描述为它的简单的、抽象的要素来说，是制造使用价值的有目的的活动，是为了人类的需要而对自然物的占有，是人和自然之间的物质变换的一般条件，是人类生活的永恒的自然条件，因此，它不以人类生活的任何形式为转移，倒不如说，它为人类生活的一切社会形式所共有。"② 异化后的劳动，丧失了作为人与自然、人与人、人与社会之间的物质变换枢纽的职能，人和自然、社会的纽带就被人为地割裂了。"这些条件在社会的以及由生活的自然规律所决定的物质变换的联系中造成了一个无法弥补的裂缝"③，异化了的劳动引发人与土地物质变换的代谢断裂。

---

① 《马克思恩格斯文集》第 5 卷，人民出版社，2009，第 490~492 页。
② 《马克思恩格斯文集》第 5 卷，人民出版社，2009，第 215 页。
③ 《马克思恩格斯文集》第 7 卷，人民出版社，2009，第 919 页。

在当代，资本主义使农业人口大规模地往城市迁移，给城市造成了巨大压力，不仅破坏了城市环境，大工业生产更破坏了土地的自然肥力，而由城市工业生产导致的废弃物又无法回到土地，严重地影响了城市中人们的生活质量。在农村，随着工业化农业技术的进步，土地肥力在短时期内得到显著提高，但这本质上只是资本家们掠夺劳动力和土地的技术手段。农村土地被过度开发利用，造成肥力下降，可持续性降低，严重影响生态环境的平衡，导致生态危机不可避免地发生。可以说，物质代谢断裂带来的不仅是人与自然关系的背离，更影响到社会的和谐稳定；分裂、异化的劳动关系必将带来不可调和的社会矛盾和冲突。现实的经济发展目标应以最普惠的民生福祉为主，而并非单纯地追求经济增长和财富积累。

四　对"人类与自然的和解"的设想

马克思恩格斯生态思想是基于对资本主义的批判而阐发的。人与自然关系的错误定位、新陈代谢的断裂以及生态危机的产生，其根源就在于资本主义制度。在资本主义制度下，资本家们无止境地追求剩余价值，无限扩大资本主义生产，必然会造成环境破坏，使人与自然走向对立面。"资本主义生产方式按照它的矛盾的、对立的性质，还把浪费工人的生命和健康，压低工人的生存条件本身，看做不变资本使用上的节约，从而看做提高利润率的手段。"[1] 马克思认为，导致生态危机的根源就是资本对自然的占有；"在资产阶级看来，世界上没有一样东西不是为了金钱而存在的，连他们本身也不例外，因为他们活着就是为了赚钱，除了快快发财，他们不知道还有别的幸福，除了金钱的损失，不知道有别的痛苦"[2]。福斯特曾坦言，人类文明和地球生命的进程是否具有可持续性，不是取决于这些可怕发展趋势能否放缓，而是取决于能否使这种趋势发生逆转。[3] 因此，要彻底解决生态危机，实现"人类与自然的和解"，其根本途径就是要变革社会制度。

马克思恩格斯不仅揭示了资本主义的反生态本质，还展望了一个人与自然和谐、统一的社会，即共产主义社会。马克思认为未来的共产主义社会是资本主义社会发展的逻辑结果，在资本主义社会中，资本家们疯狂的掠夺虽

---

[1] 《马克思恩格斯文集》第 7 卷，人民出版社，2009，第 101 页。
[2] 《马克思恩格斯文集》第 1 卷，人民出版社，2009，第 476 页。
[3] 〔美〕约翰·贝拉米·福斯特：《生态危机与资本主义》，耿建新等译，上海译文出版社，2006，第 61 页。

然极大地破坏了生态环境，但如此没有底线的不断生产，却又在一定程度上为新的社会制度的建立创造了物质基础，他在《资本论》中是这样阐述的："而只有这样的条件，才能为一个更高级的、以每一个个人的全面而自由的发展为基本原则的社会形式建立现实基础。"① 马克思在设想未来共产主义社会的蓝图时，是这样描述人类与自然的和解的："社会化的人，联合起来的生产者，将合理地调节他们和自然之间的物质变换，把它置于他们的共同控制之下，而不让它作为一种盲目的力量来统治自己；靠消耗最小的力量，在最无愧于和最适合于他们的人类本性的条件下来进行这种物质变换。但是，这个领域始终是一个必然王国。在这个必然王国的彼岸，作为目的本身的人类能力的发挥，真正的自由王国，就开始了。但是，这个自由王国只有建立在必然王国的基础上，才能繁荣起来。"② 恩格斯同样分析了资本主义生产方式是导致社会危机和生态危机的根源，并认为消除这些危机的根本路径就是走向共产主义："资本主义方式的生产所生产出来的生存资料和发展资料远比资本主义社会所能消费的多得多，因为这种生产人为地使广大真正的生产者同这些生存资料和发展资料相隔绝；如果这个社会由于它自身的生存规律而不得不继续扩大对它来说已经过大的生产，并从而周期性地每隔10年不仅毁灭大批产品，而且毁灭生产力本身，那么，'生存斗争'的空谈还有什么意义呢？于是生存斗争的含义只能是，生产者阶级把生产和分配的领导权从迄今为止掌握这种领导权但现在已经无力领导的那个阶级手中夺过来，而这就是社会主义革命。"③ 虽然马克思恩格斯没有对在社会主义初级阶段如何进行绿色发展提供现成答案，但他们在展望未来共产主义社会时所提出的"人类与自然的和解"的设想对社会主义国家的绿色发展具有重要的指导意义。

第二节　古巴共产党领导人的绿色思想

菲德尔·卡斯特罗和劳尔·卡斯特罗作为古巴最主要的两位领导人，他们的绿色思想不仅是古巴绿色发展的主要理论基础，更是古巴共产党和政府

---

① 《马克思恩格斯文集》第5卷，人民出版社，2009，第683页。
② 《马克思恩格斯文集》第7卷，人民出版社，2009，第927~929页。
③ 《马克思恩格斯文集》第10卷，人民出版社，2009，第412页。

进行绿色探索的重要思想依据。菲德尔在生态环境保护方面拥有超前的意识，他不仅从苏联的生态灾难中认识到环境保护的重要性，而且更深层地看到生态环境问题产生的根源在于新自由主义的全球化扩张，要缓解全球性的生态危机就要改变当前资本主义主导的经济秩序。劳尔的绿色思想与菲德尔的绿色思想一脉相承，劳尔在菲德尔绿色思想的基础上，结合特殊时期的时代背景，与时俱进地认为要因地制宜地引进适合古巴持续发展的绿色农业计划；要从本土特色出发，努力寻求可替代的能源资源；要注重社会的公平与平等，确保绿色发展的良好成果惠及大众。劳尔主政以来还积极推进古巴参与国际环保事业，推动古巴绿色发展融入世界生态环境保护的运动中。

一　菲德尔·卡斯特罗的绿色思想

作为古巴革命和社会主义建设的领袖，菲德尔·卡斯特罗继承并发展了马克思主义，其绿色思想已成为古巴共产党建设社会主义的核心思想组成。从早期的《历史将宣判我无罪》到后期的特殊时期的可持续应对策略都充分体现出菲德尔在环境保护、生态安全等方面的超前思想。菲德尔认为，社会主义的建设要与时俱进，要看到当前世界的主要问题已发生重大改变。作为坚定的马克思主义者，菲德尔坦言，"马克思只是在《哥达纲领批判》中，在试图给社会主义下定义时略微做了些尝试，因为他是一个非常博学、非凡聪明和十分现实的人，不能想象他会对社会主义做出空想式的描述"①。苏联和东欧其他国家崩溃之后暴露出许多问题，其中就包括生态灾难。菲德尔对生态灾难的认识非常深刻。他认为，曾经财富发展的极限在于社会制度，而如今的极限在于自然资源的可持续利用和开发。生态的破坏是全球性的，曾经人们认为的伟大的科学技术的利用，而今却给全世界造成巨大的生态灾难。古巴也存在类似的问题，当时的人们过度地使用化肥和除草剂，短时期内促进了经济的恢复发展，却使得古巴的生态环境面临更严重的危机。菲德尔强调，生态环境涉及的是非常复杂和深刻的、人类未曾解决的问题，必须重视生态环境问题给人类带来的影响，并寻求正确的解决之道。

菲德尔的绿色思想包括两个主要方面。一方面，他认为自由主义全球化与环境日益遭到破坏之间存在着密不可分的联系。他直言："环境保护的一

① 〔古〕卡斯特罗口述、〔法〕拉莫内著《菲德尔·卡斯特罗访谈传记：我的一生》，中国社会科学院拉丁美洲研究所组织翻译，国际文化出版公司，2016，第425页。

切努力与那个强加给世界的邪恶经济体系、那个冷酷的新自由主义全球化是互不相容的。"① 国际货币基金组织等的一些政策设计就是为了让发达国家利用其商品毫无节制地侵略世界；通过掠夺人才资源、几乎垄断的知识产权以及滥用地球的自然资源和能源等方式，断送了发展中国家甚至是贫穷国家的工农业发展，致使它们除了供给原料和廉价劳动力以外别无出路。这种全球化给古巴带来深重灾难，古巴经济发展受到掣肘，生态环境也会因此遭到严重破坏。另一方面，他倡导节俭型消费，反对崇尚物质追求的消费主义社会。菲德尔认为，消费社会是发达资本主义在当今新自由主义阶段"最可怕的发明之一"。在这样的经济秩序下，他预计，最多再过 60 年，消费社会将会耗尽已经探明和可能探测到的全部碳氢燃料。这样一种极不合理的消费方式不应该推荐给我们的后代。他同时指出，新自由主义的经济秩序及消费模式，与地球上有限的、不可更新的自然资源是不相容的，与大自然和生命的法则是不相容的，也与人类的基本伦理原则、文化和道德价值相冲突。当然，菲德尔也强调不能忽视物质需求的重要性，并且应当将之放在首要位置；但是，生活的质量在于知识、在于文化，最高级形式的生活质量是超越衣食住行等基本需求的。

菲德尔的绿色思想指引着古巴共产党和政府自 20 世纪六七十年代起就着手进行环境保护等绿色发展的探索并已取得初步成效。在被美国全面封锁、苏东剧变，古巴被迫处于极端困难境地之时，仍旧重视绿色发展，在城市里的空地上，利用秸秆和农业废物，用滴灌技术和微型飞机，生产有机作物，其年产量可达 300 万吨。这种模式不仅耗水量低，环保可持续，更为 30 万城市居民提供了工作岗位。在菲德尔的绿色思想引领下，古巴政府积极地向全体人民特别是青年一代进行保护环境的教育，大众传媒也致力于培养人民的生态保护意识。其思想已成为古巴绿色发展的重要理论基础。

二 劳尔·卡斯特罗的绿色思想

劳尔·卡斯特罗作为继任者，在绿色发展方面的思想也与菲德尔·卡斯特罗一脉相承。他在古巴社会主义建设的"特殊时期"大力推行都市农业等有助于绿色发展的可持续措施，保证困难时期古巴的粮食供给正常运转。

---

① 〔古〕卡斯特罗口述、〔法〕拉莫内著《菲德尔·卡斯特罗访谈传记：我的一生》，中国社会科学院拉丁美洲研究所组织翻译，国际文化出版公司，2016，第 434~435 页。

劳尔的绿色思想主要体现在：首先，因地制宜地引进适合古巴持续发展的绿色、自给自足农业计划。古巴阳光充足、水分充沛，劳尔充分利用这些天然优势，自1987年开始大力倡导城市居民建设"家庭菜园"，利用城市空地中的肥沃土壤，进行种植小作物，保证灌溉。这种成本不高、劳动力住得不远、农业专家可以直接提供有关种植方面咨询建议的绿色有机种植方式为古巴特殊时期居民的自给自足提供了充足的粮食基础。1997年12月29日，在哈瓦那举行的城市农业运动十周年活动上，劳尔作为都市农业计划的重要倡议者和发起者获得了特别证书。① 因地制宜、结合实际发展可持续农业的绿色思想也成为劳尔绿色思想的典型特征。

其次，从本土特色出发，寻求可替代的能源资源。劳尔坚持认为，满足民众需求的食品生产应当是一切策略、政策和思想的核心。这一思想为古巴特殊时期的恢复发展提供了强有力的支撑。1994年7月，劳尔在西部地区会上就明确提出："国防取决于经济。我们的国防理念是泛指的，现在芸豆比大炮更重要。"为满足本国民众的食品需求，在被封锁的严峻背景下，古巴政府响应劳尔的倡议，积极寻求本土的可替代资源。劳尔本身也积极将其绿色思想落到实处。俄罗斯著名研究人员尼古拉·S.列昂诺夫曾通过分析劳尔在特殊时期走访古巴各省的足迹，认为他对食品和种子生产、家庭菜园的效果、蜂蜜的储存、淡水鱼的养殖方法、寻求能源和其他物资的可替代资源有诸多关注。古巴当年的严峻形势全球皆知，西方诸多势力认为古巴的社会主义政权朝夕之间就将崩溃。然而，在古巴主要领导人的坚持下，古巴从本土特色出发寻找可替代的能源资源，实现了自给自足式的绿色发展，不仅保证了人民的食品需求，更有效地防止了古巴生态环境的继续恶化。古巴生态环境从古巴革命胜利之后呈现持续好转的趋势，这与劳尔·卡斯特罗等主要领导人的绿色思想及其实践有着密不可分的联系。

最后，注重社会的公平与平等，确保绿色发展的良好成果惠及大众。劳尔关于社会公平正义的论述极大地影响着古巴社会主义建设的进程。在绿色思想方面，劳尔同样提出绿色发展的成果要惠及最广大的人民群众。但他同时指出，社会的公平与平等并不意味着平均主义，要充分考虑到广大劳动人民在贡献大小、身体状况、实际需求等方面的差异，协调效率与公平的平衡

---

① 〔俄〕尼古拉·S.列昂诺夫：《劳尔·卡斯特罗：革命生涯》，魏然等译，中国社会科学出版社，2016，第169~170页。

问题。劳尔认为，都市农业等新型的农业生产计划所产出的食品应该服从按劳分配的原则进行合理配置，而不是按照以往所采取的配额、过度补贴、凭本供应等平均主义的做法。只有这样，才能够产生更多的社会劳动力以及大力提升劳动人民的积极性，促进古巴绿色发展的顺利推进。此外，劳尔强调要将绿色成果更多地与他国共享，同时积极融入国际环境保护的事业中。当前，古巴已是多项国际环保条约的签署国之一，并多次派遣环境保护方面的专家等技术力量参与地区性甚至世界性的环境保护工程建设。古巴政府还向加勒比周边地区和国家提供环境保护方面的咨询服务，帮助它们改善本国生态环境。

第二章
古巴绿色发展的时代背景

　　马克思恩格斯关于人与自然关系的思想不仅要求人类活动尊重自然规律，实现人与自然的和解，同时提出要根本解决环境问题，就要改变现有的社会制度，建立一个人与自然和谐、统一的社会。从 20 世纪开始，世界上大部分国家开始了现代化进程，工业的快速发展导致生态环境问题日益严峻。资本主义国家试图通过纯粹的技术变革进行生态治理无法从本质上缓解危机。此时，古巴的绿色发展经验逐渐开始吸引人们的目光。菲德尔·卡斯特罗等领导人的绿色思想成为古巴进行绿色发展探索的理论渊源，曲折跌宕的社会主义建设之路则成为其探索发展的重要时代背景。长期的殖民破坏和大国依赖导致国内农业单一种植问题严重，工业化进程缓慢，经济基础十分薄弱；加之苏东剧变、美国封锁等国际局势影响，古巴国内环境被破坏殆尽、经济发展呈现休克状态。为改变这种困境，工业化程度尚且不高的古巴果断放弃传统的工业化农业模式，开始探索一条自给自足的绿色发展之路。

第一节　当代世界生态环境问题

　　当代世界生态环境的整体状况不乐观。在对生态环境问题的分析批判中，生态社会主义等西方绿色左翼学派对资本主义国家和社会主义国家的环境问题进行了深入的分析和论证。虽然一些言论过于偏激，一些观点过于绝对，但并不影响我们对当代世界生态环境的现状进行整体上的把握，也不影响我们进一步论证资本主义是生态危机产生的根本原因。以生态社会主义为代表的绿色左翼学派认为，当代资本主义国家的生态环境形势严峻，社会主义国家也存在生态和环境问题。通过对这些学者观点的辩证分析，我们清醒地认识到生态危机在全球范围的影响，生态美好是社会主义的必然追求。对当前世界生态问题进行系统梳理，有利于我们更全面地对古巴绿色发展进行研究。

一 资本主义国家生态环境问题

面对日益严重的环境问题，资本主义国家要么认为生态危机并不存在，要么认为存在的环境问题并没有上升到危机的高度，同时认为通过改进技术和管理手段就能够有效应对环境问题。厘清资本主义国家存在的生态环境问题，正确认识生态资本主义的反生态本质，对研究古巴绿色发展具有重要的借鉴意义。

（一）资本主义国家对生态危机认识不清

生态危机正侵蚀着我们生存的这个星球。2017年12月，在第三届联合国环境大会上，联合国环境署执行主任索尔海姆发表了题为《迈向零污染地球》的最新报告，报告称："每天，9/10的人呼吸不安全的空气，将会导致20000人的死亡，近5000名五岁以下的儿童将死于不洁的水和不良的个人卫生。千百万人患有健康问题，因为我们每年向海洋倾倒多达1300万吨塑料，并在陆地上丢弃5000万吨电子垃圾，世界上有80%以上的废水未经处理就排放到环境中，20亿人无法获得固体废物的有效管理，30亿人无法利用受控制的废物处理设施。"[1] 严重的生态环境污染已经影响到这个地球的所有区域，我们现在吃的食物，我们喝的水，甚至我们呼吸的空气都受到严重的污染，这些污染将直接影响我们的健康。据估计，由于自然资源的不合理利用和污染式的全球生产和消费方式，每年约有1900万人过早死亡。[2] 即使在极地冰盖、深海海洋和高山最偏远的植被覆盖面积较广的地区，也能发现重金属污染物和持久性的有机污染物。[3] 关于生态危机的根源，国内外

---

[1] Third sessions of the UN Environment Assembly, "Towards a Pollution-Free Planet", http://wedocs.unep.org/bitstream/handle/20.500.11822/21800/UNEA＿towardspollution＿long%20version_Web.pdf? sequence=1&isAllowed=y.

[2] Ramaswami, A., Russell, A.G., Culligan, P.J., Sharma, K.R. and Kumar, E., "Meta-principles for Developing Smart, Sustainable, and Healthy Cities", *Science*, Vol. 352 (6288), 2016.

[3] Jamieson, A.J., Malkocs, T., Piertney, S.B., Fujii, T. and Zhang, Z., "Bioaccumulation of Persistent Organic Pollutants in the Deepest Ocean Fauna", *Nature Ecology & Evolution*, Vol. 1, No. 0051, 2017.

一些学者曾指出其与社会制度并没有必然的联系。例如，法兰克福学派认为："自然的破坏和支配（作为一种客体）将在社会主义社会继续存在，而且不能仅仅归因于某一种生产模式。"① 如今，随着新自由主义的不断扩张，以及向生态领域的不断渗透，我们可以看到，生态危机的根源是历史生产方式与环境问题之间的矛盾，即生产方式的危机。正如福斯特所言："生态与资本主义是相互对立的两个领域，这种对立不是表现在每一个实例之中，而是作为一个整体表现在两者之间的相互作用之中。"② 资本主义应对生态危机的过程中，并不缺乏"现成的方案"，我们给予这些方案一个总称，即"生态资本主义"，其主要特征是在不改变资本主义制度而实现可持续发展的框架内，找到生态危机的非资本主义根源。以生态社会主义为代表的左翼学者就此对生态资本主义进行深刻批判，认为生态资本主义推出的绿色技术改进和发明等措施，不能从根本上缓解生态危机造成的资源枯竭困境。因此，只有正视全球范围内生态危机的影响，理性认识当前的生态状况，才能对古巴的绿色发展进行正确的分析和研究。

以西方生态社会主义为代表的诸多绿色左翼学者用大量的数据和研究表明，资本主义国家不是没有环境问题，而是在利益的驱使下，对发展中国家进行落后的产业转移、低价收购资源和劳动力，以此转移生态危机。资本主义在现代化进程中的环境代价是高昂的，它导致生态危机在全球范围内的爆发。以美国为例，在"人类必须通过斗争征服自然，并将自己的权威凌驾于它之上"③ 的信念主导下，美国资本家忽视了人与自然的共生性，认为依靠科学技术和人类智慧的力量就能认识、改造甚至征服自然。西部开发和东部工业化是美国在现代化进程中的两大动力支撑，但西部的开发却成为北美森林破坏的开始，到 1920 年，美国原生的森林面积仅剩下 1.38 亿英亩，东北和中西部地区失去了 96% 的原始森林。④ 疯狂砍伐给美国西部带来了灾难性的后果，在 20 世纪 30 年代爆发的严重的沙尘暴，造成水土严重流失。工业化的发展不仅导致资源的破坏和丧失，对人有害的环境污染问题也随之爆

---

① 〔英〕戴维·佩珀：《生态社会主义：从深生态学到社会正义》，刘颖译，山东大学出版社，2005，第 169 页。

② 〔美〕约翰·贝拉米·福斯特：《生态危机与资本主义》，耿建新等译，上海译文出版社，2006，第 1 页。

③ Benjamin Kline, *First along the River: A Brief History of the U. S. Environmental Movement*, San Francisco: Acada Books, 1997, p. 4.

④ 付成双：《美国现代化中的环境问题研究》，高等教育出版社，2018，第 8~9 页。

发。如作为加工工业和屠宰中心的芝加哥甚至把屠宰牲畜产生的废弃物直接排入密西西比河中，从而导致其下游水体严重污染。① 现代化进程中出现的这些环境悲剧不仅发生在美国，英国、法国等国家同样存在，差别只是在破坏的程度和方式上。这样大面积的破坏随着现代化科学技术发展和管理水平的提升虽已有所缓解，但曾经破坏环境的不可恢复性影响至今仍旧存在，当前资本主义国家对环境的破坏随着帝国主义的产生已蔓延至广大发展中国家。利润驱使下的破坏和危机转嫁等环境问题，让我们意识到生态问题已恶化到十分严重的程度。《贝伦生态社会主义宣言》中对当前由资本主义而引发的生态环境问题做出如下阐述："资本主义增长的需求无处不在，从私人企业到作为整体的资本主义体系。与跨国公司永不满足的贪欲所伴随的是帝国主义以寻求自然资源、廉价劳动力和新兴市场为目的的变本加厉的扩张。资本主义与生俱来地对生态具有破坏性，但是这种破坏在我们这个时代日益严重。量变导致质变，世界已经处于危险的顶点，处于灾难的边缘。越来越多的科研团体在多方面证明，气温的小幅度升高也会无可挽回地导致失控性的结果——例如，格陵兰冰盖的迅速融化或者深埋于海底和永久冻土层中甲烷的释放将会不可避免地导致气候的灾难性变化……在亚洲、非洲、拉丁美洲那些曾被帝国主义践踏过的地区，这种生态危机的冲击尤其严重，这些地区勤劳的人民尤其无辜。环境破坏和气候变化构成了富有者对贫穷者的侵犯……如果资本主义仍然是主导性的社会秩序，我们的未来只能是无法忍受的气候环境，社会危机的不断增长，最野蛮的阶级统治形式的蔓延；为了继续控制日益减少的资源，世界南北矛盾将日益加深，帝国主义力量内部也会争斗不休。最坏的结果是，人类不能再继续生存下去了。"②

（二）资本主义无法走绿色发展道路

在对生态资本主义批判的过程中，学界逐步总结出资本主义的逐利、扩张、短视等本质特征，这些是资本主义造成生态危机的最有力论证，这些特征也从制度模式上否定了资本主义走绿色发展道路的可能性。科威尔认为："逐利性的资本主义社会制度是基础薄弱和具有不稳定性的社会制度之一……对于资本家，增加盈利就等同于生存，对于不能增加盈利的任何人来

① 付成双：《美国现代化中的环境问题研究》，高等教育出版社，2018，第9页。
② 生态社会主义国际：《贝伦生态社会主义宣言》，聂长久译，《当代世界社会主义问题》2010年第2期。

说，他都会下台，他的资产都会被别人获取……只要资本支配的制度存在，盈利就不会终止。"[①] 逐利性使得资本主义不仅剥削人类，还剥削和侵蚀土地等自然力，成为导致生态危机的主要因素。资本的逐利性决定了必须要不断地进行扩张以满足对剩余价值和超额利润的追求，这是资本主义的第二个本质特征。沃尔（Wall）曾直指资本的扩张给生态环境带来的危害："资本主义是一个以依赖经济而不断增长的体系，所以它在本质上同环境破坏密切相关。"[②] 萨卡分析了资本主义必须不断进行扩张的三个内在原因：第一，企业家不满足于只赚取足够的生活所需，他们想要赚更多；第二，他们不或不能消耗所有的利润，但希望在来年赚取更多的利润（贪婪）；第三，经济增长的外部强制依旧存在，在残酷竞争的资本主义世界有一个规则：适者生存，每个人都在努力扩张，最终成为整个经济的扩张。[③] 资本主义的逐利和扩张本性，必将导致其在投资决策的过程中只考虑短期收益，而不会从长远的健康及环境稳定性的角度进行思考，这是资本主义不可持续性的最直接体现，马克思在分析资本主义对土地肥力破坏时也阐述了其特征："约翰斯顿、孔德等人，在说明私有制和合理的农业的矛盾时，只注意把一国的土地作为一个整体来耕种的必要性。但各独特土地产品的种植对市场价格波动的依赖，这种种植随着这种价格波动而发生的不断变化，以及资本主义生产指望获得直接的眼前的货币利益的全部精神，都和维持人类世世代代不断需要的全部生活条件的农业有矛盾。"[④]

生态社会主义等绿色左翼学派提出的以上观点，对于我们挖掘资本主义的反生态本质有着重要的研究价值。但不可否认，作为左翼学派，其观念难免过于激进，我们必须辩证地看待生态危机这一事实。一方面，我们赞同西方左翼学者的观点，局限在资本主义框架内的绿色改良运动只能拖延生态危机这一"病症"的爆发，它迟早会被彻底的变革所取代；另一方面，我们也要认识到目前西方资本主义国家采取的一些实际举措和调整措施对环境保护起到了一定的积极作用，虽然全世界范围内的环境污染并没有得到明显改

① 〔美〕乔尔·科威尔：《自然的敌人：资本主义的终结还是世界的毁灭?》，杨燕飞等译，中国人民大学出版社，2015，第37~38页。

② Derek Wall, *The Rise of the Green Left: Inside the Worldwide Ecosocialist Movement*, London & New York: Pluto Press, 2010, p.3.

③ 〔印〕萨拉·萨卡：《生态社会主义还是生态资本主义》，张淑兰译，山东大学出版社，2008，第186页。

④ 《马克思恩格斯文集》第7卷，人民出版社，2009，第697页。

善，但过分夸大生态危机的严重性和恐怖性却是不负责任的。

生态社会主义对资本主义反生态本质的批判和分析对古巴坚持走社会主义道路、持续推进绿色发展建设具有重要的启发意义。同时，也警醒古巴在发展过程中，要理性地对待资本、市场、技术等问题，要充分利用它们的固有优势解决环境污染等实际问题，更要注重这些问题背后的本质原因，不能被表象所迷惑；要正视人口增长与环境破坏之间的关系，更要注意人口的结构优化；要认清资本主义生产方式是导致危机的根本原因，更不能忽略个人消费等生活方式对生态环境问题造成的严重影响，特别是在西方消费主义侵蚀下的个人消费模式已成定式，更需要重视这一现象，防止这种破坏环境的消费模式渗透进古巴，要注重转变人们的个人生活方式，转向绿色、节俭的可持续发展之路。

二　社会主义国家生态环境问题

生态危机是一个超越制度的问题。生态社会主义者们基于资本主义制度，将造成生态危机的根本原因归结于科学技术的资本主义使用，这无疑是对资本主义的一种强有力的批判。但这并不意味着社会主义就不会产生生态危机，苏联模式下的社会主义对自然的破坏、现存的社会主义国家环境现状都充分说明了这一问题。在社会主义国家，人口膨胀、对自然的傲慢与无知、环境保护意识薄弱、主观武断的治理政策同样有可能导致生态危机的发生。如果我们没有清醒地意识到这个问题，恩格斯所说的"自然的报复"就会成为未来的映射："美索不达米亚、希腊、小亚细亚以及其他各地的居民，为了得到耕地，毁灭了森林，但是他们做梦也想不到，这些地方今天竟因此而成为不毛之地，因为他们使这些地方失去了森林，也就失去了水分的积聚中心和贮藏库。阿尔卑斯山的意大利人，当他们在山南坡把那些在山北坡得到精心保护的枞树林砍光用尽时，没有预料到，这样一来，他们就把本地区的高山畜牧业的根基毁掉了；他们更没有预料到，他们这样做，竟使山泉在一年中的大部分时间内枯竭了，同时在雨季又使更加凶猛的洪水倾泻到平原上。"① 当前全球范围内发生的生态问题已然成为一个错综复杂的问题，它不仅是资本主义无法避免的危机，也是社会主义国家需要正视的事实，对生态危机在社会主义国家的影响做出准确的判断，对环境保护与治理以及绿

---

① 《马克思恩格斯文集》第9卷，人民出版社，2009，第560页。

色发展而言都是十分必要的。

（一）"第一时代"的社会主义国家环境问题

"第一时代"的社会主义（"first epoch" socialism）是生态社会主义者对苏联解体前的社会主义的统称。这一时期的社会主义国家大都模仿苏联模式进行社会主义建设，如果说资本主义制度是造成生态危机的根源，那是不是意味着这些社会主义国家就不会有环境问题？生态社会主义者的回答是否定的。随着苏联的解体，大量信息流动让"第一时代"的社会主义国家生态环境破坏的问题逐渐暴露于世人面前，若列斯·梅德韦杰夫（Zhores A. Medvedev）指出："同瑞士的耕地面积相比，由于放射性污染，苏联丧失了更多的草原和农业土地；同荷兰相比，更多土地遭受水电站引起的洪水的侵害；同爱尔兰和比利时两者的总面积相比，由于盐化、潜水面的变化以及沙尘暴、盐尘暴，1960~1989年苏联丧失了更多的土地。1975年以来，在严重粮食短缺的时期，苏联每年耕地的总面积下降100万公顷。苏联以巴西失去热带雨林的速度失去了它的森林。在乌兹别克和摩尔达维亚，含有杀虫剂的化学污染导致了儿童智力迟钝，这一比例如此之高，竟使得中学和大学的教育课程不得不修改和简化。咸海曾经是世界第四大湖，可是，20世纪50年代建造拦河坝后，湖水的面积减少了40%，水平面下降了13米，这导致盐的浓度上升。咸海周围20万平方公里覆盖着用于灌溉棉花的杀虫剂、肥料以及来自干燥的海床的盐。每年有来自干燥的海底约4300万公顷的盐污染着农业土地。整个地区的气候改变了，夏天更热，冬天更冷，这破坏了农作物的生长，杀死了牲畜。1989年的冰冻天气，导致50万公顷的棉花作物死亡，70%的谷物播种地区遭受破坏，50万头绵羊死亡。潜水面下降，人们越来越难以获得饮用水。人口的健康状况急剧下降，婴儿死亡率、儿童的智障人数、得流行病等疾病的人数都增加了。在生活在海岸和三角洲的173种动物中，只有38种存活下来。"[①]

面对如此严重的环境破坏，生态社会主义者在挖掘其背后的根源时认为并不是社会主义制度本身的问题，而是苏联模式的社会主义存在缺陷。实行中央计划经济的苏联模式的社会主义国家将像资本主义国家一样耗尽不可再生资源。它们在经济建设中从西方引进生产技术和生产体系，因此环境破坏

[①] 转引自蔡华杰《另一个世界可能吗？当代生态社会主义研究》，社会科学文献出版社，2014，第62~63页。

的程度与原因也类似于西方。可以说，处于"第一时代"的社会主义国家的生产力与西方资本主义国家并没有巨大的区别，但其生产关系却与资本主义国家有着显著的不同。不同政治体制在生态环境保护与重建方面会产生不同的作用。萨卡对苏联模式的社会主义导致的生态危机进行了深入的分析，认为苏联在刚开始建设社会主义时有着较好的资源条件，但无法消除增长的极限导致最终的失败。他以苏联的粮食生产为例指出："苏联的粮食生产几乎达到了其增长的极限。它不能克服最终的地理限制。无疑，糟糕的粮食收成，部分要归咎于'社会主义'制度的管理不善。管理不善可以矫正，但增长的极限却不可能。"① 因此，是苏联经济的增长遭遇资源的极限导致了苏联社会主义模式的崩溃。萨卡还认为苏联模式的社会主义道德的沦丧，即对经济主义的信奉也导致了该社会主义模式的失败。他认为："经济主义包含两个要素，一是相信持续的经济增长是可能的，也是必需的；二是相信美好的生活必须是富裕的。"② 但经济是会出现增长停滞的，所谓的"富裕"也无法惠及所有人，人们对增长率和富裕程度的要求在不断变化、不断提高，这就使得一些政治精英通过获得不正当的特权并陷入腐败，以维持他们认为是美好生活的东西，从而走向道德沦丧。

"第一时代"的社会主义国家遭遇的环境问题是一个不可磨灭的事实存在，但并不意味着它们不重视环境保护，事实上，早期的苏联领导是十分重视环境保护的，"列宁高度重视环境保护，苏联是世界上第一个建立自然保护区的国家。1925~1929年，自然保护区的数量，从4000平方英里增加到了15000平方英里"③。只是由于人们摆脱资本主义的束缚后，科学技术的迅速发展，不受限制的进步，以及人类对无限能力的盲目崇拜成为时代的主导精神。决策者们在面临环境保护和经济增长的选择时，选择了经济增长优先，结果造成环境的严重破坏。因此，我们必须将苏联的社会主义与马克思恩格斯提出的社会主义区分开来。这是苏联模式的社会主义失败，而不是社会主义的失败。我们应清晰地认识到当时的时代背景等因素决定了苏联采取

---

① 〔印〕萨拉·萨卡：《生态社会主义还是生态资本主义》，张淑兰译，山东大学出版社，2008，第41页。
② 〔印〕萨拉·萨卡：《生态社会主义还是生态资本主义》，张淑兰译，山东大学出版社，2008，第7页。
③ 〔印〕萨拉·萨卡：《生态社会主义还是生态资本主义》，张淑兰译，山东大学出版社，2008，第44页。

粗放型的经济增长模式和进行军备竞赛，这也成为"第一时代"的社会主义国家环境问题严重的原因；要正确认识到社会主义制度于我们而言是为生态环境保护提供了一个有力的前提和保障，但并不等于不存在环境问题，正如陈学明等学者认为的："然而，在传统社会主义条件下，由于多种复杂因素的影响，自然资源的利用既没有像资本主义那样作为成本核算，也不可能像共产主义时代那样达到人与自然的和谐，而是作为推动社会经济发展的无偿因素遭到毁灭性的开采，粗放型的发展模式甚至比资本主义生产带来更为严重的环境破坏和资源浪费。"① 这对于探究和分析古巴绿色发展有着重要启发，也警醒我们不能将环境问题单纯地归结为制度问题，社会主义国家依旧有可能产生环境问题，中国、古巴、越南、老挝、朝鲜这些现存社会主义国家同样正在面对环境污染等严酷的现实，我们需要对其进行深刻的反思，并采取必要措施。

（二）当前社会主义国家的环境问题

中国、古巴、越南、老挝、朝鲜是当前世界上现存的五个社会主义国家，自可持续发展概念被提出以来，社会主义国家的环境状况也逐渐被世人关注。在苏联模式的影响下，至20世纪90年代，社会主义国家在生态环境保护方面的政策以超越西方的思想为主导，并受到未及时调整的粗放型经济增长方式的影响。由于经济上的落后、工业化程度不高，有的社会主义国家对环境治理不够重视，有的国家仍停留在建设的初期阶段，政府和公共的关注较少，环境保护和治理的政策制定和践行发展相当缓慢。苏联解体后，这五个国家纷纷进行社会主义改革，建设以马克思主义为指导的、具有本国特色的社会主义国家。在绿色发展和环境治理方面，也都推出了一些相应的举措，只是重视程度不一，效果也有一定差距。古巴的绿色发展作为本书的主要研究对象，其具体情况将在后续章节进行详细的论述和分析，这里仅就中国、越南、老挝、朝鲜的生态环境状况及其党和政府在环境治理方面的举措进行简要概括。

在中国，随着党和政府的重视，近年来环境状况发生了根本好转。党的十七大首次提出建设生态文明这一概念，并阐述了一系列建设生态文明的方针、政策和措施，深刻把握生态文明建设的重要性和紧迫性。十八大继承并发展了这一思想，首次对生态文明建设进行全面论述，并将其纳入我国社会

---

① 陈学明、罗骞：《科学发展观与人类存在方式的改变》，《中国社会科学》2008 年第 5 期。

主义建设的总布局中。党的十九大不仅对生态文明建设提出了一系列新思想、新目标、新要求和新部署，更是首次把美丽中国作为建设社会主义现代化强国的重要目标。我们用"生态文明"这一概念无疑可以更好地定义有别于西方工业文明的一种新的文明形态或文明要素。目前，生态文明建设从学术界和政界发展到普通民众之中，我国还形成了比较完整的中国特色社会主义生态文明建设理论。在环境污染控制方面，虽然中国还有很长的路要走，但已经取得了重大进展。近年来，中国自愿采取减排措施，加大实施力度，并为此做出了艰苦努力。现今，中国是世界上最大的可再生能源生产国和消费国，也是世界上最大的可再生能源投资国。中国的水电、风电和太阳能光伏发电能力居世界第一。新能源技术创新的优势后来居上，居世界前沿。"十三五"期间，中国对可再生能源的新投资达到2.5万亿元，比"十二五"期间增加近39%。《美国经济学与社会学杂志》主编克利福德·柯布认为，中国经历的发展道路与欧洲和美国完全不同。为了保护"自己的环境"，欧美国家向发展中国家输出高污染工厂，中国不仅自己面临并解决问题，而且为其他国家提供样板。[①]

与中国在生态文明建设理论和实践方面的突出成就相比，越南在环境保护和治理方面的表现相对较弱。越南在社会主义革新之路中也遇到一系列环境问题：有长期战争对越南的环境产生的深远影响，更有人口的过度增长和贫困对环境造成的沉重负担。这些环境问题已经对越南人民的生活、健康和越南的经济发展产生了负面影响。面对日益恶化的环境问题，越南政府和有关国际组织正采取各种措施加强环境管理和资源保护。[②] 越南可持续发展的概念出现于80年代末90年代初，越南共产党在第九届全国代表大会上制定了可持续发展的战略目标，即"注重社会的进步与公平，保护和改善环境，发展经济社会与巩固国防安定"。2006年，越南共产党第十次全国代表大会总结了近年来越南经济社会发展的经验，并总结了五个重要的经验教训，其中之一就是要关注越南的可持续发展，重视在建设过程中得到的教训。政府科研机构发布了《越南可持续发展标准的研究（第一级）》[③] 等，为越南

---

① 《种下绿色就能收获美丽（钟声）》，人民网，http://world.people.com.cn/GB/n1/2017/1207/c1002-29690510.html。

② 陈文：《越南的环境管理及保护》，《东南亚》2003年第2期。

③ 越南科技联盟－环境与可持续发展研究所主编《越南可持续发展标准的研究（第一级）》，越南国家政治出版社，2003。

国内环境的可持续发展提出相应的管理理论和具体实施办法。同时，越南还积极建设生态旅游等项目，在下龙湾的生态旅游开发中，越南政府选择性地对局部资源进行利用，很大程度上保持了该地区的原始面貌。规范的经营和管理使得下龙湾生态旅游环境得以优化。①

老挝的经济较为落后，矿产等自然资源蕴藏丰富，但开采和破坏程度较低。然而，这并不意味着老挝就不存在环境问题，老挝国内的森林资源、水土流失状况十分严峻②，防止森林萎缩和保持水土成为老挝政府关注的重点。老挝政府为此颁布了相关的文件和法令，如《老挝环境影响评价条例》《国家关于 2020 年之前环境教育和意识的战略以及 2006~2010 年的行动计划》《自然资源与环境部在中央、省、县的角色与职能》《国家环境标准法令》等，以规范环境保护方面的行动计划和措施。老挝的治理仍处于纯环境保护的水平，可持续发展的意识很薄弱。与此同时，老挝农村的教育水平普遍较低，村民们尚未获得有关生态环境保护的专业知识。农村居民在进行日常的生产活动过程中，往往只关注可能带来直接效益的家庭经济收入，完全没有意识到保护生态环境的必要性。有关政府部门对农村环境保护不够重视。该领域的实际支出非常有限，治理的有效性并不显著。③

朝鲜通过高度集中的政治力量和经济控制来整合全社会的资源，推动重工业优先发展，快速实现工业化。过度依赖技术、进口机械、石油、化学肥料及杀虫剂等状况不可避免地造成山林被乱砍滥伐，植被遭到破坏，农田严重受损，很大程度导致了粮食紧缺和饥荒的发生。④ 20 世纪 90 年代，朝鲜对于工业化带来的污染采取了局部处理或污染转移的措施，政府也开始重视环境污染问题。⑤ 但苏东剧变后，朝鲜劳动党依然延续苏联绿色革命的高度机械化农业生产模式，盲目扩大开荒，水土流失严重，生态环境并没有发生根本转变。朝鲜社会科学院经济研究所所长金哲曾撰文指出："朝鲜政府注重在土地、森林及海洋资源等方面进行合理开发利用；重视发展科学技术促

① 《中外生态文明建设 100 例》编写组编《中外生态文明建设 100 例》，百花洲文艺出版社，2017，第 207~208 页。

② 叶碎高、李险峰：《老挝的森林资源与水土保持》，《黑龙江水专学报》1998 年第 4 期。

③ 路健、蔡红霞：《农村环境保护问题》，《科技信息》2011 年第 18 期。

④ Dale Jiajun Wen，"North Korea and Cuba Offer a Preview of Oil Withdrawal"，*Yes Magazine*，2006/05/05，https：//www.yesmagazine.org/issues/5000-years-of-empire/peak-oil-preview-north-korea-cuba.

⑤ 陆彦椿：《朝鲜的国土生态环境》，《农村生态环境》1992 年第 4 期。

进资源再利用；在保护生物多样性方面采取积极措施，推进经济可持续发展。"① 然而，2018年4月，在朝鲜劳动党召开的第七届中央委员会第三次全体会议上，金正恩提出国家未来的工作重心是"集中一切力量进行经济建设"，朝鲜进入了"先经战略"阶段。相对于过去极端恶劣的情况而言，朝鲜目前经济状况确实好转，但忽略生态危机的严重性致使目前朝鲜国内资源能源缺乏，经济结构不平衡，粮食危机等问题依旧存在。

（三）生态美好是社会主义的必然追求

马克思主义提出的对未来社会图景的设想，即共产主义社会，是作为资本主义的对立物而出现的。马克思恩格斯认为，生产资料的私有制是资本主义的本质特征，资本家对工人的剥削是无止境的。因此，未来的共产主义或社会主义必须在公有制的基础上进行生产活动，并以此为根本从而实现人的自由和解放。资本的本质是扩张。为了赚取超额利润，资本家竭尽全力降低成本，最大限度地进行掠夺、控制，甚至榨取自然和劳动的剩余价值。这最终会导致自然界被无情地破坏——农村土壤的严重退化以及城市生态环境的不断恶化，更有工人的身心健康遭到前所未有的摧残。未来的社会主义一定是生态美好的，一定是消除了私有制的，一定是城乡融合的。人与自然的和谐共生，自然界和人的最终解放才是未来社会应有的追求。生态社会主义者在充分挖掘马克思主义这一思想的基础上，提出了"社会主义本质就是生态社会主义"的结论，虽然社会主义国家不能完全按照生态社会主义的思想建设社会主义，但在保护环境、防治污染、维护生态平衡、坚持人与自然和谐共处等方面的构想与策略应能够成为我们建设社会主义的"题中应有之义"，否则哪怕未来的社会进行变革，生产关系发生了改变，对人的剥削消除了，对自然的剥削却依旧存在，大自然的报复仍会降临，这样的社会定不符合马克思恩格斯所设想的未来共产主义，也定不是我们所追求的美好社会主义。

生态社会主义者对生态危机的探讨是基于发达资本主义国家的背景进行分析的，但是否一定适用于社会主义国家，需要我们进行多方面的思考。生态社会主义者在批判资本主义制度的基础上提出了许多较为全面的解决方案，首要解决途径即是消灭以资本为驱动力的资本主义社会。但就社会主义

① 〔朝〕金哲：《朝鲜环境管理与可持续发展》，张慧智、崔明旭译，《人口学刊》2016年第4期。

国家而言，当今的经济尚未达到高速发展的状态，对资本的合理利用也至关重要。市场因素对社会主义国家的影响也不尽相同。不可否认，资本扩张可能对生态造成破坏，但社会主义国家的生态环境问题除资本和市场因素外还有更复杂的原因。在中国，"改革开放前，我们几乎消灭了资本，但落后的科学技术所带来的粗放式发展浪费了大量的资源，不合理的看法也使一些地方的生态受到毁灭性打击，如围海和围湖造田，造成了大量的滩涂消逝和湖泊蓄水和泄洪能力减弱。"① 西方资本主义社会科技高度发达，属于高消费的社会。一方面，技术的利用加强了资本主义社会对自然的掠夺，控制自然的能力快速提升，因此要限制技术的发展；另一方面，西方资本主义社会的主要生产生活模式是大量生产、消费和废弃，资本驱动下的高消费导致对自然的严重破坏，因此要限制消费的发展。对于社会主义国家而言，大部分的科学技术仍旧不够发达，有的甚至还处于技术发展落后状态，无法运用技术最大限度地利用自然资源，这时的技术运用反而有助于我们进一步加强与自然的联系；随着经济社会的发展，有的社会主义国家的富裕阶层也开始出现部分高消费现象，但总体上大部分人民仍旧处于温饱状态，人们生活发展的基本需求尚未得到满足，一定的消费刺激能够激发这些国家的活力。

　　无论是马克思主义所设想的未来社会图景，还是按照当下社会发展人们所畅想的各种类型的社会，自由平等、公平正义、和谐共生都是其追求的主要基本目标。虽然人们因为个人能力、努力程度或社会分工不同而获得不同的财富和生活水平；但生活在地球上，享受新鲜空气、清洁的水和安全饮食是每个人应有的基本权益。当这些权益遭到破坏的时候，不公正现象就会出现，这时候国家就应该采取措施进行调整。这是资本主义国家无法办到的，因为它们的出发点一定不是为了使普通民众获得普遍利益，面对生态危机，受伤最严重的是平民，因为富人可能在资本积累的过程中获得更多保护，可以迁移到更安全、无污染的地区或国家，而平民，甚至穷人，只能面对大自然的复仇。因此，资本主义国家无法把生态美好作为建设社会的主要目标，而作为拥有制度优势的社会主义国家，在生态危机席卷全球的当下，更应该将普通百姓的权益和利益放在最重要的位置。

　　生态美好是社会主义的必然追求。本书主要探讨的对象是作为社会主义

---

① 陈永森、蔡华杰：《人的解放与自然的解放：生态社会主义研究》，学习出版社，2015，第458页。

国家的古巴。古巴在社会主义革命的过程中可谓荆棘丛生，建设的道路艰难而曲折，但无论道路如何艰险，古巴始终坚持社会的公平正义。古巴的经济社会发展居于世界中后位，古巴进行生态治理和绿色发展并不是出于一种主动意识，更多的是苏东剧变后，在极端的困境中做出应急反应。但在实践中，古巴的绿色发展取得了很好的成效，生态社会主义者通常将其作为可持续发展国家的典范，其根源就在于古巴的绿色发展符合当前人们提出的对可持续发展社会的要求，古巴在都市农业、有机农业、整合养分循环空间体系等方面的实践举措与我们预想的未来世界生态环境绿色发展模式有许多类似之处。尽管其实际发展程度并不十分成熟，但其具体措施及成效却能够给予世界上其他国家，特别是社会主义国家一定的启示。因此，本书专门就古巴进行绿色发展的历史原因、探索历程、主要贡献、主要特征、实践成效、面临的挑战以及其当代价值等进行详尽的论述和分析，为我们探索未来社会的发展模式以及未来生态环境的走向提供有益参考。

第二节　古巴探索绿色发展的历史原因

古巴地形狭长、气候温和，原生的古巴岛拥有丰富的自然资源和良好的自然环境。从 16 世纪开始，古巴得天独厚的资源环境成为资本主义国家的争抢目标，在古巴革命胜利之前，由于长时期的殖民压迫、资源能源的过度开采利用，古巴国内生态环境严重恶化。革命胜利后，作为拉丁美洲唯一现存的社会主义国家，古巴对社会主义道路的探索也可谓荆棘密布、如履薄冰。古巴先后经历了美苏冷战、苏东剧变和新自由主义全球化时代，古巴的社会主义建设在取得显著成就的同时也遇到不少困难和问题。历史环境遗留、经济基础薄弱，以及复杂的国际形势成为古巴进行绿色发展探索的主要原因。

一　古巴生态环境的基本状况

古巴共和国（The Republic of Cuba, La República de Cuba）位于加勒比海西北部，面积为 109884 平方千米。从地理位置上看，古巴地形狭长，类似一条"鳄鱼"。岛内大部分地势平坦，岛屿的海岸线则较为曲折，港口良多。又因地处大西洋与美洲大陆、北美洲与南美洲的交叉点上，战略地位十分重要。从人口分布上看，据统计，2017 年国内人口达 1122.1 万，其中城市人口占75%，这对于工业并不发达的古巴而言，发展都市农业等绿色生态产业具有相当的劳动力优势。

从资源环境上看，古巴拥有富饶的天然资源，肥沃的土地为甘蔗、烟草等作物的种植提供了良好条件。古巴铁矿和镍矿等的蕴藏量也颇为丰富，镍储量约660万吨，占世界总储量的40.27%；铁矿储量约有35亿吨，主要分布于尼佩山和巴拉科阿山区，这是世界上储量最大的地区之一；钴、锰、铬、铜等具有开采价值的矿产资源也占有一定比重。生物资源方面，古巴是加勒比最大的岛屿，其囊括的物种数量居西印度群岛首位，同时古巴也是全球生物多样性的热区[1]。漫长的海岸线有利于渔业发展，各类鱼达500多种。森林面积目前占全国土地面积约27.5%，较革命胜利之前已有不少改善。[2] 丰富的天然资源使古巴赢得"安的列斯的明珠"的美称。丰富的资源引起了殖民主义、帝国主义对古巴的激烈争夺。在西班牙长达4个世纪的殖民统治期间，国内农业被迫改为单一种植。到1959年古巴革命取得胜利时，古巴的森林面积占有率从72%减少到14%。[3] 水、植被等也遭到严重侵蚀，土壤退化现象严重，自然资源和能源极其贫乏。

古巴的生态环境系统也有其脆弱的一面。古巴由于特殊的地理位置，常年遭受飓风、洪水、地震等自然灾害的侵扰和破坏。2017年9月，飓风"艾玛"正面袭击古巴北部，淹没了海岸居民区并冲走大量植被。这场强大的风暴虽然只给哈瓦那带来短暂一击，但10米高的海浪依旧冲击了该市的海滨长廊，摧毁首都历史街区内庄严而破旧的建筑物。飓风将上升的海洋推向内陆，海平面上升对古巴构成了十分严峻的挑战。在过去半个世纪里，古巴沿海的海平面平均上升了7厘米，这直接导致了低洼海滩被淹没，沼泽植被被摧毁，尤其是在古巴南部中段一带。如今，古巴的海岸侵蚀"已经比任何人想象的严重得多"。[4] 同时，洪水也是危及古巴内陆地区的主要自然灾害，不断上涨的水会直接污染沿海蓄水层和农田，破坏烟草作物和位于低

---

① Myers, N., Mittermeier, R. A., Mittermeier, C. G., Da Fonseca, G. A., Kent, J., "Biodiversity hotspots for conservation priorities". *Nature*, Vol. 403, No. 6772, 2000.

② 以上部分数据来自：《古巴国家概况》，外交部官方网站，https://www.fmprc.gov.cn/web/gjhdq_676201/gj_676203/bmz_679954/1206_680302/1206x0_680304/。

③ Díaz-Briquets, S., "Forestry Policies of Cuba's Socialist Government: An Appraisal", *Cuba in Transition* 6, 1996, pp. 425 – 437.

④ Richard Stone, "Cuba's 100-year Plan for Climate Change—Nation Seeks Assistance for Project to Strengthen Coastal Defenses and Relocate Villages", *Science*, Vol. 359, No. 6372, 2018.

洼地带的基础设施，如房子、干燥的谷仓和工厂等也会遭到破坏。[①] 脆弱的生态气候环境系统迫使古巴采取诸如《气候变化100年计划》等相关救助措施和改良计划，在严酷的自然历史环境条件下寻求可持续发展的生存空间。

二 造成古巴生态环境问题的历史原因

造成古巴生态环境问题的主要原因有：长期受到殖民统治的压迫，导致产业生产过于单一。在革命胜利后，古巴并没有从根本上改变这种单一种植模式，而是采取苏联的农业模式，这加剧了生态环境的恶化；同时，由于经济基础薄弱，依赖大国进口扶持的政策未曾改变，稍有调整的只是从革命胜利前的依赖美国，在胜利后转向了对苏联的依附。生产劣势直接影响古巴国内生态环境的稳定发展。身处美国后院的严峻国际形势，也倒逼古巴不得不进行可持续性的发展探索。以上不仅是古巴生态环境恶化的主要原因，也是古巴绿色发展的重要社会历史背景。

（一）殖民统治的长期破坏

古巴得天独厚的自然资源引起了殖民主义、帝国主义的激烈争夺，从16世纪起，它就成为西班牙殖民者在美洲的主要基地。在拉丁美洲的众多国家中古巴是最先被征服却较晚取得独立的国家。古巴共产党创始人之一胡里欧·安东尼·梅亚曾称古巴是一个"从来没有过自由的国家"。[②] 在西班牙殖民统治期间，西班牙王室为了牟取暴利，从一开始就对古巴采取单一产品制的经济政策。直至18世纪中叶，两百多年的殖民统治使古巴除了蔗糖、烟草和畜牧业得到不同程度的发展以外，其他行业不是被禁止就是被完全忽略。多年的殖民统治和单一产品生产让古巴丰富的自然资源丧失殆尽，同时更造成了森林覆盖率严重下降等不可挽回的环境问题。随着殖民统治的深入，古巴经济发展逐步呈现以糖为经济命脉的单一作物发展模式。英国、西班牙等殖民统治者看到了古巴糖业给其带来的巨大利润，开始通过扩大甘蔗种植园的面积、大量输入黑奴以及改进制糖技术等措施发展古巴的蔗糖业，蔗糖业逐步成为近代古巴经济发展的基础。虽然蔗糖业的迅速发展带动了古

---

① Sherry Johnson, *Climate and Catastrophe in Cuba and the Atlantic World in the Age of Revolution*, Chapel Hill: The University of North Carolina Press, 2011, p. 15.

② 李春辉：《拉丁美洲史稿·上卷（二）》，商务印书馆，2001，第492~494页。

巴的经济发展，但大量天然土地被改造成甘蔗种植园，导致古巴原生的自然资源遭到长期破坏。当古巴在 1959 年赢得革命时，大多数人仍处于赤贫状态，国家土地、水资源、植被和地貌等均遭受严重的侵蚀，生物多样性丧失殆尽[①]，古巴的环境问题亦濒临崩溃边缘。

（二）薄弱的经济基础

古巴革命胜利后，对苏联的严重依赖导致古巴国内经济社会发展严重受限，采取的传统"绿色革命"农业模式，在短期内提高了农业的产出，但化学农药等滥用导致大面积土壤退化、可持续利用资源枯竭，给古巴的生态环境造成严重的污染负担。特殊的客观环境和历史条件下，古巴领导人为解决粮食危机以及维持能源独立，着手发展有机农业、都市农业以及石油替代计划，寻求以自力更生为基础的可持续发展。薄弱的经济基础决定了古巴无法走西方资本主义国家的建设之路，必须从本国国情出发，探索出一条符合古巴实际的绿色发展策略。

1. 过于依赖大国阻碍国内经济发展

早在殖民时期，古巴就形成了一个相对简单、单一的经济结构，其中糖产量远远超过烟草和咖啡，成为最重要的农产品。伴随蔗糖产量的增加，糖业主导了古巴经济，古巴也成为以出口为导向的单一经营的"种植社会"。同时，由于在古巴的巨大经济利益，美国对古巴经济的控制日益加强。美国资本收购了种植园和工厂的主要所有权，同时也成为当时古巴蔗糖出口最大的消费者——通常占出口总量的 75% 或 80%。[②] 离开了美国的庞大市场，古巴蔗糖几乎无处可去。面对威胁和封锁，古巴必须捍卫革命的成果，推进社会主义事业。由此必定需要社会主义国家的外部援助。因此，古巴政府和领导人十分重视并强调社会主义国家支援的意义。从 20 世纪 60 年代开始，美国逐渐被苏联替代，苏联成为古巴蔗糖的最主要买家。作为单一经济结构特色明显的国家，古巴对外依赖国家由美国转变为苏联。1961 年至 1976 年这十余年间，古巴蔗糖总量的 60% 出口到社会主义国家，其中出口到苏联的占 45% 左右。[③] 到 1980 年，古巴对社会主义国家的出口贸易高达 73.3%，

① 潘金娥等：《马克思主义本土化的国际经验与启示》，社会科学文献出版社，2017，第 205 页。
② 〔美〕斯基德莫尔、史密斯、格林：《现代拉丁美洲（第七版）》，张森根等译，当代中国出版社，2014，第 132~133 页、第 137 页。
③ Camelo Mesa-Lago, *The Economy of Socialist Cuba*, New Mexico, 1985, p. 185.

到 1984 年上升至 87%，其中大部分是同苏联进行的。① 苏联对古巴的经济援助和社会主义建设指导给古巴的经济发展带来助益，却也导致古巴对苏联经济、政治严重的依附性，给古巴在现代化进程和社会主义建设过程中造成了诸多的负面影响。苏联的解体给古巴带来了巨大的压力。在经济上，古巴不再从苏联和东欧国家获得大量援助和出口贸易的优惠政策，国内经济处于完全崩溃的状态。在政治上，古巴政府失去重要的战略依托，苏东剧变使长期以来与苏联、东欧国家建立的密切战略联盟关系彻底终结。古巴因此面临着分析家们所谓的"双重禁运"的残酷现实，即美国的长期封锁和苏联的崩溃。自 20 世纪 90 年代开始，在古巴政府鼓励下，乡村有机农业应运而生；都市农业也出现在闲置的土地上；汽车稀少，自行车遍布哈瓦那的大街小巷。这些特殊时期的紧急措施与替代方案，至少保证了人们的工作和温饱，同时也成为古巴进行绿色发展探索的契机。虽然最初建设的出发点是为应对由依赖苏联发展经济而导致的消极后果，但环境工作者们却深受这些可持续发展和低成本低碳措施的启发，将这些实践举措作为人类面对极端气候变化、能源危机等问题的应变之法。

2. 传统农业模式威胁生态环境稳定

革命胜利后，古巴按照苏联的经验开展社会主义改造，建立了高度集中的社会主义政治经济体制，接受了苏联对社会主义建设的帮助和指导。在此期间，由政府主导，古巴开始进行农业改革。以"绿色革命"技术为基础的传统农业模式，即通过大量使用化肥、农药等化工产品作用于农作物，在短时期内大幅度提高农业产出的生产模式，在一定时期内促进了古巴国内经济发展。但工业化农业的生产方式在增加农业产量的同时，在生态环境、可持续发展以及社会生活等方面的诸多问题也逐渐凸显。一方面，在"绿色革命"技术的催生下，过度灌溉以及化肥和杀虫剂的大量使用，导致地下水污染严重、土壤有机质耗竭，大规模的甘蔗等单一作物种植取代了多作物种植或轮作，生物多样性丧失殆尽，古巴整体农业系统遭到严重破坏，生态环境出现明显缺陷。另一方面，传统"绿色革命"农业模式被迫投入使用昂贵的机械和农业化学品，造成生产成本增加②，也使农民不堪重负，出现大量涌向城市的流动人口，给城市环境造成巨大压力。20 世纪六七十年代，

① 刘金源：《古巴的单一经济及其依附性后果》，《学海》2009 年第 4 期。
② 肖建华：《借鉴古巴经验 推进我国"两型"农业发展》，《环境保护》2013 年第 15 期。

在传统农业模式的侵蚀下，古巴的环境出现了包括土壤退化、森林覆盖率减少、地表水和地下水污染等现象，城市中由于人口的大量涌入，固体废弃物管理不当、大气和噪声污染等问题也逐渐凸显。传统工业化农业模式不仅造成自然资源进一步枯竭，更使古巴面临城市环境污染等诸多新问题，也让古巴政府意识到进行可持续性建设探索的重要性和改变传统农业生产模式的必要性。

（三）复杂的国际形势

复杂的国际形势也倒逼古巴必须重视绿色发展道路的探索和建设。古巴位于美国这个世界上最发达的资本主义国家的后院，遭受了美国在政治和经济方面的长期封锁和镇压。严峻的地缘政治环境给古巴的社会主义建设带来重重阻碍。但长期的敌视、封锁和打压非但没有让古巴人民放弃社会主义道路，反而激发他们探索出一条绿色可持续的农业发展之路，在最艰难的时期解决了人民的温饱问题，维护了社会政治的安全稳定。可以说，美国经济制裁所带来的压力成为古巴进行绿色发展的外部动力。

美国早有吞并古巴的野心。早在美国独立之后，就有人认为古巴的地理位置敏感，处于墨西哥湾的入口，如果能将古巴收入囊中，它就可以成为美国的防御屏障；如果落入他人之手，则会对美国构成威胁。因此，在古巴独立后，它仍然受到美国的限制和约束。美国垄断组织通过其在古巴的"代理人"来控制这个国家。1959 年，古巴革命胜利使美国失去了对其的控制权，加之冷战时期资本主义阵营和社会主义阵营的交锋，美国对古巴实行霸权主义和强权政治，奉行全面孤立、封锁、扼杀甚至颠覆的政策，古巴多年来始终处在一个危险的国际环境之中。这些隔离和封锁有如下几个方面：在经济方面，实行经济封锁和贸易禁运；在军事方面，组织雇佣军武装入侵，并不断地发起威胁和挑衅；在外交方面，尽一切可能孤立古巴；在政治方面，扶植反对派，发起各种具有颠覆性的破坏活动；在意识形态方面，开展"无线电波侵略"，加强"和平演变"和颠覆性的宣传攻势；在移民问题方面，鼓励非法移民并煽动"筏民潮"。1993 年古巴国家中央计划委员会经济研究所的一份报告显示，自从 1960 年美国开始对古巴进行经济封锁以来，古巴已损失 400 亿美元，其中糖业市场损失达 46.76 亿美元，与蔗糖有关的农业、加工业和运输业损失 49.99 亿美元。①

---

① 肖枫、王志先：《古巴社会主义》，人民出版社，2004，第 47~48 页。

　　美国对古巴的威胁是促使古巴走上社会主义道路的主要外部因素之一，美古冲突更是冷战时期以来社会主义阵营和资本主义阵营交锋的产物。苏东剧变以来，世界格局和形势已发生巨大变化，两制关系逐步走向了对话与竞争的多元格局。出于对自身利益的考量和评估，2014 年 12 月，当时的美国总统巴拉克·奥巴马和劳尔·卡斯特罗分别发表讲话，表示他们将就恢复两国外交关系展开谈判。2015 年 7 月，美国宣布恢复外交关系。奥巴马于2016 年 3 月到访古巴，是 88 年来美国总统对古巴进行的首次正式访问。美古关系短暂的正常化使古巴的外部环境明显改善。奥巴马政府放松封锁使古巴的外部压力明显减轻，随着美古通航、通邮等措施落地，两国经贸活动有所增加。一方面，美古关系的改善也推动了古巴和欧盟的关系，加强了与俄罗斯、日本等国的交往。但是，美国和古巴之间交流的便利也增加了古巴应对非法移民、两极分化和意识形态等方面的困难和社会压力。另一方面，美国全面解除对古巴封锁、归还关塔那摩基地等问题未取得实质性成果，两国在意识形态等诸多领域的分歧仍无法根除。2017 年，美国总统特朗普上台执政，对古巴的敌视和封锁进一步加强，导致美古关系正常化进程发生逆转，美古外交关系更加复杂。美国出台针对古巴的限制措施以及特朗普在国际场合的强硬表态给当前的古巴经济发展带来巨大压力，复杂的国际形势成为古巴进行绿色发展的外部压力，促使古巴不断寻求自给自足、绿色生态的可持续发展之路。

第三章
古巴绿色发展的探索历程

　　古巴对绿色发展的探索与建设起始于20世纪60年代。面对古巴生态环境问题，古巴政府在下决心改变现状、提高人民生活水平的同时，更坚持环境保护的思想与原则，力求实现人与自然的和谐发展、经济与社会的协调发展。从绿色发展的角度出发，其发展历程大致经历了基础铺设、框架建立以及自我转型三个发展时期，从迫于经济社会和环境压力而走自给自足的绿色发展道路到主动寻求科技研发创新并应用于可持续建设，古巴进行绿色发展的转型意蕴也就此凸显。

第一节　基础铺设时期

　　20世纪60~70年代是古巴进行绿色发展的第一阶段。古巴政府在这一阶段，为确保社会主义制度的顺利延续，结合国情、党情，制定了一系列详尽的政治经济建设纲领，建立起覆盖全国的教育、医疗等基本社会保障体系，为古巴今后在科学、教育和医疗卫生等方面的持续进步提供了稳定条件。社会主义初期在基础设施方面的这些规划和建设更为之后的绿色转型提供了丰富的制度经验、物质基础、人力保障和技术支持。

一　社会主义初期政治建设

　　1959年，在菲德尔·卡斯特罗领导古巴人民民主革命取得胜利之后，古巴开始探索并努力实现一个独立、民主和自由的社会主义社会。以卡斯特罗为领导的古巴共产党和政府开始了"还政于民"的民主政治探索。到20世纪70年代中期，古巴社会主义政治建设已逐步走向体制化，这一时期，卡斯特罗借鉴了巴黎公社和苏联民主政治建设的经验，清除了旧的国家机器，解散了旧国会、旧法庭、旧军队以及其他统治机构和行政管理机构。1959 年 2 月，古巴颁布了"基本法"，宣称共和国的主权属于人民，所有权力属于人民。1961 年，菲德尔·卡斯特罗宣布古巴是一个社会主义国家，开始建立社会主义政治制度，并确立古巴社会主义政权的性质。古巴该阶段政治建设的最重要特征是追求民主。"政府不是人民的就不是民主的，政府不是来自人民的就不是民主的，政府不是为了人民的就不是民主的。""政府不应该为了保持特权而存在。"① 古巴政府对民主政治制度的追求和重视，使已经获得胜利的古巴共产党的政权稳定下来，为后来的社会发展奠定了良好的基础，也为绿色发展提供了强有力的建设保障。此外，古巴政府还特别重视发挥群众组织在民主政治建设上的积极作用。1970 年，菲德尔·卡斯特罗多次提出恢复工会和其他群众组织的活力，重建一批由工人、农民、青年和妇女构成的群众组织，并利用工会作为联系枢纽，确保群众组织有效地参与国家政治生活。这一改革措施成为古巴进行绿色发展的建设基础和群众依托，为绿色发展的持续推进提供了有效的制度经验。

二　社会主义初期经济建设

古巴的特殊地理位置以及美国对其长期的封锁，造成古巴经济建设与改革有别于其他社会主义国家，即经济效益让位于社会政治稳定和国家安全。这一时期，古巴在经济建设方面主要是确立社会主义基本经济制度，即推动古巴向社会主义公有制经济转变，形成具有古巴特色的公有制为主体、计划经济为主导和按劳分配为主体的社会主义基本经济制度。1960 年，古巴宣布革命第一阶段已经完成，并开始向社会主义过渡；1963 年，古巴进行了第二次土地改革，取消了农村的大庄园制度和富农经济，建立了小农合作社。工商企业包括控制国民经济命脉的企业的国有化范围进一步扩大。到1963 年底，社会主义改造基本完成。全民所有制占农业的 70%、工业的95%、建筑业的 98%、运输业的 95%、贸易批发业的 100%、贸易零售业的75%。② 60 年代中期，重组阶级、财产、政治和外交关系的一系列革命性转

---

① 〔古〕萨洛蒙·苏希·萨尔法蒂编《卡斯特罗语录》，宋晓平等译，社会科学文献出版社，2010，第 16、93 页。
② 毛相麟：《古巴社会主义研究》，社会科学文献出版社，2005，第 144 页。

变已把一种充斥着美国影响、依附资本主义的秩序清除干净，使古巴沿着激进的社会主义方向前进。①因此，这一时期又被称为古巴"理想化"的经济建设时期，菲德尔·卡斯特罗领导的古巴政府追求"越大越好"和纯粹的乌托邦式公有制，对除小农以外的几乎所有经济实行国有化，完全否定商品、货币等经济杠杆的作用。这种急于求成的做法终告失败。70年代起，菲德尔·卡斯特罗开始反省并承认货币和价值规律的作用，也认为多种经济成分在古巴有其存在的合理性及必然性，古巴的经济开始逐步朝制度化方向转变。古巴在社会主义基本经济制度不变的前提下，不断完善公有制为主体的、计划经济和按劳分配的经济制度为绿色发展创造了起始条件。公有制为主的计划经济体制，在社会主义建设初期为解决古巴人民贫困问题做出了巨大贡献，进而为之后的绿色发展及环境保护工作积累了丰富的实践经验。

三　社会主义初期社会文化建设

古巴在教育、医疗以及卫生等方面的成就有目共睹，这一切归功于以菲德尔·卡斯特罗为代表的领导人在社会主义建设初期就将教育及医疗行业当作民族振兴的长久事业进行奋斗。在教育方面，菲德尔·卡斯特罗坚持"教育是促进人们全面发展、有能力在共产主义社会生活的基本手段。"②1959年9月，古巴颁布了《教育改革法》，宣布实施义务初等教育，并强调古巴教育国有化规定教育应由全民共享，由国家负责，并且是公开和免费的。1962年，颁布了大学改革法，新的教育体制和教育法制基本建立。1976年的宪法更明确指出，公民享有平等受教育的权利，必须接受免费的九年义务教育。进入70年代，古巴继续推动教育公平发展，重点普及中等教育、发展成人教育。到70年代末，古巴已基本上达到普及中等教育目标，教育体系覆盖范围扩大到从小学到大学、夜校、技校、函授大学等，极大地提高了广大劳动者的知识水平。古巴教育体系的逐步完善，为古巴的绿色发展注入了强大的人才支持和智慧资源。

在古巴，有相当多的资源同样被投入公共卫生的建设之中。革命胜利初期，在美国的煽动下，有近三分之一的医生外逃；美国与古巴的断交，中断

---

① 〔美〕霍华德·威亚尔达、哈维·克莱恩编著《拉丁美洲的政治与发展》，刘捷等译，上海译文出版社，2017，第383页。
② 〔古〕萨洛蒙·苏希·萨尔法蒂编《卡斯特罗语录》，宋晓平等译，社会科学文献出版社，2010，第68页。

了古巴医疗药品及设备的供应，古巴国内人民医疗和健康问题严峻。在这样的背景下，古巴的医疗改革任务被提上议程，菲德尔·卡斯特罗提出要把公共卫生事业放在"优先和神圣的地位"。20 世纪六七十年代，古巴政府对医疗行业建设进行巨大投入：紧急培训大批医生，缓解人员缺失现状；医疗重点放在防治突发性急性传染病等方面；由国家卫生部门统一领导基层和农村的医疗服务机构。到 1974 年，古巴的医疗困境得以缓解，全国医生人数上升至 1 万多名；在 1963 年、1968 年和 1971 年分别根绝了小儿麻痹、疟疾、白喉等三种重要传染性疾病；人均寿命延长到 70 岁，婴儿死亡率从 40‰下降到 28.9‰。[①] 古巴坚持推行"人人享有健康""病有所医"的医疗卫生改革，为之后持续探索绿色发展提供了稳定的人力资源保障。

第二节　框架建立时期

20 世纪 70 至 80 年代末是古巴绿色发展的整体规划、体制机制建设及科技发展时期。这一时期，古巴政府在苏联的帮助和指导下进行社会主义建设，并按照苏联的经验建立起高度集中的社会主义经济体制。苏联模式下的古巴经济出现了飞速发展，特别是农业方面采用了机械式的农业"绿色革命"，短期内大幅提升了农业产出；但这也导致古巴对苏联和东欧政治、经济上的依赖越发严重，为之后苏东剧变导致古巴经济危机埋下隐患。古巴的绿色发展之路在这一时期的基本框架已逐步确立，尤其是在法律法规、机构建设、科学研究以及教育推广等方面都有长足的发展，为积极应对苏联解体后的困境和转向绿色发展奠定了坚实基础。

一　生态环境保护法制框架确立

1975 年古巴共产党召开的第一次全国代表大会上，通过了一项关于科技发展的政策，其中就强调需要建立一个处理、解决环境问题的专门机构。会议指出："为应对这些（环境等）问题，有必要建立一个相应的国家机构，并提出相应的法律法规和技术支持，以保护、改善并合理利用我国的自

---

① 〔古〕菲德尔·卡斯特罗：《菲德尔·卡斯特罗在古巴共产党第一、二、三次全国代表大会上的中心报告》，王玫等译，人民出版社，1990，第 115~116 页。

然资源。"① 第二年，古巴政府成立了"环境保护与合理利用自然资源委员会"（COMARNA）专门负责就保护和改善环境以及合理利用自然资源的立法措施和相应技术提出意见建议。同年，古巴宪法通过，其中第 27 条明确指出：国家保护环境和自然资源，承认其与可持续的经济和社会发展有着密切关系。必须要提高人类对生活的理性认识，确保当代人和后代人的生存、福祉和安全。环境保护和防护治理的职能机构对此项政策负责。公民的义务是关注并保护水、大气、土壤、植物、动物和自然资源的丰富潜力。② 随着该委员会的建立和宪法的明确规定，古巴在绿色发展方面开始朝体制化、机制化、法制化方向发展。1980 年，古巴共产党召开第二次全国代表大会，菲德尔·卡斯特罗在会上再次明确指出，需要制定适当的法律，以执行与环境保护相关的任务。这一指示为之后如第 33 号环境法令等一系列环境保护及可持续发展法律的通过奠定了基础。古巴环境法第 33 号法令是早期古巴环境治理政策的重要法律依据，这也成为今后这一领域国家法律制度修订的基本框架。

二　生态领域科技研发获得发展

这一时期的古巴科学家们在注重对自然环境和资源进行保护的同时，也开始意识到绿色、可持续的农业对生态环境和经济发展的重要性，他们逐渐发现苏联模式的机械化"绿色革命"虽然能够在短期内大幅提高农业产量，但其化学农药等对土壤的破坏不利于绿色农业的发展。1980 年召开的第一次全国生态会议上有学者提出，"水土流失和森林砍伐被确认为目前古巴最主要的生态问题，但环境污染预计会逐渐成为不可忽视的生态影响"。在会上，学者们对杀虫剂的使用问题也多次提出批评，但一名植物保护工作人员也对此提出意见，他认为，自苏联生产杀虫剂以来，杀虫剂不可能都是有害的。③ 古巴科学家认为，古巴大部分农业是在公有制和集体所有制的框架下进行的，但在技术层面，古巴与西方农业模式却十分相近。因此，从国外引

---

① "Hitos Ambientales", http：//www. medioambiente. cu/index. php/hitos-ambientales? limitstart = 0.

② "Hitos Ambientales", http：//www. medioambiente. cu/index. php/hitos-ambientales? limitstart = 0.

③ Richard Levins, "The Struggle for Ecological Agriculture in Cuba", *Capitalism*, *Nature and Socialism*, 1990.

进的以化学为基础的生产模式并不适合古巴农业的发展。古巴的科学家们表示，古巴农业的技术变革早该发生了。在这一阶段，古巴的科学家们开始在农业替代技术、生物杀虫剂、害虫和植物病变生物防治、间作及杂草管理、土壤改良和修复等方面进行科学技术的探索及研发，并取得了初步成效。1985 年至 1986 年间，伴随着一系列关于昆虫病原微生物和食虫类动物研究中心（CREE）的成立，古巴生物替代技术已初具规模。到 1988 年，生物防控技术迅速在国内进行传播推广，有将近 46.5 万公顷的土地采用这一技术，尽管这些土地并不都是用来种植甘蔗；据统计，这些代替化学杀虫剂的生物技术的使用为古巴人民节省了将近 500 万美元的支出。[1] 生态领域科学技术的发展成为古巴环境保护和绿色发展的重要组成部分，也成为古巴向可持续发展社会转型的重要动力。

三 公民环境意识教育持续推进

进入 20 世纪 80 年代，古巴的教育体系已基本完善，并开始朝高质量的全民教育体制方向发展。菲德尔·卡斯特罗在古巴共产党第三次全国代表大会上强调，古巴的教育工作成果是喜人的，但依旧存在教育数量与质量之间的不平衡，教育工作的重点应转向教育高质量的提升。1987 年 2 月，卡斯特罗提出继续开展"提高教育质量的革命"，同时，教育部也制订了 1988 年至 1992 年《继续完善全国教育制度》的计划。[2] 至 20 世纪 80 年代末期，古巴的系统教育和成人教育体系已十分完善，教育规模和质量基本上达到了发达国家水平，处于发展中国家的前列。这一阶段，古巴政府依托完备的高质量全民教育体系，进一步向各阶层人民推广环境保护的知识以及可持续农业技术的传授。在高等教育以及成人教育中普及相关的农业技术，并进行相关的环保教育，以哈瓦那农业大学为代表的众多高等院校逐步设立可持续农业研究中心，开展生态农业硕博课程、短期课程、实践培训等课程与活动，并提供相应的学历证明以促进培养和提升该方面的人才。可以说，古巴较高的全民教育水平有力地支撑了古巴的绿色发展，尤其是可持续农业和环境保护等方面的科学知识的普及和推广，进一步加深了古巴人民对绿色发展理念的认识。

---

① Pamela Stricker, *Toward A Culture of Nature: Environmental Policy and Sustainable Development in Cuba*, Plymouth: Lexington Books, 2007, p. 34.

② 张金霞:《"古巴模式"的理论探索——卡斯特罗的社会主义观》，人民出版社，2012，第 174 页。

第三节　自我转型时期

20 世纪 90 年代至今是古巴绿色发展的自我转型时期。这一时期亦是古巴经济社会接受严峻考验的阶段。实践证明，古巴不仅经受住了苏东剧变、美国经济封锁的严峻考验，更在"和平时期的特殊阶段"依然坚持马克思主义和古巴共产党的领导，努力探索符合本国实际的绿色发展策略，逐步走出了一条古巴特色的绿色之路。1993 年，菲德尔·卡斯特罗在纪念"7·26"讲话中指出："为了拯救祖国、革命和社会主义果实，我们准备做一切必须做的事情"[①]。1994 年，古巴经济开始进入恢复性增长。古巴政府和人民在经济恢复稳定后继续坚持进行绿色发展探索，进一步强化环境保护政策，突出科学技术在可持续发展战略中的运用，主动推广有机农业、开发新疫苗等药品、研发废物循环利用系统等先进科学技术，寻求绿色发展，进行自我转型，并取得了巨大突破，成为国际可持续发展的典范。

一　"和平时期的特殊阶段"

菲德尔·卡斯特罗称古巴在 20 世纪 80 年代末至 90 年代为"和平时期的特殊阶段"。在这一历史时期，古巴经受了前所未有的严峻考验。苏联解体以及苏东剧变导致古巴再也无法获得来自社会主义国家的 50 亿~60 亿美元补贴，经济严重紧缩，各种困难倍增。据研究显示，从 1989 年到 20 世纪 90 年代中期，古巴的国内生产总值下降了 35%~50%，经济陷入萧条。[②] 菲德尔·卡斯特罗和劳尔·卡斯特罗提出了特殊时期的经济生存策略，在能源紧缺的情况下，开始实施不同的石油替代计划，汽车稀少的状况下，自行车遍布哈瓦那的大街小巷，以此实现降低能耗、坚持绿色出行；面对粮食危机和化学肥料的缺乏，政府鼓励大力发展乡村有机农业和都市农业，发动全体人民参与其中，以期实现粮食的自给自足；探索开发养畜牧业一体、间作或轮作的种植模式，建立小型可持续循环体系，支撑古巴经济发展需要。这些紧急措施的实行虽然是在特殊时期的背景下，为了谋求生存和发展的被迫选

---

① 胡振良、常欣欣：《当代世界社会主义前沿问题》，中共中央党校出版社，2011，第 81 页。
② 〔美〕霍华德·威亚尔达、哈维·克莱恩编著《拉丁美洲的政治与发展》，刘捷等译，上海译文出版社，2017，第 348 页。

择，但在保障古巴人民温饱、维护国家安全稳定的同时成为古巴进行绿色发展建设的契机。在环境保护方面，古巴政府在特殊时期依旧对其高度重视，《国家环境与发展计划》、《国家环境战略》以及《环境法》的相继问世，标志着古巴在环境建设方面的自主性和法制化进一步提高，古巴政府和人民已有主动保护环境、推进绿色发展的生态意识，并开始认识到绿色发展不仅关乎环境保护，更关乎一个国家的可持续建设，这对国家经济社会建设有着重要的促进作用。

二 科技领军发展阶段

古巴经济自 1994 年开始进入恢复增长阶段，直至 2008 年都保持着 GDP 的高速增长。2008 年经济危机后，虽然古巴的 GDP 增速有所放缓，但截至 2017 年其平均增速依旧位于拉丁美洲国家前列。古巴政府并没有因为经济恢复增长，就放弃特殊时期采取的绿色经济政策和环境保护措施，反而突出科学技术的研发，着重加强绿色发展方面的建设，可以说这一时期是古巴真正有意识地进行绿色探索的转型时期，亦是可称为正式进入绿色发展的阶段。拥有良好环境保护基础和可持续发展策略的古巴，在这一阶段将建设的重点放到了科学研发及成果转化上。职能部门方面，重组"环境保护与合理利用自然资源委员会"，将其与科技研发、教育等工程相结合，成立国家科学、技术和环境部（CITMA），重点发展生物工程、能源、信息技术、医药制造等科技含量较高的产业，完善古巴在生态方面的科技研发体系。在奖励激励机制方面，政府推出了"土壤养护措施"、"森林和生态多样性保护措施"、"经认证的有机农业激励措施"和"无认证有机农业的激励措施"等，鼓励古巴人民在从事生产作业时运用科学技术手段，有效地利用资源能源、保护环境和生物多样性、发展有机生产和清洁生产，促进绿色经济的持续发展。科学技术研发方面，古巴继续坚持优先发展教育的政策理念，并使之成为绿色发展在科学技术研发方面的重要支撑。2004 年古巴用于教育投入的经费约占政府财政总支出的 20%，远高于联合国教科文组织建议的 6% 这一比例。① 古巴在哈瓦那大学等高校设立与绿色发展相关的科研机构，政府组织设立了"拉丁美洲灾害医学中心"（CLAMED）、"国家水资源研究所"（INRH）等科研机构，以及"安东尼奥·努涅斯人与自然基金会""古

---

① 张丹、范国睿：《古巴教育改革的经验与反思》，《国外教育研究》2008 年第 10 期。

巴气象学会"等民间科研组织。① 科技领军以及全方位的科研教育投入，成为新时期古巴绿色发展的主要特色，也是持续推动其建设的重要支撑。

三 转型发展的意义

古巴的绿色发展历经了初期的基础铺设、中期的框架确立并逐步完善以及 20 世纪 90 年代以来的自我转型等几个发展时期。古巴从单纯进行环境保护和治理逐步转向被动式的选择绿色发展政策，再到主动推动可持续性建设，其路径的探索发展意义已十分明显。概括地说，这种转型既是当今世界范围内的左翼政党进行绿色变革及实践运动的一部分——尤其是就共同反对新自由主义、反对资本主义霸权经济政治体系而言，也有着鲜明的古巴国情背景与产业方面的特点——尤其体现了在"社会主义初级阶段"条件下的"社会主义绿色发展"。换言之，古巴进行的绿色发展是一种致力于推动可持续性与社会主义模式"更新"建设的共生共荣，即能够促使古巴政府和人民更自觉地以社会主义的思维与进路解决现实中的可持续发展问题和生态环境难题，而这种实践在一定程度上又可以坚定古巴走社会主义道路的理念。具体而言，包括如下三个方面。

（一）政治方面

古巴绿色发展的转型成功意味着在社会主义制度下解决生态危机是行得通的，同时它也是一种对"生态资本主义"性质的生态环境治理的批判。新自由主义作为一种发端于经济领域的思潮，已逐渐向生态环境治理领域渗透，一些欧美国家带有"生态资本主义"性质的环境治理政策的积极效应被过度或扭曲性放大，致使西方经济学家们认为资本主义框架下的这些策略能够根除生态危机。但亦有不少学者坚信新自由主义是生态危机的重要成因，解决之道在于转向社会主义。然而社会主义是否能够成为化解生态问题的路径，学者们观点不一。古巴的绿色发展实践向世界证明了社会主义能够彻底解决生态危机的可能性，不仅印证了只有坚持社会主义才是解决生态环境问题的根本之道，而且在很大程度上维护了古巴国内的稳定，抵制了以美国为首的西方资本主义的颠覆。特别是 20 世纪 90 年代，苏东剧变及社会主义阵营的瓦解给古巴带来巨大冲击，美国对其进行的"和平演变"更是雪

---

① 组织机构名称来自：http://www.medioambiente.cu/index.php/component/content/article?id=51。

上加霜。在这样的危急时刻，古巴共产党和领导人始终没有放弃走社会主义道路，卡斯特罗等领导人及时提出"拯救祖国、革命和社会主义"的原则和口号，在动荡的国际局势下稳定民心，着力开发有机替代农业、可持续能源、生物化肥等，走出了一条社会主义绿色发展之路，保住了社会主义革命胜利来之不易的成果，再次证实了古巴坚持社会主义方向的正确性。

（二）经济方面

古巴的经济发展直接受益于绿色发展的成功实践。目前，古巴正有意向绿色经济的发展转变，并已取得了丰富的相关经验。有机农业、都市农业的替代资源在科学技术的引领下在古巴更大范围内被深入推广；工业方面，减少化石燃料，增加可再生资源在能源生产总量中的比例成为古巴在生产活动方面首选的经济工具；引进最先进的清洁技术等循环发展战略的实施成为古巴在经济建设过程中首要考量的因素之一。这些环境保护及绿色发展的实际举措不断顺利实施的同时也给古巴经济发展带来不少助益。有关资料显示，2016~2017年，在飓风和干旱等极端气候灾害、美国封锁政策、委内瑞拉形势恶化等不利因素影响下，古巴的经济状况仍呈现整体好转。根据古巴计划经济部的数据，2017年，旅游、交通和通信、农牧业、建筑业分别增长4.4%、3.0%、3.0%与2.8%；烟草、蔬菜、菜豆、牛肉、猪肉等主要农牧产品产量增长。[①] 绿色发展不仅是一种环境保护与治理的概念，更是一种社会观和文明观，它与经济发展虽不直接联系，双方却有着必然关联。古巴在绿色发展方面的建设能真正发挥绿色经济的潜能，并促进其不断发展。这充分体现了社会主义绿色发展在转型过程中促进经济发展的积极作用。

（三）社会方面

在绿色发展探索的发展历程中，改变最大的当属古巴人民对其认知和意识的转变。上文已提到，古巴的绿色发展之路有着鲜明的古巴特色，即是在特殊的国情、党情及社情下持续进行的。在此背景下，古巴共产党和领导人特别重视人民群众力量以及对他们的鼓励和动员。卡斯特罗就曾指出："若想赢得一场战斗，实现一个目标，首先必须赢得人心。""谁也无法凭自己的力量做到的事情，在所有人的努力下可以做到。孤立的个人无法做到的事

---

① 袁东振主编《拉丁美洲和加勒比发展报告（2017~2018）》，社会科学文献出版社，2018，第198~199页。

情，在全民族、全民族所有劳动者的一致努力下绝不会做不到。"① 因此，在绿色发展的不断探索和实际建设过程中，教育宣传一直是古巴政府关注的重点，针对不同层次劳动者进行的生态教育和宣传，指导他们运用绿色技术提高农业产量，并鼓励他们在更广的范围内宣传这种绿色生态农业模式；让他们意识到选用生物化肥、替代燃料等生态物资不仅能够促进国家的绿色发展，也能为自身带来不少经济利益等益处，进而促使他们主动选择生态的、绿色的生产方式，提高环境保护意识与认知水平，在全社会范围内增强绿色建设的共同体感或集体意识。人们的意识转变与绿色发展实践是一个相辅相成、互相促进的正向过程，这也是古巴绿色发展的重要意义之一。

---

① 〔古〕萨洛蒙·苏希·萨尔法蒂编《卡斯特罗语录》，宋晓平等译，社会科学文献出版社，2010，第91、101页。

第四章
古巴绿色发展的主要经验与成效

　　古巴在绿色发展方面的主要经验与本国国情及发展状况息息相关。苏东剧变后，古巴的发展方式发生了重要改变，在生态农业及资源可持续性利用等方面的探索及实践明显有别于西方资本主义国家的生态环境治理手段，具有一定的古巴本土特色。在农业方面，致力于打造具有古巴特色的永续栽培模式，如引入都市农业，实施有机替代，重建养分循环的空间关系等，都是古巴在践行绿色发展方面的主要经验；在劳动关系方面，古巴将国有农场调整为合作农场，在农业生产决策中引入生产者与农民共同合作的参与式民主，实行多样化的分配方式，全方位重建粮食生产体系中的劳资关系；在工业能源及废弃物处理方面，古巴积极寻求替代石油的可再生能源，实施石油替代计划，建立可再生系统并进行清洁能源利用；在社会发展方面，古巴十分重视将绿色因素融入医疗、教育、旅游等社会保障与服务行业，支持科学技术在绿色发展层面的实践转化，多方面推进古巴的绿色发展。经过多年的实践努力，古巴在绿色发展方面已取得显著成效，不仅生态环境得到普遍改善，国家经济社会也进入恢复发展阶段，与委内瑞拉等拉丁美洲国家，越南、朝鲜等社会主义国家相比，古巴与其经济水平发展相当，但绿色发展却具有明显优势，其实践方面获得的成就更赢得国际社会的普遍赞誉和认可。

第一节　建立本土化的永续绿色农业

　　菲德尔·卡斯特罗认为："社会主义就是为每个公民提供福利、幸福。"[1]

---

[1]　〔古〕萨洛蒙·苏希·萨尔法蒂编《卡斯特罗语录》，宋晓平等译，社会科学文献出版社，2010，第261页。

20 世纪八九十年代苏东剧变和美国的长期封锁，使古巴经济遭到毁灭性打击，被迫宣布进入"和平时期的特殊阶段"。面对危机，古巴政府为了人民利益选择继续坚持和改革社会主义。在清醒认识国情的基础上，在农业的建设中，果断放弃了对机械化农业的完全依赖，另辟蹊径，寻求工业化农业向可持续有机农业的转型。由此可见，生态环境问题更是民生问题。古巴共产党进行绿色发展探索的首要目的是确保人民群众温饱富足和生命健康。古巴政府就此开展了一系列由上至下的永续栽培实践活动。为充分利用城市中闲置的个人和组织土地，引入都市农业；为维持农业的产量与质量，着手进行部分原料与资源的有机替代；为重建养分循环的空间关系，开始大力发展有机农业。政府为提升人民群众和地方应对危机的主动性，将发展可持续农业作为根本技术手段纳入国家环境政策中，促进不同领域分阶段开展生态有机农业建设。[1] 同时，改革土地与劳动的生产关系，在生产决策中引入参与式民主，并采取多样化的分配方式，以恢复粮食生产过程中的劳动关系。这些方案，在"特殊时期"解决了古巴人民的温饱问题，保证人民群众的生命健康，推动古巴逐渐走出一条自给自足的、可持续发展的绿色道路。

一 引入都市农业的栽培模式

不论是都市农业这一现象还是都市农业的概念，最早都缘起于西方资本主义国家。连续出版物《都市农业发展报告》在 2008 年谈及都市农业的起源时认为，"都市农业在 20 世纪上半叶率先出现在欧、美、日等发达国家和地区，它是工业化和城市化高度发展的产物"。[2] 这里，学者们认为都市农业是自然演变的结果，是工业化和城市化的产物。同时，国际都市农业基金会（RUAF）在界定都市农业的特征时认为：除了在家庭后院种植外，还可在屋顶上进行农作物和动物生产；道路、铁路，工业区的开放区域也可成为其用地，学校、医院和其他组织的某些地块也完全适用。这对于高速发展的工业化资本主义国家而言，无疑是一种理想型的农业形态。然而，作为古巴绿色发展最主要特色之一的"都市农业"则明显有别于上述有关都市农业的概念。它并不是工业化和城市化高度发展的自然产物，作为一个城市人口占总人口 75% 的国家，都市农业是古巴在"特殊时期"满足大部分人温

---

[1] 陈美玲：《古巴农业革命》，社会科学文献出版社，2013，第 9 页。
[2] 李强、周培：《都市农业的自然演变与结构优化》，科学出版社，2016，第 4 页。

饱的主要手段。在劳尔·卡斯特罗的倡导下，它主要是由政府主导进行自上而下的规划和管理；同时也有来自农民等大众自下而上的支持与推动。在双向驱动力的作用下，都市农业一经兴起就立刻获得成功，古巴政府更是秉持以人为本的执政理念继续支持和推动都市农业转向科技可持续型。① 都市农业在古巴的发展模式则与国际组织对其特征的定义一致。从这个方面看，古巴对都市农业的建设更有利于"社会公共利益的改造"，更符合国际社会对这一农业形态的理想设置。这也是古巴的都市农业在世界范围内获得认可的主要原因。

古巴都市农业的发展方式是以城市为中心进行有机耕作。在这种农业模式中，生产的食物足以满足城市居民的食物需求，保证"特殊时期"古巴大部分民众的温饱需要。古巴政府通过调动城市居民和邻近组织的积极性，充分利用城市未使用或荒废的土地，然后清理并最终用于农作物的种植等。例如，在哈瓦那等城市的楼宇前种植蔬菜、玉米、花卉等作物。一般而言，每块都市土地的蔬菜种植类别可达 20 多个种类。随着都市农业的扩大和推广，社会上衍生了多种特色模式，包括国有或合作性的城市农园，抑或称之为有机农场、集约化蔬菜园、菜园圃以及后院、郊区农场等，大型企业、研究所、办公室和家庭农业进行充分的自我供给，让 75% 的都市人都可以实现粮食的自给自足。② 澳大利亚等西方国家的永续农业信奉者也来到古巴，并在哈瓦那建立起城市永续农业示范基地和中心。其中，一名从事可持续农业研究的学生表示，他在一个综合屋顶农场为附近居民生产，并供应相应的农产品。在几百平方英尺的地方里，他养了兔子、母鸡，种了许多盆栽植物。沙鼠在地板上奔跑，它们的食物来源于兔子的排泄物，沙鼠本身也正在成为蛋白质的重要来源。来自古巴自然与人文基地的专家罗伯特·桑切斯（Roberto Sanchez）表示："这就是当地的经济，在其他城市，人们彼此不了解。犹如生活中，他们可以听到对方的声音，却无法有着直接接触。而古巴的城市却是另一番场景。"③ 斯楠·孔茨（Sinan Koont）是《古巴永续城市

① Julia Wright, *Sustainable Agriculture and Food Security in an Era of Oil Scarcity: Lessons from Cuba*, New York: Earthscan, 2009, p. 83.

② 〔古〕费尔南多·富内斯：《古巴的有机农业运动》，黄小莉译，《开放时代》2010 年第 4 期。

③ 〔美〕梅甘·奎因：《能源危机与古巴的社区农业》，白少君编译，《国外理论动态》2010 年第 4 期。

农业》的作者，这本英文著作介绍了古巴都市农业，认为古巴掀起的都市农业浪潮不仅满足了当地人的温饱需求，更是促进人与人互相交往的重要方式，"当这些垃圾空地被重新改造成绿色空间，充满了绿树、花卉、蔬菜和装饰的植栽，我们获得的不仅是美感上的改造——当然美化是一个期待的目标。这些城市农园也成为社区重要的社交空间。即便它们原本是人人避之唯恐不及的垃圾集散地，或都市犯罪的集中点，现在却成为人们前往购买蔬菜瓜果，以及各种具有食用和精神寄托性的植物的地方。人们在这些地方，与邻人们有更多的互动"。① 如今，古巴拥有全球规模最大的生态农业——将近 200 个都市菜园，每年蔬菜生产超过 400 万吨。在哈瓦那，超过 200 万人投入都市农耕，蔬果产量占全国的 50%。

古巴都市农业的持续发展不仅在维护生态稳定的前提下解决了古巴人民的温饱问题，帮助古巴度过了 20 世纪八九十年代最困难时期，更为广大城市居民提供新鲜可口的蔬果。都市农业的发展缩短了食物运输的距离，供给方式更便捷、更多样。政府将都市周围五公里定为城市农业区、十公里定为郊区农业区②，都市居民可以到这里买菜，也可在自家门口种菜，食物运输里程很短、新鲜程度较高。据统计，在都市农业的快速发展阶段，仅哈瓦那一市至少有一半的蔬菜供应来自城市内部。在古巴的其他城镇，城市菜园可以生产供市民消费的 80%~100% 的蔬菜。同时，农民也会根据实际情况设置小型的风力发电机和储水系统，以打造自给自足的小型循环生态农业，为自身和他人提供更为新鲜的瓜果蔬菜。由于都市人口密集等特点限制了农业中化学药品的使用，古巴政府禁止或减少农药化肥的使用，支持使用有机技术对都市农业实行高效耕作。古巴政府依托热带农业研究所实施全国都市农业计划，技术支持单位涵盖了全国所有的研究中心。其以政府为支持力量，以农民为主力军，结合都市特色，推进有机农业的发展。古巴依托都市农业进行的精细化的设计和多样化的种植，使得在城市中建立一种理想的综合生态系统成为可能。此外，都市农业的发展不仅让古巴的粮食保有足够的自给率，分散的土地种植也为许多普通民众，特别是妇女提供了就业机会，为她们的生活赢得经济来源。大部分从事都市农业的是退休人员，其中只有少数

---

① 〔美〕比尔·温伯格：《"特殊时期"造就的古巴生态模式，还会延续下去吗》，谢一谊译，https://www.thepaper.cn/newsDetail_forward_1900341。

② 林慧贞：《古巴：逼出来的生态农业》，《农产品市场周刊》2015 年第 19 期。

人拥有丰富的农业种植经验，大多数人之前是工人、泥瓦匠、工程师、家庭主妇和蓝领专业技工。都市农业为解决城市人口就业等问题做出了巨大贡献，据统计，哈瓦那的都市农业为古巴人民创造了 35 万个回报丰厚的工作岗位（城市岗位总量为 500 万个），每年为哈瓦那等城市居民生产 400 万吨蔬果（在 10 年内增长了 10 倍），220 万人口通过该农业实现自给自足。[①]

二　进行有机替代的生态实践

苏东剧变以及美国的全面封锁使得 20 世纪 90 年代的古巴经济处于休克状态。都市农业的快速兴起和发展虽有助于古巴经济的发展，却无法从根本上解决问题。农业生产方面，化肥、农药、燃料、饲料等投入品的短缺导致古巴面临着严峻的粮食安全问题。为了缓解这一危机，古巴政府开始有步骤地探索、实施永续的农业有机替代计划。

首先，古巴从 20 世纪 70 年代起开始研发有机化肥来替代化学制品的使用。在经济危机面前，古巴政府坚持向这种绿色、可持续的有机农业生产转变。政府鼓励农民将粪肥、生物土、混合肥料、蠕虫腐殖质等作为有机肥料，其不仅能够替代化学肥料满足作物营养成分要求，还能够改善土壤有机质、提升土壤质量并防止退化。古巴农民在生态种植方面有着良好的传统经验，在抛弃传统工业化机械农业的种植模式后，政府推行的运用天然的有机肥料种植粮食作物的做法得到了广大农民的大力支持。这些转变目前已取得良好成效，有机肥料的充分利用和充足供应，使得古巴的农业生产自 20 世纪 90 年代初开始逐步恢复发展，虽然当前古巴土地利用的耕作率仍然较低，但古巴的农业模式已开始逐渐脱离以依赖石油及化学品投入为主的"绿色革命"模式，逐渐转向以有机肥料为基础的永续耕作模式，绿色发展趋势明显。

其次，古巴注重从科技政策方面进行调整，加大科技研发的成果应用于实践的力度，从依赖高技术向适用型技术转变。例如，在石油化工密集型农业转变为有机型农业的过程中，天然杀虫剂的开发和利用成为古巴永续绿色农业发展的重要标志之一。由古巴大学研发的全新天然植物源杀虫剂

---

① United Nations Educational, Scientific and Cultural Organization, *The United Nations World Water Development Report 4*: *Managing Water under Uncertainty and Risk*, Vol. 1, Paris: UNESCO, 2012, p. 345.

FAPIL，提取自当地一种名为 escobaamarga 的植物。试验结果显示，用于烟草、大豆以及西红柿等作物上的杀虫效果显著，同时该杀虫剂不仅对人体和环境安全无害，并且无需加入其他任何辅料，就能进行规模化生产。① 天然杀虫剂不仅在"特殊时期"适用于古巴，更沿用至今。进入 21 世纪，古巴使用的化学杀虫剂比"特殊时期"之前减少了 21 倍，"古巴人已经完成了向生物杀虫剂和生物肥料的大规模生产转变，并将其中的一部分产品出口到别的拉丁美洲国家"。② 同时，古巴农业部建立国家作物保护体系，实施有害物综合控制计划，在全国各地成立地区作物保护站；对害虫数量进行监测，为农民农药使用的时间和剂量给出合理建议。该计划实施的第一年，全国农药使用量就减少了一半。到 20 世纪 90 年代，古巴的农药使用量又进一步减少。目前，古巴在种植甘蔗、咖啡、牧草、甜土豆和木薯时已不再使用化学合成的杀虫剂；卷心菜上使用的化学杀虫剂很少，甚至根本不使用；橙子、烟叶、大蕉和香蕉上使用的化学杀虫剂数量也很少。③ 从生态环境保护的角度看，古巴建立了以科学技术为基础支撑的综合性病虫害防治体系，兼顾病虫害防治控制下的生态、经济和社会影响。农药使用量的大幅下降不仅使粮食安全得以保证，古巴国内的生物多样性也正在逐渐恢复并发展。

最后，古巴结合生物技术，开始重新种植药物作物，并将其投入医疗药品和生物制品的制作中。古巴在种植和使用药物作物方面也有悠久的历史。如今，人们认识到这些"绿色药物"可用于预防和治疗疾病，并且可以填补"特殊时期"存在药物短缺等情况的空白。古巴从 1992 年开始组织生产药用作物，全国有 13 个省级和 136 个市级农场正在进行有机药用作物的生产。④ 这些绿色作物的转化应用，使古巴政府在 20 世纪八九十年代苏东剧变期间，迅速做出应对，顺利地扩大生产，它们成为取代农业化学药剂的物资。通过不懈努力，自 1991 年以来，古巴已建立起 280 个研究中心进行生物制剂的生产。⑤ 2014 年，古巴朗伯姆生物集团（LABIOFAM）宣布加大生

---

① 佚名：《古巴大学开发出天然杀虫剂》，《福建农业》2013 年第 4 期。
② 〔美〕梅甘·奎因：《能源危机与古巴的社区农业》，白少君编译，《国外理论动态》2010 年第 4 期。
③ 房宏琳、单吉堃：《古巴可持续农业发展的模式与经验》，《中国农村经济》2009 年第 9 期。
④ 佚名：《古巴有机农业的发展之路》，《新农业》2013 年第 10 期。
⑤ Dale Jiajun Wen, "North Korea and Cuba Offer a Preview of Oil Withdrawal", *Yes Magazine*, 2006/05/05, https://www.yesmagazine.org/issues/5000-years-of-empire/peak-oil-preview-north-korea-cuba.

物技术工厂的投产，从而帮助国内农民在种植中减少化学农药和杀虫剂的使用。该集团的负责人表示，集团研发的产品是不含有毒成分的有机生态食品，既不危害人类健康，也不污染环境。随着生物技术工厂的投产，农民产出的食品将更加绿色、健康。在古巴的古伊拉（Güira）、古伊奈斯（Güines）、圣克提斯皮图斯（Sancti Spíritus）和马坦萨斯（Matanzas）等地均建有这样的生物技术工厂，同时古巴准备同委内瑞拉、阿根廷、中国、越南等国筹划建立合资企业，共同促进绿色生物技术在农业领域的运用和推广。古巴通过技术成果转化等科技手段研发适用于当代古巴人需求的天然药品，生产"绿色药物"作物；结合生物技术，以本土可持续生产的生物品代替进口的化学投入品，使"特殊时期"的古巴人民在食物供给上实现自给自足，粮食安全和医疗物品也得到保障。古巴在有机替代方面做出的重要贡献，促进古巴农业以有机的方式得到恢复发展。

三　整合养分循环的空间体系

据联合国环境规划署定义，绿色经济是指能"改善人类福利和社会公平，同时极大地降低环境危害和生态稀缺性"的经济模式。[①] 古巴政府十分支持发展绿色循环经济，通过改进人、动物以及植物之间的空间关系，重视多作物间作模式和种养业一体化，充分发挥生物多样性和高效生态系统的功能，减少远距离运输需要，整合养分循环空间关系。

内循环方面，古巴推行"多作物间作"的循环模式。在革命成功之前，古巴是西班牙和美国的殖民地。在此期间，大规模砍伐森林，焚烧作物秸秆和大型私人甘蔗种植园造成古巴国内产生严重的土壤退化等现象。为防止土壤进一步退化，推广多作物间作体系成为绿色发展的关键。20世纪90年代，经济危机导致农业投入品稀缺，在政府的主导下，这种多作物间作模式在古巴国内大规模恢复发展。同时，古巴当地农民也结合实践经验与古巴科学家们一起改进间作体系。古巴人已成功地发现适合间作的组合有：豆科植物、葫芦、茄作物和谷类作物等。在番茄栽培中间种玉米，该种植模式下的产量高于单独生产番茄的产量；豆科植物可以在各种种植体系中进行间作，替代单一作物种植。如此可提高农作物的产量和增加多样性，有效地利用资源恢复土壤肥力。基于农户传统经验、结合科学技术，古巴作物间作体系在

---

① 高强：《加快经济发展"绿色转型"的对策》，《光明日报》2013年2月13日，第3版。

小农场的适用率逐步攀升。同时，这种间作模式也被证明是控制害虫的重要手段，特别是对易受害虫影响的作物而言。例如，利用甜土豆和玉米之间的间作，可以有效地防治甘薯象鼻虫的危害等（详见表 1）。这种模式无疑有助于古巴提高国内粮食生产的产量和质量。多作物间作的循环模式是古巴政府解决粮食危机、发展有机农业的重要手段，在提高农业产量和改善食品质量安全方面具有重要作用。

表 1　古巴防治虫害发生的间作体系

间作体系	控制的害虫	间作体系	控制的害虫
玉米-天鹅绒豆	根结线虫	玉米-西葫芦-芝麻	
甜土豆-玉米	甘薯象鼻虫	玉米-西葫芦-豇豆	草地夜蛾
卷心菜-番茄-高粱-芝麻	小菜蛾	玉米-木薯-黄瓜	
卷心菜-金盏花	烟粉虱	番茄-芝麻	
卷心菜-芝麻	甘蓝蚜	黄瓜-芝麻	乙粉虱

资料来源：房宏琳、单吉堃《古巴可持续农业发展的模式与经验》，《中国农村经济》2009 年第 9 期。

外循环方面，古巴强调种植业和畜牧业一体化生产的循环模式。古巴农业的绿色生态经济学的一个重要原则就是：通过植物与动物的结合，优化配置当地资源，并提升农场内部的协同性，即通过增进植物、动物和人类的空间一体化，减少远距离运输养分的需要，利用就近的养分补充土壤肥力。[①]在苏东剧变之前，古巴的肉类和谷物大都是从苏联进口。危机发生后，人们开始认真探索开发和利用当地资源的价值。例如，在政府的鼓励下，古巴研究人员发现，甘蔗田的副产品（主要是蔗糖渣或新鲜的甘蔗残渣，如甘蔗梢）可以为牛提供生长所必需的食物，故在当地农民中间发动这项试验。当地的农民则将这种"废弃物"当作牛饲料的主要添加剂。哈瓦那的一家合作农场通过以下路径来传输饲料：营养成分从甘蔗田到牛槽，从牛粪到虫箱到有机作物基地，营养物质通过动植物的代谢活动在这样一个系统内被紧密地联系在一起。在过去的几十年里，古巴的农业系统经历了类似模式的重组，逐渐恢复了养分循环和物质转化之间的代谢关系。古巴采取的这种种养

---

① 〔美〕丽贝卡·克劳森等：《农业危机与古巴社会主义有机粮食生产模式的潜能》，宋树理译，《海派经济学》2016 年第 2 期。

一体化模式，因地制宜，在农场内部深度挖掘种植业和畜牧业的潜力，将人类食物残渣、牲畜粪便和剩余的干草转化为有机肥料，并通过自然分解为作物提供天然营养。这避免了大区域范围内一体化过程中遇到运输成本过高、劳动力和硬件配备不足、堆肥以及有机肥原料来源缺乏等问题；也改变了单一的种植结构，降低对进口投入的依赖度。可以说，古巴在生产与生态系统之间代谢一体化的绿色经验，可成为支持人类可持续发展的重要途径。

四　恢复粮食生产的劳动关系

马克思的新陈代谢和物质变换理论在当代也具有广泛的社会内涵，即社会新陈代谢的需求和关系受制于分工和财富分配的规则，超越了养分互换的物理规律。这反过来又指向劳动关系和财产所有权的转变。如果这种变化具有长期的可持续性，那么它将不可避免地伴随生态变化而变化。这一变化可以从古巴传统的农业体系转向有机体系中看出。古巴在长期的绿色发展探索中采取了以下三种举措来重建粮食生产体系中的劳动关系，包括：改变土地与劳动生产关系，即将国有农场整合为合作农场、将大片土地种植权使用权移交给农民、在废弃的城市空地上及居住社区中进行有机种植等；在农业生产的决策中引入其他粮食生产者与农民共同参与合作的民主共商模式；在政府的主导下采取多样化的分配方式。

（一）改革土地与劳动生产关系

传统的古巴农业依靠化石燃料和机械化方式进行生产，国内近 63% 的国有农场普遍采取这一方式。在苏东剧变之前，古巴甘蔗种植面积是粮食作物的三倍，古巴国内粮食供应的 60% 均自苏联进口。因此，20 世纪 90 年代开始，改革农村土地使用权和分配制度已成为缓解粮食危机的关键。1993 年，古巴政府下令将许多效率低下的国有农场重组为政府和人民共同管理的信贷服务合作社。古巴 2002 年第 95 号法令将信贷服务合作社定义为由拥有土地所有权或使用权的小农生产者组成的合作社。合作社不影响其土地所有权或土地和生产工具的使用权力，可以雇用工人并支付工资，工人享有社会保险和其他所有福利。国有企业的成员可以一起参加劳动，并根据劳动力的付出得到相应的报偿。所有劳动者除工资外，还可额外获得生产商提供的食物及个人种植的空间。可以看出，与国有企业相比，信用服务合作社更能调动广大劳动人民的积极性，提高生产效率，能够更好地应对粮食紧缺等危机。随着政府加强对合作社的建设，古巴开始出现高级信用服务合作社

（CCSF）。这类合作社较以往优化了相关部门的结构和职能，并获得一定数量的资源、设备以及必需的生产投入品的支持。通过这种方式，这些合作社可以为个体生产者提供技术建议，同时充分满足他们自己的物质需求。根据古巴国家统计局的数据，这些高级的合作社和个体生产者已成为该国最重要的生产力。2004 年，信贷服务合作社的收入增加到 1139 比索，比 10 年前增长了 445%。[①] 除合作社外，随着古巴经济的不断恢复，政府继续将大片土地种植权、使用权移交给农民，农民不需要缴纳地租就能无限期耕作，并享受一定的政府补贴。"有机土地改革改变了土地使用权和分销渠道，这对于摆脱粮食危机是至关重要的。土地权力下放为合作社和农民提供了充分的土地使用权，并因此生产了 10 万多个农场。它们分布在 200 多万公顷的古巴土地上，为古巴人民提供了更多的农业耕作机会。"[②]

　　古巴土地与劳动关系变革的又一主要经验就是在废弃的城市空地上及居住社区中进行有机种植，即国际上熟知的"城市农业"计划抑或所说的"都市农业"。"耕种的苗床-有机花园-已经在土地上进行改造了的曾经是垃圾填埋场、停车场和闲置建筑物的土地资源，促使这些小块土地为周围社区生产有机产品。古巴有超过 380，000 个城市有机农场为大多数城市提供 40%～60% 的蔬菜需求。"[③] 由劳尔·卡斯特罗发起并推动的这项计划非正式地满足了广大都市居民的粮食需求，一经兴起立刻获得古巴人民的支持，政府为此专门成立城市农业部，大力、持续进行该项目的推广。该模式打破了脑力劳动与体力劳动的分工对劳动生产的限制，整合土地与劳动生产关系，重新划分城市与农村的界限，促进脑力劳动与体力劳动的统一，推动古巴的绿色发展成为可能。

（二）在生产决策中引入参与式民主

　　人为因素造成在生产劳动过程中脑力劳动与体力劳动的分离，限制了粮食生产的产量与质量。古巴农业从"特殊时期"开始就十分重视农业生产决策中的参与式民主。在新的有机耕作模式中，粮食生产者、种植业农民与

① 陈美玲：《古巴农业革命》，社会科学文献出版社，2013，第 51 页。
② Miguel A. Altieri, Fernando F. R. Funes-Monzote, Paulo Petersen, "Agroecologically Efficient Agricultural Systems for Smallholder Farmers", *Agronomy for Sustainale Development*, Vol. 32, 2012.
③ 〔美〕丽贝卡·克劳森等：《农业危机与古巴社会主义有机粮食生产模式的潜能》，宋树理译，《海派经济学》2016 年第 2 期。

技术人员共同合作的参与式民主已逐渐融入日常耕作实践中。例如，古巴已有 15 个省建立了人民委员会，这是由当地食品生产者和技术人员组成的组织，他们共同努力为农民提供有关当地农业生产的最合适的建议。在乡镇中较小的合作农场则可以得到古巴人民委员会更多的帮助。在这样的帮扶下，农民与合作社之间的沟通交流更为直接，政府以及社会组织能更清晰地了解到农业生产中农民的需要、期望以及意见建议等。

哈瓦那大学社会学习农村研究小组针对 1993～2003 年古巴 7 个省份 10 个城市的 33 个合作生产基本单位进行了生产期望研究。该研究通过这种参与式的民主交流，较为准确地分析出不同合作社的生产和生活预期（详见表 2），帮助当地农民科学地规划未来农业种植的目标。

表 2　对各合作生产基本单位期望的研究

	甘蔗合作生产基本单位	多种作物合作生产基本单位	烟草合作生产基本单位
生产自主权	√		√
获得利润	√	√	√
自产自销	√	√	√
盈利			√
住房建设	√		

资料来源：陈美玲《古巴农业革命》，社会科学文献出版社，2013，第 36 页。

农民的传统农业知识也被吸收进专门机构的农业会议和专业学术研讨会中，他们与受过专业培训的农学家们一起商量并决定最合适的本土生产技术和生产方式。例如，在古巴农业和林业技术员协会（ACTAF）召开的一次关于都市农业的省级研讨会上，共收到 105 份研究报告，53 份由粮食生产者提交，34 份由科研技术人员提交，12 份由理论专家提交，其中女士 61 位。[1] 来自专家的理论知识与来自农民的传统经验进行多方融合，让研讨成果更接地气，研讨的成果更为广泛地适用于不同地域的农民实践。同时，英国有机园艺项目负责人朱莉娅·赖特博士在参访当地农民种植园时，农民们表示，他们在参与决策过程中明确了解到 16 种不同的杀虫剂和除草剂被认为是可行的。而在化学药剂购买方面，一位农民解释道："我不需要尝试任

---

[1] 〔美〕丽贝卡·克劳森：《古巴：可持续发展农业的典范》，王维平等译，《国外理论动态》2007 年第 9 期。

何其他东西，当我想购买任何化学品时，我只要得到合作社的技术人员的授权即可。"① 在城市，古巴民众可以通过参与一个名为"农牧业咨询"（tiendas consultados agropecuarios）的农业延伸项目获得绿色农业方面的帮助。在哈瓦那，这样的咨询办事处有 14 家，由农学家和经过培训的农业技术人员组成，免费地为广大普通民众提供关于在后花园种植作物、种植土壤需要的条件以及生物防治虫害与植物疾病等的建议。这些技术人员会实地走访民众的花园等，诊断种植中出现的问题并提出解决建议。以上这些案例充分展现了在农业生产决策中，粮食生产者、种植业农民与科学技术人员等多方共同参与的民主劳作模式，创新了粮食生产体系中的劳动关系，充分平衡生产中的脑力劳动与体力劳动，将二者之间的人为分离因素降至最低。古巴在这方面的绿色贡献使一种新的社会代谢修复和生态可持续性成为可能。

（三）采取多样化的分配方式

当粮食生产体系中的劳动关系进行重新整合后，古巴国内农业生产的产量大幅度提升，质量明显改善，在"特殊时期"实现了粮食的自给自足。在这样的生产关系中，获得的劳动成果如何分配，成为绿色发展中的又一关键问题。古巴政府为解决这一问题，从 20 世纪 90 年代开始不再实行中央集权式的粮食分配管制，而是采用更加灵活的分配方式，使人们可以持续性地分配到粮食，满足人们的不同需求。为此，古巴政府专门为每一位民众发放定量配给卡，确保他们能够得到最低限度的粮食补给。特殊群体，如老人、儿童以及孕妇等的日供应量得到政府的密切关注；对学校和工地等场所进行适当的补偿式供给，价格低于一般水平；医院等服务行业的一日三餐则都是免费供应。② 在城市，由于哈瓦那等地的粮食自给自足项目的发展，品种多样的新鲜蔬菜、瓜果和肉类，甚至是室内植物都可在市场上出售，城市周围也出现了更多的农贸市场。在这样的情况下，当地民众可以获得新鲜的、不需要冷藏运输的食品。而邻近市场从这些有机花园或庭院里采购产品，可以以远低于大规模社区市场的价格为那些生活较为拮据、负担过重的人提供物美价廉的新鲜蔬菜和瓜果。这种注重社会公平的分配方式，促进了古巴绿色发展的顺利推进。

---

① Julia Wright, *Sustainable Agriculture and Food Security in an Era of Oil Scarcity*: *Lessons from Cuba*, New York: Earthscan, 2009, pp. 150.
② 〔美〕丽贝卡·克劳森等：《农业危机与古巴社会主义有机粮食生产模式的潜能》，宋树理译，《海派经济学》2016 年第 2 期。

自 1994 年以来，古巴开辟了私营农贸市场，并允许它们建立销售网点，以增加产量，增加农业和畜牧业生产的多样性。这些市场的主要作用是：一旦满足了人民的基本粮食需求，这些私营的农贸市场将会通过另一种分配方式向生产者提供货物。当然，这些私营农贸市场的运作是基于市场的供求原理进行的，但这并不影响古巴作为社会主义国家的绿色经济建设。古巴政府仍将在适当的时候进行管理和控制，以防止价格欺诈或市场上的价格串谋等现象发生。简而言之，在粮食生产系统中劳动关系重新恢复的背景下，古巴城乡之间的界限开始发生变化，土地所有权也相应发生变革；脑力劳动和体力劳动已基本统一。传统生产过程中的劳动分工发生改变，粮食分配途径开始多样化，产品供应更加可持续化。以上这些整合与重组修复了苏东剧变之前存在的代谢断裂，逐渐创建出一种在社会与生态方面都合理存在的绿色生态社会制度。

第二节　注重可持续能源的开发利用

古巴在农业以及粮食生产体系中的绿色贡献成功地解决了古巴人民的温饱问题。进入 21 世纪后，古巴虽已走出苏东剧变初期的经济危机，但绿色、有机的永续栽培种植模式仍是古巴农业发展的一个重要选择。在工业方面，能源的开发利用以及废弃物的处理一直是古巴经济发展和环境保护的短板。古巴革命取得胜利以来，受到美国的经济制裁，石油等能源的开发和利用处于十分被动的地位。苏东剧变导致古巴深陷经济危机，石油供给一度发生中断。以天然气和液体燃料等成本偏高的原料作为石油替代品，其不仅无法大规模开发利用，而且产生的工业垃圾和废气对生态环境的稳定性也将造成一定影响。因此，内忧外患的古巴政府除了向委内瑞拉等国寻求国际援助，更在国内开始进行新的"石油替代"计划，并制定循环发展战略，引进清洁技术，对已产生的工业垃圾进行可再生处理。

一　寻求石油替代等可再生能源

为摆脱石油依赖，古巴政府主动建立科学研究机构等应对能源危机和苏东剧变带来的影响，积极研发生物燃料等可替代石油的能源项目。1992 年，古巴政府开始推行国家能源发展计划（National Energy Development Plan）。与在农业方面采用的替代生产模式类似，古巴也在寻求石油的替代能源，经过多方的研究和实践，如今古巴可替代石油的能源包括生物能源、太阳能、风能、水能等可再生能源。这些能源的持续推广，基本保证了古巴国内工业的正常运转，避免了由于石油供应短缺而陷入经济困境。

在生物能源方面，古巴政府积极促进生物燃料的研发和利用，创新资源能源模式，努力挖掘乙醇的潜力。古巴曾经是糖业最大的出口国，与苏联贸易中断后，制糖业倒退现象严重，2002～2008年，用于制糖的面积减少了60%，2006年原糖产量仅约为120万吨，达到1908年以来的最低值。古巴甘蔗业的发展一直是以砍伐和焚烧林为主要手段，以获得农业高产出。随着科学技术的进步，使用动物或植物肥料、无机肥料或耕作、轮作等农业技术逐渐被应用到甘蔗等农产品的种植中。① 在保证甘蔗产量的前提下，古巴政府积极向巴西等国家学习，开发研究创新型能源，并发现乙醇可以从甘蔗中提炼出来，并纳入运输燃料中，使其成为混合燃料。② 因此，政府开始大力支持农业科学对甘蔗栽培进行新的研究——从中提炼乙醇并将之转化为可用燃料资源。这些燃料的来源是蔗糖加工过程中所提取的甘蔗废料和甘蔗渣，其投入燃烧所产生的能源相当于国内30%的能源储备。在20世纪90年代中期，这种新型可持续燃料使古巴国内能源的使用模式发生了重要转变，开创了一种更加环保、更为节能、利用率更高的能源新模式。21世纪以来，古巴致力于糖业发电的可持续增长，古巴糖业集团有关负责人芭芭拉·埃尔南德斯表示，2013年，古巴已实现运用新能源发电，其中有86%的能源来自蔗渣。经过近10年的努力，古巴所有制糖厂及其附属工厂的电力已经实现自给自足，并可以向国家电网出售剩余电力，为国家节省了大量的燃料资源。芭芭拉强调，这也是古共第六次全国代表大会批准的《纲领》第246条的实施落实。也就是说，制糖业应该增加对该国电力的支持，不仅在榨季，而且在非榨季也要充分利用蔗渣等生物质发电。③ 当然，古巴共产党也十分注意增加乙醇相关作物种植面积，平衡气候、环境和生物多样性等的关

① Reinaldo Funes Monzote, *From Rainforest to Cane Field in Cuba: An Environmental History since 1492*, Translated by Alex Martin, Chapel Hill: The University of North Carolina Press, 2008, pp. 265-266.

② Jonathan Benjamin-Alvarado ed., *Cuba's Energy Future: Strategic Approaches to Cooperation*, Washington, D.C.: Brookings Institution Press, 2010, pp. 93-105.

③ 《古巴新能源86%来源于蔗渣发电》，中国行业研究网，http://www.chinairn.com/news/20131025/114726295.html。

系。卡斯特罗就曾指出在利用土地生产粮食和生产乙醇之间存在着直接的权衡。① 不能因为乙醇的开发利用而忽略了土地从事粮食生产的基本功能。除此以外，古巴还积极开发利用木屑、刨花、咖啡渣、椰子壳和稻壳等农业燃烧后的废弃物作为生物燃料，这样不仅能够多渠道获得能源，更能减少工业燃料带来的环境污染。

在太阳能、风能、水力发电等方面，古巴地处加勒比海沿岸，地理位置的优势确保古巴每天每平方米接收 5000 瓦/小时的太阳辐射，这相当于 0.5 公斤的石油能量，古巴在太阳能方面具有得天独厚的储备优势。在自身研发以及国际社会的援助下，古巴一些能量较高、地理位置较为偏远的地区开始装置太阳能收集设备。随着太阳能的运用和推广，一些地方诊所、社区和学校都安装了太阳能电池板，保证电力的充足供应；如关塔那摩省等之前电量供应较少的地区也通过太阳能技术实现了电气化。进入 21 世纪，古巴的太阳能电池板数量增加了近一倍，太阳能的利用成为可持续能源的一个重要组成。风能在古巴被认为是一种特别实用的短期能源供应和资源利用模式。古巴政府和人民通过技术改进，将传统用来冲去地下水的风车建成一个个小型的风能收集站，目前诸多沿海岛屿都设有风力发电机，保证这些小岛的日常电力供应。古巴科学研究者还探索研发风力与柴油等混合动力能源，为持续、高效地利用风能做准备。古巴的河流水位随着雨季和旱季的变化而发生改变，境内某些主要河流有足够的、发电所需的能源，但进行大面积的水力发电需要耗巨资建造大坝，这需要付出高额的社会和环境代价。已故的古巴生态环境保护主义者安东尼奥·努涅斯·希门尼斯（Antonio Núñez Jimenez）为提高人类保护海洋及河流的意识做出不少努力，领导环境保护者们阻止超规模水力大坝的建设。实践证明，在季节易变的环境中，古巴大多数的河流不适合这种大型项目的开发利用。从环境保护角度出发，古巴更适合建设小型水电站，这样既不需要对基础设施进行大规模投资，也不需要附近人口的大规模迁移，更能满足当地人民的基本电力需要。因此，中小型水力发电站成为"特殊时期"乃至当今在古巴较为普遍的可持续能源利用装置。古巴可持续能源的开发和利用，成功缓解了由于石油紧缺带来的能源危机，为特殊时期的古巴经济稳定恢复提供了不少助力。如今，这些绿色、可持续能源

---

① Jonathan Benjamin-Alvarado ed., *Cuba's Energy Future: Strategic Approaches to Cooperation*, Washington, D. C.: Brookings Institution Press, 2010, p. 94.

的开发和利用并没有因为古巴走出经济危机而停滞。古巴政府更是看到了绿色资源利用带来的经济和生态环境双赢利好，大力研发可再生能源。数据显示，到 2020 年，可再生能源在古巴总能源产量中的份额将从 4% 增加到 24%，这将是大幅减少化石燃料使用的重要一步。①

二　可再生系统和清洁能源利用

在多方探索开发利用可持续再生能源的背景下，古巴的石油替代计划正顺利展开。政府在保证绿色能源的开发利用率不断提高的同时，更重视传统工业资源的回收利用和清洁生产体系的引进和发展，对可循环的工业废弃物和材料进行回收和处理。一方面，古巴政府制定循环发展策略，引进先进的清洁生产技术，对传统工业产生的废弃物和可再生能源生产中的循环资源进行统一回收和再生产，使得部分材料能够进行再生产，剩余不可再生资源能够得到妥善的清洁处理。此外，古巴还支持一些地方政府实施生态付费机制，通过具体项目支持和鼓励计划施行清洁生产。古巴的自然资源和矿产相对丰富，在利用自然资源生产过程中难免造成一种成本过低或者不需要考虑成本的假象，因此古巴制订计划，按比例逐年提高可再生能源生产量，在降低化石燃料使用率的同时，一些省份更通过各种付费项目的实施，防止自然资源的过度开发和利用。

另一方面，古巴政府从生态正义的角度出发，倡导绿色、节俭的生产生活方式。古巴一直以来都处于能源危机状态，为应对能源短缺问题，古巴政府除了积极求助国际社会的援助外，也看到了过分依赖大国而导致的被动困境。因此，苏联解体后，古巴开始转向开发小型可再生能源，发展节约资源的大众交通，但依旧保留医疗保健等稀缺资源的供应。社会层面，以"爱可索太阳能（Ecosol Solar）和古巴太阳能（Cuba Solar）为代表的可再生能源机构，生产和安装可再生能源利用系统，开展可再生能源研究，出版相关通讯简报，并为大客户提供能效研究"②。公共设施层面，政府将城镇的街道路灯替换为节能型 LED 灯，大量沼气系统投入使用；个人层面，古巴政府通过一定的补偿措施，将居民使用的荧光灯逐步替换为 LED 节能灯，在

---

① 赵欢、柯昀含：《古巴的绿色发展之路》，《世界环境》2016 年第 1 期。
② 〔美〕梅甘·奎因：《能源危机与古巴的社区农业》，白少君编译，《国外理论动态》2010 年第 4 期。

家庭中推广使用电磁炉等设施。此外，汽车稀少的状况下，自行车遍布哈瓦那的大街小巷。古巴政府的鼓励，使得"特殊时期"的自行车数量曾高达一百万辆。虽然"自行车计划"在古巴平稳度过"特殊时期"后并没有继续发展下去，但绿色、可持续的生态环保理念和发展模式，依旧为古巴的绿色发展做出重要贡献。

第三节　绿色因素融入社会服务行业

为让所有人都享受绿色发展的成果，古巴党和政府十分注重社会公平正义的落实。将绿色因素融入具有代表性的医疗、教育、旅游等行业，是古巴绿色发展的又一重要贡献，也是古巴特色社会主义建设的重要组成部分。古巴政府的一系列政策措施取得了生态环境保护、保障医疗资源、教育公平、旅游外汇收入的多赢，体现了社会主义的内在要求，也成为促进人与自然和谐共生的重要途径。如何通过社会公平促进人与自然的和谐是西方有识之士尤其是生态社会主义者试图解决的问题，但他们在制度面前无能为力，只能坐而论道。一些发展中国家，往往不断重蹈医疗、教育贫困与环境退化之间的恶性循环，发展旅游业与保护环境难统一。以人为本、人与自然和谐共生，把绿色发展要素融入医疗、教育和旅游等社会服务行业，是古巴共产党和政府进行绿色发展的一项创新贡献。

一　绿色医疗

古巴政府十分重视"医疗强国"的打造与建设。古巴革命胜利后，宣布走社会主义道路伊始就坚持使人人享有免费医疗的卫生保障。通过几十年的坚持和积累，已逐渐形成了以社区为主的三层级免费医疗体系。当今，古巴精湛的医疗技术甚至受到国际社会的青睐，相关医疗技术经验已走出国门，"医疗外交"成为促进古巴社会发展的一大动力。"特殊时期"古巴政府在人力和物力资源都短缺的状况下，依然坚持推行免费医疗；同时，通过自主研发积累了绿色药物研发和传统药物替代等宝贵经验，将绿色因素融入医疗卫生行业的建设中，形成古巴特色的绿色医疗。

（一）绿色药物的研发与使用

古巴追求医学上的绿色发展可追溯到 20 世纪 40 年代，但这一追求变得迫切则是在"特殊时期"。这一时期医疗资源稀缺，古巴政府将"绿色"重新引入医疗选材方面，使其更容易在短时期、大范围内被接受。古巴政府出于对美国经济封锁的防范，自上而下制订了"医疗自给计划"（plans for medical self-sufficiency），计划中的药物可以在国内大量种植或生产，使人们更容易获得这些绿色药物，甚至种植和生产的过程也成为古巴居民的潜在收入与就业来源。为了更好地实现药物自给，古巴军方的高等医疗研究机构也参与到绿色药物的研发中，国家科学、技术和环境部同农业、公共卫生等部门也共同参与合作，简化了研发手续，扩大生产并对绿色植物和草药的医疗效果进行实时评估。自下而上方面，资料显示，从乡村移居到城市的古巴居民带来了关于绿色药用植物和草药的使用知识，而这些绿色药物恰好能够在缺乏医疗资源的"特殊时期"被广泛采用。被称为"古巴绿色医学之父"的胡安·托马斯·罗格·梅萨博士（Dr. Juan Tomás Roig y Mesa）在 20 世纪 40 年代就撰写了诸多关于药用植物和草药的使用说明，他的著作为 1973 年创立的哈瓦那植物实验站奠定了基础。在"特殊时期"，这家实验站继续研究开发绿色药物并向古巴人民传播相关理论知识。[①] 古巴的这种绿色药物研发和使用符合人与自然和谐发展的原则，古巴绿色医学专家认为这是社会向"回归自然"的转变。此外，这些草药可在家庭花园、庭院甚至简易花盆中种植，大大提升了绿色药物的产量以及扩大使用范围。

（二）寻求传统药物和进口药物的替代产品

古巴政府和人民也一直在共同寻找并使用天然产品替代传统药物和国外进口药物。古巴公共卫生部门为保证传统药物替代的顺利开展，特别成立了自然传统医学办，鼓励、帮扶向绿色药物的替代转型。在政府的大力支持和宣传下，20 世纪 90 年代中期，有将近一半的古巴人民寻求绿色药物的替代治疗。自然传统医学办主任玛尔塔·佩雷斯（Marta Pérez）认为政府支持这种工作，是因为它是可持续的，并具有一定的成本效益。[②] 药物方面，古巴传统药物替代一般都是常见物品，例如，普遍被人们熟知的蜂蜜及蜂胶、蜂王浆等相关产品，古巴人认为它们不仅是营养来源，还具有杀菌和活化的作用。蜂胶则据说具有抗真菌和抗寄生虫等特殊效用。又如蒜臭母鸡草，在古

---

① Mercedes García, "Green Medicine: An Option of Richness", Fernando Funes eds., *Sustainable Agriculture and Resistance: Transforming Food Production in Cuba*, Oakland: CA.: Food First Books, Institute for Food and Development Policy, 2002, pp. 212-213.

② Pamela Stricker, *Toward a Culture of Nature: Environmental Policy and Sustainable Development in Cuba*, Plymouth: Lexington Books, 2007, p. 55.

巴,它是一种常见的热带植物,当地人常把它作为草药用于治疗皮肤炎症和关节炎。2010 年,古巴卫生部门宣布已成功从该植物中提取出治疗癌症和艾滋病的药物成分,并将它作为治疗癌症和艾滋病的临床药物开始批量生产。古巴卫生部门介绍,这种绿色药物有助于提高患者的免疫力,在临床治疗中的效果明显。人力资源方面,古巴医学专业的大学生从 1995 年开始可以选择专门攻读传统自然绿色医学专业,他们在六年医学院专门学习和三年社区医院实习培训的基础上,还要额外增加四年的专业培训。这些医疗后备军为古巴绿色医疗的持续发展提供源源不断的人才支持,加快了传统药物替代、绿色医疗药物和技术研发的进程。

古巴至今仍努力走自给自足的绿色医疗路线。经验表明,在有限的政治经济条件下,要充分考虑人民的需求,发挥群众的力量,将绿色的、可持续概念积极融入医疗等大众服务行业,助推古巴的绿色发展。

二 绿色教育

菲德尔·卡斯特罗曾说:"教育是人创造一种道德伦理,培养一种觉悟,培植一种义务感、组织感、纪律感和责任感最强大的武器。"[1] 古巴是世界上识字率最高的国家之一,古巴人民受教育程度高于第三世界的人均教育水平。同时,它也是拉丁美洲人均科学家数量最多的国家之一。[2] 自 1961 年政府颁布《教育国有化法》以来,古巴就实行全民教育。经过多年的努力,古巴学生可以完全免费接受从小学到大学的教育,甚至直到他们完成博士学位。确保来自不同地区和不同收入家庭的孩子能够享有相同的教育权利,这充分体现了古巴共产党遵循公平正义的执政理念。2011 年的数据显示,古巴学龄儿童 100%入学,99%的少年完成初中学业,18~24 岁的青年中有一半是大学生,约有 50 万人正在接受高等教育。[3] 古巴的实践举措告诉我们,要真正将绿色教育融入社会主义建设,一方面要引导人们遵守并贯彻执行一套既定的环境保护法律法规;另一方面要鼓励公民积极参与到国家的绿色发展以及生态环境保护建设的相关决策制定和执行中,如此才能实现

---

① 〔古〕萨洛蒙·苏希·萨尔法蒂编《卡斯特罗语录》,宋晓平等译,社会科学文献出版社,2010,第 72 页。

② Pamela Stricker, *Toward a Culture of Nature: Environmental Policy and Sustainable Development in Cuba*, Plymouth: Lexington Books, 2007, p. xvii.

③ 王承就:《古巴共产党的执政理念探析》,《当代世界》2011 年第 4 期。

以绿色教育促进社会主义发展的建设畅想。

（一）制定详细的绿色教育政策

古巴政府制定的国家环境教育战略是在《国家环境战略》的框架内与"环境81法令"同年颁布的。该战略结合了环境保护的相关内容，利用全民教育体系，力求在古巴从小学教育至高等教育中，建立起环境维度的学校体系。战略目标中受教育的群体包括在校学生、专业人士、工人以及社会大众。社会大众的教育则偏向通过一些教育活动和具体环保举措宣传来实现。古巴从20世纪70年代开始就注重生态环境保护方面的教育引导，特别是在高等教育中传播环保的科学生产技术，这在农业绿色生产和能源替代等方面尤为凸显。高等教育人群的生态环境保护素养反作用于古巴农业等产业的绿色发展，为其向知识密集型转变提供了充分的人文资源。以哈瓦那农业大学为代表的高等院校均设立了可持续农业研究中心，开展生态农业硕博课程、短期课程、实践培训课程等，并提供相应的学历证明以促进培养和提升农业方面的人才。国内部分研究中心、农业中专技术学校、古巴畜产协会等也会面向社会，针对不同层次的专家学者和当地农民开展生态农业培训。尤其注重让农民通过先进农业技术提高自身农作物种植的产量，鼓励他们积极宣传绿色农业模式。国际方面，苏东剧变要求古巴大学与拉美国家、加拿大、西班牙和其他欧洲国家建立更加紧密的合作关系。同这些国家与地区的双边或多边合作机制被强力激活。①

在积极传播环境保护知识理念的同时，古巴政府还向普通民众广泛宣传、分析全球资本扩张、全球化新自由主义与环境恶化之间的必然联系。古巴政府认为环境教育能够改变人们对生态环境的态度，是人类迈向与自然和谐发展的重要动力，是一种从根本上缓解环境恶化的强有力手段。

根据环境战略制定的相关经验，古巴在加强绿色教育中坚持的几点原则值得我们借鉴：（1）强调环境问题不是单纯的环境保护，资本主义的全球扩张导致的霸权主义和不可持续的消费、资源浪费、社会不公正、不公平的财富分配与环境恶化有着直接联系；（2）注重环境伦理教育；（3）通过教育营造文化历史、社会关系与生态环境立体交叉的宣传氛围；（4）认识环境问题的本质；（5）通过教学、培训和教育，形成知识、能力与价值的辩

---

① 〔荷〕德维特等主编《拉丁美洲的高等教育：国际化的维度》，李锋亮等译，教育科学出版社，2011，第204页。

证统一；（6）尊重科学知识和传统知识；（7）意识到理论与实践统一的重要性。①

（二）鼓励公众参与环境保护决策

古巴政府认为没有公众的参与，就无法制定出合理的环境保护律法、政策和法规，就无法真正将绿色理念融入全民教育的建设中。古巴注重全民的绿色教育还体现在鼓励公民参与环境实践、环境决策以及律法的制定全过程。哈瓦那都市公园修复计划就是一个十分典型的将公民参与环境保护与生态环境绿色发展结合起来的案例。该公园附近的河流主要流经住宅、工业和农业区域，工农业废料和居民生活污水对河流造成严重污染。古巴政府通过发动公民共同参与制订防治污染计划，改变污水排放渠道，增加城市有机农业建设。政府通过与当地40000多名居民、9个社区的互动，努力使古巴普通民众都能积极地参与到绿色发展的建设过程中。② 以上案例经验向我们展示了古巴政府和人民、社区间的联合共建图景。这些实践举措使得大众了解并逐渐形成生态环境保护的意识，这也是促进当地绿色发展的一个有效手段。政府通过这种教育宣传方式，通过个人经验使人们认识到生态环境保护的重要性；在共同参与和制订修复计划的过程中，准确找到自我定位，尊重律法效益，减少居民对政府政策的不理解和对抗性。

此外，当前古巴的生态环境保护教育宣传更加懂得如何充分运用媒体和教育网络资源，多维度地宣传普及绿色发展的重要性。政府建立"古巴环境网③"，全面介绍古巴环境保护和绿色发展的历程及相关法规制度，同时线上链接民间环保组织，及时发布环境治理与保护动态信息，大大提高了环保知识和相关法律法规的普及率。近年来，国内图书、宣传册、新闻稿、电台、电视节目等新闻媒介越发支持古巴政府的绿色发展和环境保护；出版《古巴21世纪日程青少年读本——环境使命》等专门面向青少年的读本，向古巴年轻一代普及环境保护和有机生态农业等知识。绿色发展理念已开始渗透进古巴教育的全过程。在保证全民免费教育、注重高等教育的过程中突出对青年一代的绿色教育宣传成为推动古巴绿色发展的又

① Pamela Stricker, *Toward a Culture of Nature: Environmental Policy and Sustainable Development in Cuba*, Plymouth: Lexington Books, 2007, p. 99.

② Pamela Stricker, *Toward a Culture of Nature: Environmental Policy and Sustainable Development in Cuba*, Plymouth: Lexington Books, 2007, p. 101.

③ http://www.medioambiente.cu/.

一重要贡献。

三　绿色旅游

多年来，古巴人民对旅游业始终抱着爱恨交加的态度。古巴革命胜利前的旅游业收入大多来源于赌场。革命胜利后，卡斯特罗政府宣布关闭赌场，认为这些赌场的存在败坏了古巴的声誉。赌场的关闭让数千名酒店工作人员面临失业的风险。20世纪80年代，古巴政府开始重视旅游业的发展，当然这并不是重开赌场，而是将目光转向古巴湛蓝的海水、明媚的阳光以及6000多公里海岸线上那30个美丽的金色海滩。"加勒比海明珠"的美誉逐渐为世人所知，古巴成为欧洲、美国、加拿大以及俄罗斯诸多旅游者的度假胜地。旅游业的兴旺吸引了更多外企投资者在当地投资建设酒店。苏东剧变后，旅游业一跃成为古巴的主要经济来源，对外商开放的投资力度更大，但古巴共产党和政府没有忽视酒店等旅游设施的大肆兴建、大量游客入境给古巴海滩等自然生态环境造成的压力和破坏。政府制定了严格的《外商投资法》，并结合《环境法》最大限度地保障海滩生态环境的稳定。同时，积极修复已被破坏的生态环境，并创造性地推行保健旅游、医疗旅游等更为生态环保的旅游模式，减少海滩等自然环境人为的影响和破坏，使之成为名副其实的绿色旅游。

（一）制定严格的环境许可律法政策防止过度开发

旅游业是古巴岛的主要硬收入来源，21世纪初期，来访古巴的游客就已近180万人次/年，其中还包括数量惊人的美国游客，旅游收入占当年总收入的40%。古巴海滩周边的酒店等旅游设施大多是与外企合作投资而建成的。来自西班牙等欧洲国家和加拿大的投资者们与古巴人合作开发旅游业，这些合作为古巴经济，特别是"特殊时期"的经济稳定与恢复发展做出了重要贡献。但旅游业的发展对自然生态环境造成了负面影响。为了将这种影响和压力降到最低，古巴政府重新修订了《外商投资法》。新的法律中明确规定，外商如需要投资建设，必须通过正式的环境影响评估，以确保投资建设的项目不会影响和破坏国家的自然遗产。古巴《环境法》第81条专门就投资过程中对自然资源的管理做了明确规定：投资建设必须"确保合理使用自然资源，保证其数量和质量得以持续、开发和回收，并保障其所属生态系统的稳定，应考虑到自然资源与其他环境和生态系统之间的相互依存关系，避免可能发生不必要或有害的相互冲突……在使用各类自然资源时，应考虑到环境保护的要求，保证环境、经济、社会利益和必要成本的可持续性"①。任何新的工程或者活动在开展建设前，都必须向国家科学、技术和环境部提供相关材料，以便该机构对投资项目进行环境影响评估，通过者将可获得古巴政府颁发的环境许可证，"不具备环境许可的方案、工程或活动，或不符合规定的要求和控制，可暂时或最终由国家科学、技术和环境部暂时或最终中止，但不妨碍其他相应的责任"②（《环境法》第26条）。在投资或建设的过程中，仍要随时接受相关环境部门的核查。"在发现有危害环境或损害环境的情况时，环境主管当局可根据相关法律规定，终止相关的建设或活动，没收污染物、材料或物质，部分或全部关闭设施，并采取适当措施解决已查明的情况，包括恢复造成危害或破坏前的环境条件。"③（《环境法》第43条）每年都会有相当数量的违规企业和个人被古巴政府暂停或永久终止旅游项目的建设，并进行相应的罚款。古巴将旅游行业的投资建设与环境保护的相关律法紧密结合，通过法制手段，最大限度地减少人为建造对自然海滨环境的影响。除《环境法》以外，政府还制定了海滨旅游设施管理等条例法规，旨在保护脆弱的滨海地区的自然环境。绿色发展背景下，和环境保护相关的法律条文的严格规定和执行，促使外商对古巴旅游行业的投资更多地、更谨慎地考虑环境保护和自然资源的合理利用。

（二）修复海滩环境破坏及推行医疗旅游等生态项目

古巴政府在保护旅游地区的生态环境方面，除了通过律法对投资建设进行严格的规定外，还针对之前已造成的生态环境破坏进行人为的修复。20世纪七八十年代，以巴拉德罗（Varadero）海滩为典型的沿海地区被人们无节制地大量提取细沙，其对海滩的自然生态环境造成了巨大的破坏。如此大规模的取沙，使得海岸线逐年退缩。加之海岸周边建筑过多，树木遭到砍伐，砍伐之后并未补种抗侵蚀的物种，进一步加剧了沿海地区的水土流失。为应对这些生态环境问题，古巴政府专门组织环境保护专家设立海滩恢复等环保项目，实施生态环境保护计划。通过修建卫生设施、植树造林、采用最新环境标准、拆迁海岸线附近的建筑物等方式，逐步恢复巴拉德罗海滩等地的生态环境。古巴国家科学、技术和环境部巴拉德罗海滩恢复办公室主任埃

---

① "Ley No. 81 Del Medio Ambiente", http://www.medioambiente.cu/legislacion/L-81.htm.

② "Ley No. 81 Del Medio Ambiente", http://www.medioambiente.cu/legislacion/L-81.htm.

③ "Ley No. 81 Del Medio Ambiente", http://www.medioambiente.cu/legislacion/L-81.htm.

尔佛雷多·卡布雷拉表示，为防止古巴沿海细沙的大量流失，古巴海洋资源研究所为巴拉德罗等海滩填充了 100 万立方米白沙。为保证白沙质量，古巴政府花费将近 170 万美元用于沿海生态环境恢复项目。①

全球环境中心国际可持续旅游部主任、哈佛公共卫生学院梅根·伊普勒·伍德（Megan Epler Wood）女士认为，"生态旅游是一种低环境影响、低技术影响、低成本的旅游发展形式"②。伍德女士于 1990 年创立了国际生态旅游协会，以促进非洲、亚洲和拉丁美洲的可持续旅游业发展。在采取系列措施保护沿海地区环境的同时，古巴政府并没有放弃旅游行业的开发与发展，而是将绿色要素与旅游业有机结合，朝生态旅游模式方向发展。政府在一些原始的，但遭到单一种植破坏的土地上种植多样品种，划定生态保护区、重新造林，建立生态模型村，分散沿海地区的人口接待压力。同时，古巴还积极打造另类生态旅游，即医疗保健旅游。古巴具有医疗优势，依靠卓越的医疗技术和先进的卫生设施来开展卫生保健旅游项目。项目启动后，吸引大量游客，为古巴带来巨额外汇。前来参加此项目的游客大部分来自欧洲和北美，也有部分来自其他拉美国家。兴起于 20 世纪 80 年代的医疗保健旅游，已与 60 多个国家的多家旅行社达成共同发展协议。古巴各旅游区都建有国际医院和国际诊疗所，如著名的巴拉德罗海滩就建有水下医疗诊所，为游客提供多项医疗卫生服务。优美的自然风光与精湛的医疗医术，使古巴的特色医疗保健旅游方兴未艾。古巴国内也有学者认为，这些特色项目并不是真正意义上的生态旅游，古巴国家科学、技术和环境部生态系统研究所生态学家米格尔·安赫尔·加西亚强调："所谓的生态旅游是指在不破坏、不影响自然环境的基础上不断提高人们对自然环境的认识，而不是单纯地将一家酒店建在风景优美的自然环境中。"③ 但不可否认，古巴在绿色旅游方面的努力是有目共睹的，当前古巴的医疗保健等绿色旅游已成为特色品牌，古巴成功将绿色要素融入旅游等社会服务行业，为绿色发展做出重要贡献。

---

① 张小青：《古巴耗巨资保护生态 海滩旅游业兴旺发达》，《中国旅游报》2004 年 4 月 23 日，第 3 版。

② Pamela Stricker, *Toward a Culture of Nature：Environmental Policy and Sustainable Development in Cuba*, Plymouth：Lexington Books, 2007, p. 91.

③ Pamela Stricker, *Toward a Culture of Nature：Environmental Policy and Sustainable Development in Cuba*, Plymouth：Lexington Books, 2007, p. 92.

第四节　古巴绿色发展取得的显著成效

经过多年的努力，古巴的绿色发展取得了显著成效：国内环境得到普遍改善；都市农业、有机替代等实践的大力推广，在缓解古巴经济危机的同时，使人与自然关系得以修复；国内经济社会实现恢复性发展，人民生活水平逐步改善；古巴在绿色发展方面的成效显著，与国际上其他发展水平相当的国家相比，其绿色发展方面的建设更为成功，获得国际社会的普遍赞誉和认可。

一　生态环境得到普遍改善

一直以来，古巴坚持绿色发展，始终将人与自然的和谐发展置于利润之上。面对殖民时期以来单一种植和工业化农业革命所造成的水土流失和滥用自然资源等生态环境破坏，古巴果断放弃工业化农业模式，并开始探索可持续性的挽救措施。在多年的实践努力下，目前古巴的生态环境已经得到普遍改善。

（一）环境资源状况明显好转

自然环境方面，森林覆盖率逐渐回升，已由革命胜利初期的 14% 上升到 26.3%，高于当时世界森林 22% 的覆盖率。在有机农业和循环耕作等模式的推动下，土壤肥力停止下降，并一度有所回升。进入 21 世纪，国家在水、土壤、森林、固体废物等环境保护方面的投资仍旧十分稳定，每年约有 1100 万美元的投入并取得一定成效。古巴的社会主义建设一直停留在农业社会，向现代化工业社会的转型并不成功，故转向了可持续农业的发展。因此，在温室气体排放等工业污染方面，古巴的排放量远低于世界水平。但古巴并没有因此松懈该方面的监控和管制，"苏东剧变时期的排放量为 37485 亿克，在转向绿色发展和有机种植等多方努力下，21 世纪初排放量就已下降至 27317 亿克，建设成效显著"。① 可再生能源利用方面，古巴为应对地表水和地下水污染、城市固体废弃物以及噪声污染等生态环境问题，在大力发展都市农业、有机替代的同时注重大幅提升可再生能源的利用率，减轻生

---

① 以上数据来自：Pamela Stricker, *Toward a Culture of Nature: Environmental Policy and Sustainable Development in Cuba*, Plymouth: Lexington Books, 2007, p. 231.

态环境负担。古巴当前已是世界上拥有最全面的循环再利用系统的国家，2020 年，可再生能源在古巴的能源生产总量中所占比例将从原有的 4% 提高到 24%①，大幅减少化石燃料的使用，还古巴人民一个干净、清新的生活空间。防御自然灾害方面，古巴是一个飓风等自然灾害频发的国家，多年来古巴采取应对措施，建立预警系统监测预防体系，保证古巴人民免受自然灾害的侵扰。当前，古巴政府和地方机构已建立起较为完善的监测预警通报制度，在飓风来临时能够根据伤害程度和影响区域的不同进行区分，根据实际情况为当地人民提供最具有价值的、最及时的躲避指引和安全防范指导。2018 年，亚热带风暴"阿尔贝托"袭击古巴，在古巴政府的及时预警和有力引导下，虽然强降水引发洪灾，道路房屋被淹没，但有超过 5000 人被疏散，并未见明显人员伤亡。

（二）社会代谢的裂缝得以修复

古巴的绿色发展与资本主义国家不同，在社会主义制度的保障下，古巴的有机农业模式以一种全新的方式得到发展。该模式通过绿色可持续栽培、参与式民主的决策以及多样化的分配方式等，有机地将农民与土地再次结合起来，恢复了古巴生产体系中的循环关系，并开创了一种以人为本的新的社会代谢制度。生态化的可持续实践修复了社会新陈代谢的裂缝，使人与自然关系的修复成为可能。古巴取得成功最主要的因素在于政府强大的领导和实践能力。古巴政府在绿色发展方面具有不可替代的作用。作为一个社会主义国家，古巴政府能够调动各部门参与到绿色发展的建设中，并能较好地协调部门间的合作。这些年，为保证沟通顺畅，在涉及农业、粮食分配、经济和卫生等的部门设立部长级机构，甚至军队也被要求在必要时提供支持和帮助就是一个很好的例子。② 这些政治意向不仅是横向的，还有纵向的贯彻，即从国家一级到省一级再到市一级，层层沟通，确保绿色发展的政策尽快落实并在全国范围内执行。这是西方资本主义国家所不能达到的贯彻力度。同时，古巴政府从以人为本而不是谋求利润的角度出发，坚持在绿色发展中进行集中规划，收集农村剩余的粮食，并将它们运往城市和偏远地区，确保将增加的产量及时地转化为充足的粮食供应。当然，历经"特殊时期"危机

---

① 以上数据来自：赵欢、柯昀含《古巴的绿色发展之路》，《世界环境》2016 年第 1 期。
② Julia Wright, *Sustainable Agriculture and Food Security in an Era of Oil Scarcity：Lessons from Cuba*, New York：Earthscan, 2009, p. 226.

的古巴政府，也充分意识到要持续推进绿色发展，就要适当放宽对食品生产经营的管理，鼓励基层群众参与建设，在将国有农场转化为信用服务合作社、保证监管机制正常运行的情况下引入市场机制等实践举措保证了农民在生产过程中的积极性和受益程度。值得关注的是，与新自由主义经济所倡导的相反，古巴农民在生产－分配－消费过程中并不是以金融市场的最高利润为准绳，政府在绿色发展中始终强调社会的公平正义，只有改变无限追逐剩余价值和超额利润的本质，才能有望实现社会代谢的修复，这正是古巴特色经验成效中的重要一点。在政府的主导下，都市农业、有机替代、绿色医疗等具有古巴特色的绿色实践成效也尤为显著，具体而言表现在以下几个方面。

1. 都市农业在城市中成功推广

古巴在争取粮食主权和寻求绿色发展过程中的一个最为成功的例子就是推行了都市农业。都市农业并不起源于古巴，但古巴却充分结合本土情况，将具有古巴特色的都市农业在国内推广，从 20 世纪 90 年代开始逐步扩大规模并被广大古巴人民接受。在较短的时间内，依靠小规模、集约化的城市有机农业促进都市农业的腾飞，古巴经验证明了永续栽培实践模式的可行性。"都市农业利用城市密集的人口流动为其提供劳动力，为城市消费者提供了新鲜的食品，给城市居民一丝从垃圾场和空地中获得视觉喘息的机会。"[1]有人认为这种模式是"特殊时期"为挽救古巴经济和保障人民温饱的应急措施。事实证明，古巴的都市农业具有继续深入推广的可能性。进入 21 世纪，城市居民们仍旧相信，古巴的都市农业存在进一步发展的潜力。如，可以把这一农业模式推广至城市的周边，借此可以保证城市人口长期获得大部分新鲜的、无需冷藏的粮食。一位研究人员是这样解释的："有机的都市农业模式将持续下去，因为即使现在有更多的农用化学品可以使用，但都市农业仍然是有机的、可持续的。"[2] 古巴自然与人类环境非政府基金组织（Cuban Environmental NGO Foundation for Nature and Humanity）对哈瓦那的

---

[1] Nelso Companioni and Hernández Yanet Ojeda. et al., "The Growth of Urban Agriculture" in *Sustainable Agriculture and Resistance: Transforming Food Production in Cuba*, Fernando Funes, eds., Oakland: CA.: Food First Books, Institue for Food and Development Policy, 2002, pp. 222–223.

[2] Julia Wright, *Sustainable Agriculture and Food Security in an Era of Oil Scarcity: Lessons from Cuba*, New York: Earthscan, 2009, p. 235.

都市农业进行了一项研究，研究表明，都市农业在促进首都粮食安全方面发挥了重要作用；而都市农业的商业化现象更有助于促进当地的经济发展。古巴政府的农业报告表明，在都市农业推广后不久，集约化的菜园和有机农场可以为城市居民提供充足的新鲜蔬菜和草药，从都市农业开始推广后仅仅几年的时间，哈瓦那就有将近90%的农产品是在都市菜园这样的环境下种植并销售的。根据古巴热带农业基础研究所（INIFAT）的研究报告，都市农业的食品生产可以在不损害环境的前提下，在城市范围内进行作业，从而使后代保有"在健康和安全的生产环境"中养活自己的能力。①

可以说，在面对危机之时，古巴人民在古巴共产党和政府的领导下，创新本土经验解决实际问题并取得了显著成效。度过危机后，都市农业这一充分显示古巴特色的产业并没有因此被搁置，而是进一步推广，并在全国范围内得到采用，并且成为古巴绿色发展的重要组成部分。这足以证明古巴采取都市农业这一可持续的种植模式是成功的。如今，随着新任领导人上台执政，古巴的社会主义建设面临十字路口的选择，古巴的绿色发展也面临着时代的挑战。但都市农业的成功经验为古巴在有机替代和能源寻求等方面转向自给自足的绿色发展模式奠定了坚实基础。

2. 有机替代模式成就古巴农业革命

苏东剧变后的古巴惨遭重创，单一种植模式使得古巴的农业生产难以为继。进行农业革命，推行可持续的有机农业、寻找进口食品的替代物成为古巴的唯一出路。经过多年的实践探索，古巴的有机农业蓬勃发展，不仅挽救了经济危机中的古巴，更使得古巴的生态环境朝着可持续的方向不断发展。随着社会发展，科学技术成果的不断转化，古巴在有机化肥、天然杀虫剂方面的研发和投入使用帮助古巴在"特殊时期"顺利度过危机，有机替代更让古巴农业生产进入绿色发展的新模式阶段。本土产品的有机替代，让古巴政府看到了农业生产自给自足的重要性，2000年以后，古巴对农业的投资大幅提升，但主要投入不再只针对甘蔗、烟草等传统种植业，古巴开始寻求多样化的种植模式。20世纪80年代初的古巴，甘蔗种植面积达130万公顷，成为古巴种植业的主要产品，但1998年前后，在推行可持续农业和有机替代后，甘蔗的种植面积开始大幅下降，到2006年仅为39.7万公顷。古

---

① Pamela Stricker, *Toward a Culture of Nature: Environmental Policy and Sustainable Development in Cuba*, Plymouth: Lexington Books, 2007, p. 42.

巴开始朝着多样化种植方向发展，如今随着有机农业的推广，除水果和园艺外，甘薯、芋头、香蕉以及其他园艺作物的产量都有所增加；农牧业方面，牛奶的产量减少了，绵羊、山羊及其他奶制品的产量有所增加；禽肉产量下降，猪肉和蛋类产量却有所提升。① 古巴的经济从 1994 年开始进入恢复阶段并发展至今，并未有十分明显的跨越式进步，但古巴农业在多样化种植和生产方面已有了长足发展。可以说，古巴的农业革命是成功的，多样化的种植不仅可以保证古巴人民获得足够的粮食，达到自给自足；更能保证土壤肥力、防止土壤养分退化，促进农业的循环绿色发展。

3. 可再生能源缓解古巴能源危机

对古巴而言，能源问题在很大程度上是一个政治问题。由于美国的长期封锁和苏东剧变的历史影响，古巴始终处于能源危机边缘。在"特殊时期"，为保证国内能源的正常供应，古巴获得廉价的进口石油的途径只能是：以糖换石油，这迫使古巴大量产糖，用更多的蔗糖来换取石油。这一恶性循环不仅导致古巴的单一种植破坏土壤肥力、造成生态环境恶化，更导致古巴的大国依赖和进口依赖突出，不得不依附苏联或者美国，国家发展遭遇阻碍。因此，从 20 世纪 70 年代开始，古巴开始探索本土的可再生能源来替代进口石油。经过多年的试验和实践，古巴对沼气、太阳能、电能、水能和风能等可再生能源的探索已有明显成效。例如，如今古巴各地的诊所、社会机构和学校都已安装了太阳能电池板。21 世纪初期，古巴就已使山区和农村地区 2000 多所学校使用太阳能技术，实现电气化。国内天然气的供应逐年增加，水电生产相当稳定。同时，太阳能的开发和利用也为古巴的工商业创造了新机会，古巴已将这项技术出口至拉丁美洲其他国家。对发展中国家而言，成功转向使用可再生能源的一大障碍是无法负担研发新技术的开支。随着国内经济的恢复发展，古巴的成功案例表明一个国家可以在能源紧缺、资金有限的情况下实现可再生能源的开发利用，同时古巴也可以依据此项技术的发展与周边国家成为贸易伙伴，促进拉美国家的共荣共生。

古巴政府认为，能源的自给自足与粮食的自给自足同样重要。因此，古巴不仅在技术方面支持可再生能源的开发利用，更在机构组织建设方面助力能源的可持续发展。如，1992 年古巴领导人发起国家能源发展计划，1994

---

① Julia Wright, *Sustainable Agriculture and Food Security in an Era of Oil Scarcity: Lessons from Cuba*, New York: Earthscan, 2009, p. 232.

年古巴成立可再生能源和环境促进协会，从事可再生能源研究，开展儿童和成人教育、职业培训，参与国际合作项目，传播最新研究成果。目前，古巴通过可再生能源减少了对美国等大国的依赖和对委内瑞拉的援助需求，减小了获取石油的价格差距。古巴能源方面的自给自足也为绿色发展提供了维护代际公平的发展手段，这也反映出古巴长期践行在绿色发展方面的承诺。于古巴而言，实现能源的自给自足不是出于贸易的需要，某种意义上是一种国防的需要。[1] 当然，虽然古巴在工业和家庭可再生能源方面取得了很大进展，但运输业等方面的探索才进入起步阶段。古巴政府和人民已经开始在再生燃料、电力汽车和生物柴油等方面进行研究，推动可再生能源的持续发展，以期实现生态环境和经济发展的双赢。

4. 绿色医疗成为古巴特色行业

"特殊时期"的磨难，使古巴政府和人民不得不面对自身的弊端，并寻求一条绿色的发展出路。除了农业和能源方面力求实现自给自足外，古巴在医疗方面也追求独立。绿色、天然的药用植物种植从 20 世纪 40 年代就已开始，在 90 年代"特殊时期"的严峻形势下被重新引入，在更大范围内被接受并一直发展至今。古巴的绿色医疗之所以能成为古巴的特色行业，是因为其采取的绿色治疗和药效符合古巴人民的药物反应，同时也满足他们在医疗卫生方面的需求。古巴绿色医疗的专业人员介绍说，使用绿色医疗（如针灸、草药等）治疗的患者数量，在进入新世纪前就已达到 300 万人，比以往增加了一倍多。[2] 如今，古巴的医学界更关注古巴普通民众的行为和想法，绿色医疗的发展开始更多地考虑大众的参与和共同创造。古巴绿色医疗的经验表明，要建设一个更加美好、可持续的社会，不仅需要具备一定的政治和经济条件、科学家和专业技术的发展，还需要获得普通人民的认可和共同参与的积极性。一个国家只有致力于满足人民的需要——不仅是绿色医疗，还包括前文所提到的有机农业和可再生能源方面的发展——才有可能真正实现社会的绿色发展，才有弥补社会代谢裂缝的可能，古巴在这方面正不断努力。因此，除了发展传统天然的绿色医疗之外，与寻求传统石油燃料的替代品类似，古巴政府和人民也在一直研究和利用本土产品替代西医中的部

---

① Pamela Stricker, *Toward a Culture of Nature: Environmental Policy and Sustainable Development in Cuba*, Plymouth: Lexington Books, 2007, p. 56.

② Andrew Webster, "Cuba Does What Comes Naturally in Medical Care: U. S. Trade Embargo Forces Reversion to Centuries-Old Healing Techniques", *Globe and Mail*, Vol. 6, 1999.

分药品和疗法。古巴同欧美等国家一样，均设立有替代医疗研究中心，也包括对抗医疗（一般而言，在现存的医疗体系中，以化学药物和手术疗法为主的称为对抗医疗）在普通医院和诊所的使用研究。但古巴比其他国家更为著名的是在替代医疗和绿色医疗研究方面的医疗教育项目的推广实施。通过经验传授和教育下一代，古巴在绿色发展方面做出了巨大的努力，在美国的长期封锁下，还能保持本土特有的绿色技术，不受国际社会对抗药物供应的波动影响，实现医疗替代，这本身就是一个绿色发展的成功案例。当然，这并不是完全否认对抗疗法的可行性，只是在被封锁的状态下充分普及对抗医疗需要强有力的资源和技术支撑，这对古巴而言颇具难度。同时，新的经济发展时期，替代药物的研究与发展成为未来古巴医学界需要关注的焦点，绿色医疗能否继续成为古巴的一大特色，值得学界持续关注。

二　国内经济社会恢复发展

具有社会主义特色的绿色发展使古巴当前的国内生态环境得到普遍改善，可持续的种植栽培模式以及替代能源的持续开发使古巴社会有了代谢修复的可能。古巴的绿色发展帮助古巴摆脱经济危机，国内经济出现恢复性增长；人民的环境保护意识有所提升；在经济稳步发展的前提下主动向国际社会输出经验，推动拉美甚至世界上其他国家的可持续发展。

（一）技术引领下经济出现稳步回升

"特殊时期"的磨难，使古巴政府和人民不得不正视自身在单一种植、大国依赖等方面的弊端，并开始探索绿色、可持续的发展模式，以求应对该时期的经济危机。多年实践表明，古巴目前已成功地实现工业化农业向可持续农业的转型。古巴经济从 1994 年开始出现恢复性增长。1999 年，古巴经济出现显著好转，在整个拉美地区经济增长为零的情况下，古巴的国内生产总值（GDP）却增长了 6.2%（计划为 2.5%），在该地区可谓一枝独秀。[①]进入 21 世纪，新自由主义盛行。但它的出现并未给古巴等发展中国家带来任何裨益，有报告表明，新自由主义导致拉美经济社会的严重倒退，总体经济发展速度只有拉美国家改革前的 50%。[②]古巴共产党领导人清醒地认识到

---

① 李锦华：《苏东剧变后古巴共产党的理论、方针政策与实践》，《马克思主义研究》2000 年第 6 期。

② 张金霞：《"古巴模式"的理论探索——卡斯特罗的社会主义观》，人民出版社，2012，第 317 页。

新自由主义给古巴带来的巨大灾难，2007 年，古巴官方媒体发表《总司令的思考》系列文章，康复中的菲德尔·卡斯特罗特别谈到了一些激进派人士为古巴经济开出的新自由主义经济处方，认为"这是一个巧妙的陷阱，我们绝不能掉进去"，并评价这些新自由主义的建议是古巴革命的"毒药"。[①] 全球化与新自由主义不仅不会给古巴带来出路，反而会恶化其生存环境。因此，古巴继续坚持进行具有古巴特色的绿色发展，始终将人与自然的可持续发展置于利润之上。2011 年，在劳尔·卡斯特罗的推动下，古共召开六大并正式开启了具有古巴特色的经济模式更新进程。在新技术的引领下，古巴开创了综合性的小规模农场，摆脱了单一种植模式的困境；都市农业、社区医疗、地方性民主组织和国际医疗合作等已走在世界前列；拥有世界上最全面的循环再利用系统，它致力于创新性环保科学研究，并把大部分农业生产转变为使用有机化肥生产；此外，国内所有的电灯泡已换成紧凑型荧光灯管，以减少二氧化碳排放、电力以及能源损耗。[②] 2008 年，在金融危机和飓风灾害的双重打击下，古巴 GDP 年均增长率仍保持在 4.1%；2009～2017 年，古巴年均 GDP 始终保持增长状态（2016 出现 0.9% 的下滑）。值得一提的是，古巴的绿色发展，特别是都市农业的推广为普通民众，尤其是妇女提供了更多的就业机会。据统计，古巴 2008 年至 2017 年年度平均公开失业率均保持在 3.5% 以下，2016 年的比例为 2.0%，大幅低于拉美和加勒比地区 8.9% 的平均值。[③] 古巴旅游业的发展也受益于生态环境的可持续建设，精湛的医术加上绮丽的自然风光，使古巴的保健旅游业自 20 世纪 80 年代开始逐渐蓬勃发展。旅游业是古巴第二大创汇来源，仅次于专业医疗服务输出。

（二）古巴政府与民众的环保意识提升

随着可持续发展的持续推进，古巴国内从政府到民众都产生了不同程度的意识转变，形成上下联动、全民团结的环境保护和绿色发展意识。

顶层设计上，古巴共产党和政府高度重视生态治理和环境保护，不断更

---

① 埃菲社：《卡斯特罗批评"激进派"改革思路》，人民网，http：//citiccard. world. people. com. cn/GB/41219/6230863. html。

② 〔美〕马克·布罗丁：《工人阶级、环境和社会主义》，丁晓钦译，《海派经济学》2008 年第 22 期。

③ 袁东振主编《拉丁美洲和加勒比发展报告（2017-2018）》，社会科学文献出版社，2018，第 397 页。

新《国家环境战略》的阶段计划，当前该阶段计划已更新至第三阶段，古巴共产党和政府有意识地根据实际情况进行绿色发展策略的调整，从整体上促进古巴的绿色发展。政府方面，主动进行绿色发展的意识逐年提升，已由最初为摆脱粮食和能源危机而被迫采取有机农业等生产方式，转变为主动进行科学技术的研发和成果转化，并积极地将新的科学技术应用于生态环境和绿色发展的关键领域。古巴政府在绿色发展和环保方面的意识不断增强，还体现在参与国际环保事业等方面。当前，古巴已签署多项国际环保条约，同时还是联合国环境规划署加勒比海生物走廊建设的积极参与者。2007 年，古巴、海地和多米尼加共和国等国的环境部长共同发布宣言，致力于与他国合作开展一系列旨在保护生物多样性、恢复环境和改善生计的长期行动，打通各国之间以及政治边界以外的生态系统连接通道。① 越来越多的国际机构，甚至包括来自美国的环境保护机构，与古巴建立生态合作伙伴关系，主要包括史密森学会、野生动物保护协会、康奈尔鸟类学实验室、美国自然历史博物馆、莫特海洋实验室、佛罗里达大学环境保护基金会、海洋保护中心等。② 2015 年 11 月，美国国家海洋和大气管理局（NOAA）与古巴国家科学、技术和环境部签署了一份谅解备忘录，旨在在海洋生态保护领域开展合作，推动两国自然海洋资源的保护，并共享相关科学技术和数据，促进两国环保教育互动。③

民众方面，绿色发展的经验成效激励广大古巴民众提升环境保护意识和主动参与有机生产。在与绿色发展相关的奖励激励机制的推动下，古巴社会各界都参与到环境保护的行动中，人民的环境保护意识大幅提升。在成功的实践经验和政府的大力宣传普及下，古巴人民有意识地、主动地从事都市农业等可持续性生产活动越来越频繁。

（三）吸收国际经验并坚持社会主义立场

古巴不断地探索绿色发展的永续之路，同时还向其他国家，尤其是发展中国家传播成功的经验和技术。当下，已有不少古巴农民前往拉丁和加勒比

---

① "Caribbean Biological Corridor-a Work in Progress", https: //www. unenvironment. org/news-and-stories/story/caribbean-biological-corridor-work-progress.

② Fernando Goulart, Ángel Leyva Galán, Erin Nelson, Britaldo Soares-Filho, "Conservation lessons from Cuba: Connecting Science and Policy", *Conserv. Biol.* 217, 2017.

③ "U. S. and Cuba to Cooperate on Conservation and Management of Marine Protected Areas", http: //www. noaa. gov/media-release/us-and-cuba-to-cooperate-on-conservation-and-management-of-marine-protected-areas.

地区的国家，帮助当地农民组建与之类似的可持续粮食生产体系。古巴农学家们向海地农民传授农业生态学的耕作方法，也用其蓬勃发展的都市农业运动帮助委内瑞拉推行都市农业模式。①古巴政府主动将实践所得的技术经验向国际社会输出，帮助加勒比海邻国缓解生态危机，同时也努力向世界上其他国家宣传这种由绿色发展方式建立起来的农业模式，这一成效显示了古巴的绿色发展经验在国际范围内，特别是拉丁美洲国家具有重要的影响。

此外，古巴在"走出去"的同时也主动引进先进技术和生产经验，热情接待世界各地前来参观和交流的农业技术人员，广泛吸收、借鉴其他国家的先进生产技术，助推古巴模式的持续发展。"引进来"和"走出去"所获得的经验成效不仅让古巴的绿色发展为世界所了解，其有可能在国际范围内得以推广，也让先进技术有了输入国内的渠道，促进古巴国内深入进行可持续发展。随着古巴经济的恢复发展，古巴的封闭状态正在被打破，与国际社会也在逐步接轨。当然，古巴积极借鉴国际经验不断更新原有的自给自足发展模式的同时，更警惕以美国为首的帝国主义和新自由主义对古巴的侵扰及渗透。古巴主要领导人在这一方面的坚持是值得我们学习的。2008年，古巴遭到两次飓风袭击，美国政府向古巴提出了有条件的"人道主义"援助，即要求允许美国派遣人员进入古巴视察并评估飓风给古巴造成的损失。菲德尔·卡斯特罗接连发表名为《好人的角色，谁受到损失？》和《两次都是同一个谎言》的文章，揭露美国政府提出有条件援助的真实意图。在全球环境治理方面，美国政府打出谋求全人类利益的幌子，主张用粮食作为原料提炼出乙醇等生物燃料，并增加使用替代能源的汽车。菲德尔·卡斯特罗尖锐地批评美国以玉米、小麦、向日葵籽、油菜籽等为原料制造生物燃料，致使粮食价格上涨。结果除了一些能源消耗大国能因此获益之外，其只会使更多的穷人挨饿，世界上数十亿人口将面临"过早地死于饥渴"的困境。

三　国际社会普遍赞誉认可

古巴的绿色发展使得古巴国内的生态环境得到普遍改善，永续农业等生态模式的不断发展使人与自然的关系得以修复，进而促进国内经济社会的恢复性发展，提高了人们的生活质量。与此同时，古巴绿色发展方面的成功实

---

① 〔美〕丽贝卡·克劳森等：《农业危机与古巴社会主义有机粮食生产模式的潜能》，宋树理译，《海派经济学》2016年第2期。

践获得了西方生态社会主义者、国内外环境学家、经济学家等著名人士的赞誉，更得到了拉美地区以及国际组织与机构的普遍认可。其观点可归纳为如下几个方面。

（一）社会主义制度下才有可能真正实现绿色发展

著名生态社会主义学者德里克·沃尔（Derek Wall）高度赞扬古巴的社会主义建设，并称卡斯特罗是坚定的马克思主义者。他特别赞赏古巴所推广的永续农业，认为其可持续农业是全球有机农业的典范。这种耕作方法不仅保护了土壤的肥力，而且基本上实现了国内水果和蔬菜的自给自足。古巴还开发可再生新能源和新型公共交通，并实施野生动物保护政策，与委内瑞拉密切合作推进碳减排，古巴派遣医生和教师支援非洲和南美贫穷国家。沃尔认为，或许未来社会可以普及古巴式的社会主义。[①] 美国人文与科学院院士小约翰·B. 柯布（John B. Cobb）认为共同体应该相互交叉和相互蕴含。当未来物质资源已经非常稀少时如果人类不是联合与共享，而是相互争夺，就会产生可怕的战争。古巴社会主义就是小共同体的发展方式。古巴有很多东西可以借鉴，如古巴出口糖，然后进口石油等其他产品。古巴的农业生产有一半属于现代化工业生产，另一半属于农耕的生产方式。一旦出口糖受阻时，家庭农业的单位会迅速转型来进行自给自足的生产。机械化生产需要汽油，一般的家庭式的农耕并不需要如此的交换。[②] 古巴模式让我们看到，只有在社会主义制度下，联合与共享才有可能实现，绿色发展才能真正得到施行。美国学者、探路者出版社主席、马克思政治理论杂志《新国际主义》编辑玛丽-爱丽丝·沃特斯（Mary-Alice Waters）也表示，联合国粮食及农业组织（FAO）现在认识到古巴是一个可以大规模地发展小型农业的国家，这也是世界人民所需要的，即发展生态型和持续型农业向世界人民提供所需的食品，保护环境减少污染。"之所以能在古巴发展这种农业，是因为古巴的工人和农民进行的是社会主义革命。古巴的农业生产不是受到资本主义企业的驱使，为了寻求垄断市场和增加利润，而是受到为生命和健康提供丰富

---

① 陈永森、蔡华杰：《人的解放与自然的解放：生态社会主义研究》，学习出版社，2015，第400 页。

② 孟根龙、〔美〕小约翰·B. 柯布：《建设性后现代主义与福斯特生态马克思主义——访美国后现代主义思想家小约翰·B. 柯布》，《武汉科技大学学报》（社会科学版）2014 年第2期。

食品的驱使"。① 古巴全国人民政权代表大会经济事务委员会主席奥斯瓦尔多·马丁内斯（Oswaldo Martinez）表示不能重走苏联社会主义模式的老路，肯定了古巴在坚持社会主义制度下进行绿色发展的可行性，他说："社会主义阵营国家中的社会主义实践复制了资本主义的发展模式，社会主义被看作生产力增长的量化结果。因此它与资本主义之间建立起一种纯粹的数量性竞争关系，而没有考虑到资本主义的发展模式是一个没有把人类作为整体的消费型的社会结构"，"有必要制定另一种符合环境和集体运作的发展模式"。②

（二）古巴的可持续发展模式有很强的可行性

加拿大生态社会主义者伊恩·安格斯（Ian Angus）赞赏古巴一直以来都在践行绿色发展，对古巴在这方面做出的努力给予很高评价。他说："自1953 年古巴革命运动领导人菲德尔作了题为《历史将宣判我无罪》的伟大演讲之后，'当前我们必须为后代建设一个更美好的世界而采取行动'的思想已经成为古巴革命运动的主题。对子孙后代所作的这一承诺的核心内容理所当然被称为'古巴绿色革命'。古巴人不仅在口头上而且在实践中承诺为子孙后代造福，这一承诺不仅是为了古巴人的后代，而且也是为了全人类的后代。"③ 除了国际学者的赞誉和肯定，古巴的绿色发展经验成效还得到了诸多拉美地区和国际绿色环保机构的认可。1996 年，古巴的有机农业运动获得了由国际有机农业运动联合会（IFOAM）颁发的"沙阿·马林克洛德奖"。④ 因其合理运用资源，实现绿色有机农业的绿色发展，古巴政府及相关的农业科研机构先后获得拉丁美洲农业生态技术竞赛大奖、联合国粮食及农业组织颁发的农村妇女进步奖等。⑤ 古巴的绿色发展也离不开民间组织和环保个人的努力。2006 年 3 月，古巴著名环保人士罗莎·埃莱娜（Rosa Elena Simeon Negrin）博士就因其在环境保护方面的重大贡献，并大力倡导"着眼于全球，实施于局部"的环保理念，被联合国环境规划署授予"绿色地球卫士"称号。2010 年，古巴国家农业科学研究所协调员因负责当地农

① 〔美〕玛丽-爱丽丝·沃特斯编著《我们的历史并未终结：古巴革命中的三位华裔将军》，王路沙译，知识产权出版社，2008，第 196 页。
② 〔加〕伊恩·安格斯：《为后代而斗争：一位生态社会主义者的观点》，姚单华摘译，《国外理论动态》2009 年第 11 期。
③ 〔加〕伊恩·安格斯：《为后代而斗争：一位生态社会主义者的观点》，姚单华摘译，《国外理论动态》2009 年第 11 期。
④ 陈美玲：《古巴农业革命》，社会科学文献出版社，2013，第 43 页。
⑤ 贺钦：《浅析古巴可持续发展的基本经验》，《拉丁美洲研究》2007 年第 3 期。

牧业创新项目而获得"高曼环保奖"（Goldman Environmental Prize），该奖项旨在表彰在基层为环保做出重大贡献的个人，有"绿色诺贝尔奖"之称。[①]

衡量国家可持续发展潜力的两个重要维度分别是人类发展指数和生态足迹。联合国开发计划署（UNDP）于《1990年人文发展报告》中提出"人类发展指数"（Human Development Index，HDI）概念。报告根据各国的人均预期寿命、人均收入、成人识字率、各级学校入学率等数据，计算出人类发展指数，用以衡量联合国各成员国经济社会发展水平。生态足迹（Ecological Footprint，EF）是指能够持续地提供资源或消纳废物的、具有生物生产力的地域空间。世界自然基金会（WWF）出版的《2006年地球生命力报告》显示，古巴是全球唯一一个在人类发展指数（0.82）和生态足迹指数（1.5ha/p）方面都达到很高标准的国家，并且被评选为世界上唯一的可持续发展国家。[②] 联合国开发计划署发布的最新人类发展指数显示，古巴世界排名第68位，接近高度发达国家水平，中国排名第90位。[③] 可见，古巴绿色发展的成功经验完全可以为世界上其他国家，特别是发展中国家解决环境问题提供有益借鉴，为应对世界生态危机提出全新选项。

（三）古巴特色的绿色发展经验值得借鉴

生态社会主义学者、西方马克思主义拥护者以及古巴国内的共产党领导人均强调在社会主义制度下进行绿色发展比资本主义国家更具有可行性，从制度的优越性方面赞誉古巴。同时，也有不少国内外生态环境保护学者以及经济学家从古巴模式的特色经验视角肯定古巴绿色发展。在肯定多样化种植方面，生态学家休·沃维克（Hugh Warwick）表示古巴"已经发现进口必需的化学品和机械不可能实现现代的集约化农业。相反，当它转向有机农业时，结果是打破了有机农业效率低下的传说。食物进口的崩溃带来了这个岛上多样化的耕种"。抛掉了化学品这根拐杖的古巴就是一个很好的例证，"而且许多古巴人受生态运动的影响，已经展开批评古巴的集约农业体系。他们开始研究化学依赖症的替代方法"。美国食品与发展政策研究所的农业经济学家彼得·罗赛特（Peter Rossetter）认为美国等实行的大规模工业化

[①] 陈美玲：《古巴农业革命》，社会科学文献出版社，2013，第44页。

[②] "Living Planet Report 2006", http：//wwf. panda. org/knowledge_hub/all_publications/living_planet_report_timeline/lpr_2006/index. cfm.

[③] "Human Development Index and Its Components", http：//hdr. undp. org/en/composite/HDI.

农业已走入死胡同。他肯定了小型的多样化种植，表示都市农业也是一种特色有机种植农业，古巴实践是这方面的成功案例。到1998年，在政府鼓励下，哈瓦那出现了官方批准的"菜园"，由3000多人种植，大概占用了30%的可利用土地。① 1999年，有机农业集团（GAO）和古巴有机农业协会因走在有机农业转型的前沿，而被授予"诺贝尔替代奖"（"正确生活方式奖"），奖励其对建立一个更美好的世界做出的突出贡献。在肯定生态技术实践成效方面，伦敦城市大学食品政策教授提姆·朗（Tim Lang）等人肯定了古巴通过使用农业生态技术成功实现农业绿色发展，成为全球模板的案例，并认为，这种生态技术与生产范式，相对于由一个专家根据配方来管理数千公顷地，对技术和知识的管理越来越受到重视，它将人与土地重新联系起来，鼓励小规模的管理单位，使被隔离的农场工人重新回到土地上。② 美国著名环境保护主义理论家比尔·麦吉本（Bill McKibben）在名为《幸福经济——从"更多"到"更好"》的著作中从古巴特色的教育体制角度出发，分析古巴得以开展有机农业也有教育方面的不断支持，肯定古巴有机农业的可持续发展。"即使是卡斯特罗的死对头也承认，卡斯特罗几乎从掌权第一天起就在教育体制上砸下重金，古巴的师生人数比例相当于瑞典的水平，想上大学的人就可以去上大学。结果证明这一点很重要，因为农业——尤其是有机农业——并不是简单的工作，不是说只要拆掉空地四周的围篱，递给某人一把锄头，跟他讲几句'工人必将胜利'之类的口号就可以办到。一开始土壤并不肥沃，虫害相当严重，需要农业信息才能展开工作。古巴的有机农业至少和它所取代的高投入牵引机农业一样，是科技上的一项发明。"③

① 〔美〕约翰·马德莱：《贸易与粮食安全》，熊瑜好译，商务印书馆，2006，第178页。
② 〔英〕提姆·朗、〔英〕麦克·希斯曼：《食品战争：饮食、观念与市场的全球之战》，刘亚平译，中央编译出版社，2011，第23页。
③ 〔美〕比尔·麦吉本：《幸福经济——从"更多"到"更好"》，林丽冠译，南海出版公司，2010，第69页。

第五章
古巴绿色发展的主要特征

古巴绿色发展的探索是社会主义与绿色理念的具体结合。它具有如下重要特征：以马克思主义为思想引领，对马克思主义生态思想进行继承与发展；以古巴特色的社会主义制度为其根本保障，确保绿色发展的顺利实施；以古巴共产党为领导的一党执政及其党建思想为其顶层支撑；以本国实际为出发点，以政府主导的特色本土化建设为绿色发展的主要治理模式。古巴绿色发展的主要特征充分说明了，只有在马克思主义的引领下，在社会主义制度的保障下，在特色本土化建设的规划下才能推动系列措施的顺利实施。

第一节　对马克思主义生态思想的继承与发展

在古巴，社会生产是以一种可持续的发展方式来满足人们的需求，这与以利润最大化为主要目标的生产方式根本不同。古巴的绿色发展强调社会的公平正义、注重土地等自然资源的内源式发展、倡导勤俭节约，这些主要理论特征符合马克思主义的生态思想，是对马克思恩格斯人与自然关系思想的继承和发展。同时，古巴社会主义模式在不断"更新"的进程中，依然坚持马克思主义的基本原则，并对资本主义进行深刻的批判。这种理论坚持也为古巴的绿色发展奠定重要的理论基础。

一　以马克思主义为指导思想

马克思主义是古巴坚守社会主义道路的根本，是古巴无可替代的指导思想，是古巴思想界重要的精神支柱。古巴共产党主张把马克思主义与本国实际相结合，结合本国特点运用和发展马克思主义。马克思并没有详细描绘社会主义的蓝图，更未具体谈论如何建设社会主义，所以要根据今天的实际来解决这个问题，来发展马克思主义。[①] 菲德尔·卡斯特罗作为古巴革命和社会主义建设的先驱，坚持把马克思主义应用于古巴实际，采用了灵活而不是教条的态度，形成古巴特色的马克思主义。他认为："特别重要的是必须懂得，马克思主义-列宁主义不是一种僵死的学说，不是一种教理问答丛书，不是一种拿来就能解决任何问题的方案，不是适合于这种或那种场合的系列套服，而是一种方法，是一种指导思想，是革命者恰恰必须用来解决具体问题的工具。马克思主义-列宁主义是一种活生生的学说，是武装人、教育人、使人具备能力、教会人们正确解决问题的学说。否则，它就会成为僵死的智库，智库应该是活生生的，它提供灵活的方案，解决遇到的每个具体问题。"[②] 劳尔·卡斯特罗指出，如何建设社会主义，就像苏联宇航员加加林飞往太空时一样，仍是个未知数。各国国情不一，即使同一个国家的不同地区也不可能完全一样，因此，如何根据本国国情建设有本国特色的社会主义，是一个需要探索的问题。[③] 可见，古巴共产党以及卡斯特罗等古巴领导人坚持以马克思主义基本原则为指导，从实践基础出发，并不是僵化、教条式的照搬。古巴在社会主义建设、改革的各时期，十分重视马克思主义与古巴国情相结合，使马克思主义在新时代依旧能发挥指导社会主义改革建设的作用，这成为古巴绿色发展的重要理论支撑。

马克思主义实践观强调，实践是认识的源泉和动力，实践是检验真理的标准。菲德尔·卡斯特罗在古巴革命和社会主义建设中坚持马克思主义的基本原则，立足实践，创造性地运用马克思主义去建设古巴，他坚信"马克思主义-列宁主义必须在每天的革命实践中继续发展，如果马克思主义-列宁主义的原则得到正确运用，得到创造性运用，特别是根据运用的原则加以运用，那么，我们将会看到革命不会发生倒退"[④]。在探索社会主义建设的

---

① 崔桂田、蒋锐等：《拉丁美洲社会主义及左翼社会运动》，山东人民出版社，2013，第135页。
② 〔古〕萨洛蒙·苏希·萨尔法蒂编《卡斯特罗语录》，宋晓平等译，社会科学文献出版社，2010，第150页。
③ 崔桂田、蒋锐等：《拉丁美洲社会主义及左翼社会运动》，山东人民出版社，2013，第141页。
④ 〔古〕萨洛蒙·苏希·萨尔法蒂编《卡斯特罗语录》，宋晓平等译，社会科学文献出版社，2010，第152页。

进程中，菲德尔·卡斯特罗还意识到人民群众的重要性，并重视人民群众的力量。他指出："创造历史的不是领袖，而是人民群众。""在任何劳动群众之中，都存在着无限的智慧、才智、风格和价值。"① 坚持实践出真知成为古巴绿色发展的基本准则，使古巴在苏联解体和美国封锁的巨大压力下，能够结合实际，及时扬弃苏联农业革命模式，走出一条具有古巴特色的绿色发展之路。注重团结人民群众，肯定了古巴人民在生态环境保护实践中的巨大作用，调动了人民群众参与绿色发展的积极性。

坚持马克思主义指导思想的另一个重要方面就是坚持对资本主义的批判。菲德尔·卡斯特罗在谈到资本主义时，认为"资本主义是人无止境的腐败欲望"，批判"资本主义社会是特权的社会，是恶习的社会，是异化的社会，是自私自利的社会，是人剥削人的社会，是人与人为敌的社会，正如恩格斯或马克思所说，是人吃人的社会"。② 他谴责资本主义对人的无尽剥削，强调资本主义社会不可能是民主的，只有社会主义才能真正实现这一理想，也只有在社会主义制度下资源才能真正得到优化配置和可持续利用，才能惠及广大人民群众。"如果不实施社会主义的方法——把所有的自然和人力资源用来为国家服务，将这些资源用于需要的部门来达到社会的目的，任何不发达国家都摆脱不了不发达的状况"，"我们各国的自然资源应该为国家所有和为人民服务"。③ 在社会主义建设过程中，古巴共产党和领导人始终坚持对资本主义的批判，强烈反对西方发达国家的掠夺和侵蚀，这也成为坚持古巴特色的绿色发展的重要理论依据。古巴之所以持续推进绿色发展，其目的也在于及时戳穿美国等资本主义国家的糖衣炮弹攻击及和平演变的真实意图，努力探索以公有制为基础、摆脱资本依赖、实现自给自足并持续发展的生态之路。

二 强调社会公平正义

追求社会的公平正义成为古巴绿色发展中最具特色的主要特征之一。早

---

① 〔古〕萨洛蒙·苏希·萨尔法蒂编《卡斯特罗语录》，宋晓平等译，社会科学文献出版社，2010，第 152、153 页。

② 〔古〕萨洛蒙·苏希·萨尔法蒂编《卡斯特罗语录》，宋晓平等译，社会科学文献出版社，2010，第 16、270 页。

③ 〔古〕萨洛蒙·苏希·萨尔法蒂编《卡斯特罗语录》，宋晓平等译，社会科学文献出版社，2010，第 214、215 页。

在古巴革命胜利时，古巴共产党和政府对人类发展的关注就超越了利润，制定了系列政策并加以贯彻，同时也考虑到将会出现的基于内生性和灵活性的转型，随时修订新策略。对社会公平正义的强调也是马克思恩格斯在人与自然关系思想中的一个重要阐述。古巴在政府主导下所取得的绿色发展的成效，更体现出对社会公正公平的追求，是对马克思主义生态思想的继承与发展。

1987 年，联合国世界环境与发展委员会出版的《我们共同的未来》将可持续发展定义为："既能满足当代人的需要，又不对后代人满足其需要的能力构成危害的发展。"而今，我们有必要对绿色发展，抑或可持续发展进行重新定义，以反映人类可持续发展与自然相协调的原则。我们必须在顺应自然的背景下谈可持续，平衡人类与自然的需求；我们应将社会公平正义摆在可持续发展的首位。[①] 古巴将社会公平正义放在建设的重要位置，也是绿色发展的重要表现。对古巴政府和人民而言，绿色发展是社会正义与环境保护相结合的产物，要向可持续发展型社会过渡不能仅以经济发展或者道德伦理作为衡量标准，它必须是双向结合的。古巴的绿色发展着重强调在生产分配方面要进行按劳分配，并在公平正义的基础上消除平均主义。一直以来，古巴领导人在古巴的治理过程中，追求的是一种平等财富和共同繁荣的公平，效率放在第二位。他们认为社会主义人民应该各尽所能，社会所有成员应该共同分享社会成果。菲德尔·卡斯特罗认为，一个有才能的人应该造福人类，但每个人都应该享受与普通人一样的福利；所有人都应该为社会尽最大的努力；国家也应制定免费医疗和教育、补贴消费、充分就业等法律制度和政策，确保人类社会的公平、公正和全面发展。

这是古巴共产党和政府从社会稳定和民众团结的愿望出发而采取的谨慎措施。菲德尔·卡斯特罗在谈及公正、正义时指出，"公正是一种信仰，我们同胞的自由和福祉是一种信仰，独立是一种信仰，祖国是一种信仰。也就是说，所有一切，革命、祖国、独立、社会公正和社会主义，对于我们来说，都是信仰"[②]。这充分体现了古巴领导人将社会公平正义确立为一种信仰，将之贯彻落实到绿色发展的方方面面。劳尔·卡斯特罗在古共六大上提

---

① Pamela Stricker, *Toward a Culture of Nature: Environmental Policy and Sustainable Development in Cuba*, Plymouth: Lexington Books, 2007, p. 10.

② 〔古〕萨洛蒙·苏希·萨尔法蒂编《卡斯特罗语录》，宋晓平等译，社会科学文献出版社，2010，第 139~140 页。

出社会主义模式的"更新",是古巴社会主义改革的新起点。在"更新"模式下,劳尔强调古巴将继续完善公正的社会制度,并制定新的社会保障法。① 古巴的绿色发展十分强调社会的公正、公平及社会的可持续发展。古巴反对这样一个事实,即少数人拥有财富,大多数人处于普遍贫困状态。它坚持工人、农民和领导人是平等的,享有同样的权利和利益。批判缺乏公正的资本主义,强调只有公平正义的社会才能保证社会安定团结、人与人之间和谐相处。因此,古巴为绿色发展设定的一系列准则必定是建立在社会公平正义基础上的,必定是强调环境伦理思想的重要性,即要满足人们在粮食安全、教育及医疗卫生保健等方面的基本需求;通过实现教育、文化和艺术表现的发展,促进人们的全面发展;建立广泛、全面的环境保护法律框架;通过加强全民教育提升人们的环境保护及环境伦理思想意识;在粮食、能源和医药方面实现自给自足;努力优化地方发展的公共规划,以及提升人民参与环境决策和管理的积极性。② 这些原则成为古巴绿色发展的基本特征,体现了古巴要建成一个公正、平等、和谐、可持续的社会的决心。菲德尔·卡斯特罗也曾指出:"当人类社会存在公正时,重大自然灾害造成的结果是不同的"③,认为只有注重社会公平正义,才能够齐心进行绿色发展,让福祉惠及每个古巴公民;强调社会的公平正义是古巴绿色发展在建设过程中的一个主要特征。

三 注重资源内源式发展

美国刘易斯堡学院丽贝卡·克劳森(Rebecca Clausen)根据常年在古巴实地调研的经验总结出内源式发展模式。她认为这种发展模式符合古巴"土地是财富,劳动是钥匙"的内涵,也是马克思主义新陈代谢理念的体现,继承发展了马克思主义的生态思想。克劳森认为,马克思的新陈代谢理念根植于他所理解的劳动过程中,劳动是人类调节、管理、控制自身与大自然之间物质交换的过程。土地和劳动力构成了所有财富的两个来源。在古

---

① 徐世澄主编《拉美左翼和社会主义理论思潮研究》,中国社会科学出版社,2017,第159页。

② Pamela Stricker, *Toward a Culture of Nature: Environmental Policy and Sustainable Development in Cuba*, Plymouth: Lexington Books, 2007, pp. 11–12.

③ 〔古〕萨洛蒙·苏希·萨尔法蒂编《卡斯特罗语录》,宋晓平等译,社会科学文献出版社,2010,第139页。

巴，提供必要原料的土地被视为"宝藏"，人们不能因短期的利益而过度开发它，需要理性有计划地运用马克思主义和生态学原理丰富它。劳动被视为"钥匙"的外在表现，可取得土地的丰富资源，提供健康的食物并平等地将其分配给当地居民。① 这种从生产到分配再到消费的内源式发展模式不仅能够满足社会化生产下人们的需求，更可以不断地进行补偿进而维护自然环境，使代谢修复得以拥有实现的可能。拉丁美洲国家大都拥有内源式发展的历史，但其之所以成为古巴的基本特点，就在于其优先选择穷人进行帮扶以及向传统的生产者和新生农民放权。古巴政府一直以来坚持优先发展农村，1961 年成立国家小农协会，鼓励古巴所有农民使用农业生态的耕作技术；建立便携式农业生态图书馆，在不同生产中心和农村合作社之间自由流动，加速提高农民的知识水平；为农民提供参与式教育；成立并重点发展生物研究中心等。这一人性化的内源式发展使治愈代谢断裂成为可能。

另外，古巴政府一贯倡导节约资源、合理利用、反对浪费。古共四大、五大的经济决议提出："古巴拥有 30 多年来建立起来的经济和社会基础设施，拥有人力资源、自然资源以及科技的发展，必须有效地加以利用。"② 古共七大通过的《党和革命的经济和社会政策纲要的更新 2016～2021 年》强调："关于工业和能源政策，要求确定促进工业发展的技术政策，以促进工业的现代化，并遵守国家的环保政策。"③ 政府的倡议增强了古巴人民在生产作业的同时保护环境和自然的信心，使人们相信在合理使用能源或资本投入的情况下能够生产出健康的食品。这些年来，古巴的能源状况发生了巨大变化，石油仍然是能源供应的核心，但一些生物能源（主要来自甘蔗的科学技术转化）也占据着重要地位。20 世纪 90 年代，苏联停止对古巴的援助也给资源能源的利用带来巨大变化，居民的生活水平也因此受到严重影响。在能源资源紧缺的"特殊时期"，古巴政府依旧秉持勤俭节约、合理利用、公平分配的初衷优先考虑为家庭和商业机构提供电力服务，确保人民日常生活正常运转。

---

① 〔美〕丽贝卡·克劳森：《古巴：可持续发展农业的典范》，王维平等译，《国外理论动态》2007 年第 9 期。

② 刘维广：《古巴社会主义经济建设与发展》，《拉丁美洲研究》2009 年第 1 期。

③ 《古共七大召开及古巴模式更新的意义——访中国社会科学院荣誉学部委员徐世澄研究员》，《马克思主义研究》2017 年第 2 期。

第二节 以社会主义制度为根本保障

古巴的绿色发展有着独特的思想优势和经验基础。继承发展马克思主义人与自然关系的生态思想，坚持马克思主义基本原则、马蒂思想以及卡斯特罗思想，为古巴人民一直以来的绿色生产实践提供了丰富的思想资源和历史经验。但思想理念和历史经验要付诸实践并符合当代实际，还需要有制度的支撑。古巴的社会主义制度显然是绿色发展的根本保障。

一 社会主义政治体制

古巴宪法规定古巴是一个主权独立的，是工人、农民及其他体力劳动和脑力劳动者的社会主义国家。古巴所有人民与组织共同享有政治自由、社会正义、个人和集体福利以及人类的团结。古巴宪法第十四条规定：古巴共和国占统治地位的是以生产资料社会主义全民所有制和消灭剥削制度为基础的社会主义经济制度。[1] 2018 年 7 月，古巴进行了最新一次的宪法修改。在最新的修宪草案要点中，古巴政府重申了社会主义的政治、经济和社会制度，最新草案继续强调了古巴社会主义制度的不可更改性，古巴共产党是古巴社会和国家的最高领导力量；继续确定古巴是独立、主权、统一、民主、法治的社会主义国家。

古巴要进行绿色发展，就必须保证党的领导地位并始终坚持一党制。2012 年，古巴共产党通过的《古巴共产党工作目标》，再次强调了古巴共产党是古巴社会和国家的最高领导力量，是革命的合法成果，是有组织的先锋队。古巴共产党是马克思主义-列宁主义的党，是马蒂思想的党，是古巴唯一的政党。劳尔·卡斯特罗也在会上强调，"古巴共产党是古巴社会和国家的最高领导力量，是革命的合法成果，是有组织的先锋队，党与人们一起，确保革命的历史进程。我们将永不放弃这一条。""放弃一党制意味着使帝国主义在古巴的一个或多个政党的合法化，从而牺牲古巴人民团结的战略武器。"他认为："我并不忽视任何其他国家实行的多党制，我严格尊重联合国宪章规定的自决权和不干涉他国内政的原则。但是，根据古巴为独立和民

---

[1] 许宝友主编《世界主要政党规章制度文献：越南、老挝、朝鲜、古巴》，中央编译出版社，2016，第 146 页。

族主权长期斗争的经验，面临蛊惑人心和政治商品化，我们捍卫一党制。"①古巴在执政党地位和一党制方面的始终坚持，保证了绿色发展在古巴社会主义建设过程中的重要地位，为绿色发展提供了重要的制度保障。

在社会主义政治体制的保障下，古巴政府发动并组织古巴人民寻求石油替代燃料，加强甘蔗等主要农产品的开发和利用，并指导古巴人民生产其衍生产品，如燃料、香水、药品等。在资源能源利用方面，古巴共产党和政府全面规划、保证能源的可持续发展。劳尔就曾指出："必须从现在开始考虑恢复、节约、合理、有效而节俭的工作方法和作风等一切因素，我们正处于特殊时期。"②古巴对闲置的土地通过科学技术的支持进行开发，即通过种植各种新品种的有机作物、肥料和生物控制等方法，保护农作物、培育土地以及扩大灌溉系统等；支持将古巴特色的农业合作社作为典范推广到其他经济领域，尤其是贸易、零售业、建筑业和交通业，促进古巴经济社会全面发展。同时，还推广以节能灯更换原有灯泡，以及推广效率高耗电少的家用电器以取代老电器。这些举措的贯彻和落实体现了古巴共产党和政府在现有政治体制下，确立绿色发展的基本方向，即社会主义的，根据本国实际制定的自给自足、可持续发展的方针政策。

二　社会主义经济体制

古巴确立了全国人民共同参与的基本生产资料和计划经济方向的社会主义经济模式。除了现存宪法中所承认的古巴经济社会发展的经济和社会模式以及古巴共产党所制定的经济和社会政策等方针之外，也承认各种形式的财产。但这些作为调节市场的新成分必须在计划经济原则的框架下进行，避免生产不平等，导致社会利益不公。③当然，最新宪法修改草案所反映的在现有经济制度之外，承认市场的作用和新形式的非国家所有权，包括私营部门的所有权，是随着经济发展和社会模式的"更新"所推出的最新古巴社会主义发展的方针、政策，有利于当前古巴非国有所有制经济的发展。但不可

---

① 徐世澄主编《拉美左翼和社会主义理论思潮研究》，中国社会科学出版社，2017，第167页。

② 〔俄〕尼古拉·S. 列昂诺夫：《劳尔·卡斯特罗：革命生涯》，魏然等译，中国社会科学出版社，2016，第162~163页。

③ 修订内容参见："Carta Magna con intencionalidad transformadora y sensibilidad política"，http：//www.granma.cu/cuba/2018－07－23/carta-magna-con-intencionalidad-transformadora-y-sensibilidad-politica-23-07-2018-00-07-01。

否认，庞大的公有制经济显然更能顺从国家的宏观调控，顺应绿色发展要求。

古巴的社会主义经济体制并不是要求在社会建设发展过程中完全实行计划经济模式，还应适当地考虑市场因素。在生态环境治理的过程中，发挥市场的作用并不如某些学者所主张的，让公共资源尽可能地私有化，而是在实施生态环境治理中，运用经济手段和价值规律。有人认为，既然市场在资源配置中起决定作用，生态环境问题也应该通过市场机制来解决，这种观点是错误的。生态环境的治理可以利用市场机制，但生态环境是一种公共产品，不可能完全市场化。有人认为保护生态环境重在公民自觉，这种观点也是片面的，公民环保意识确实重要，绿色发展的建设需要社会组织和公众的参与，但从下到上的建设路径注定无法适用于作为社会主义国家的古巴。社会主义的经济体制，是古巴特色社会主义绿色发展的重要特征。面对苏东剧变和美国经济封锁的困境，以卡斯特罗为代表的古巴政府清醒地认识到社会主义所处的"特殊时期"和建设目标，对绿色发展进行了准确的历史定位。劳尔·卡斯特罗表示集中精力从事满足民众需求的食品生产应当是一切策略、政策和思想的核心。因此，古巴政府开始了一系列自给自足的改革举措。劳尔·卡斯特罗是古巴推行"都市农业"计划的主要创始人和推动者，并将农业的有机生产作为社会主义建设的重心。古巴开始建设大城市周边的果园和菜园环带，推出有机农产品的行政管理措施。

古巴宪法第十五条规定：不属于农民或农民合作组织所有的土地、地下蕴藏、矿产等非生物自然资源以及生物自然资源，属于其主权范围内的海洋、森林、水流和通信设施。一切国有化和没收的帝国主义分子、庄园主和资产阶级的制糖厂、制造厂、基本运输工具，企业、银行和装备；以及工厂、器材，科技、社会、文化和体育中心等国家建设、扩建或者得到的一切东西，以及将来国家建成、发展或得到的设施。上述财产的所有权不能转让给自然人或法人实体。[①] 这意味着这些财产将永远被宣布为社会主义国有财产，亦即全民财产。宪法第二十条规定：农民有权按法定形式和条件为生产农产品和取得国家贷款和帮助而联合起来。农业合作社等组织根据法律规定的形式和条件加以解决。国家承认农业合作社作为一种所有制形式，对社会

---

① 许宝友主编《世界主要政党规章制度文献：越南、老挝、朝鲜、古巴》，中央编译出版社，2016，第 146~147 页。

主义生产做出的积极而有效的贡献。国家提供各种便利支持农业合作社的生产。① 2018 年最新的宪法修订草案中对土地这一私有财产表述为，只有在法律规定的限制条件下才能出售或转让这一财产，而且不损害国家通过支付其公平价格获得的优惠权利。禁止出租、典当土地和用其他能严重损害小块土地所有制或部分转让小块土地所有制所产生的权利和职能的办法取得小块土地。自然资源的公有制是社会主义在生态环境保护中的优势。生态学马克思主义者十分赞同这一点。在他们看来，林地的私人所有权使得业主在开发利用林地的过程中通常是基于经济效益而非生态的用途。林地所有者很有可能会因此砍伐原始森林，在其土地上种植经济林。而经济林在保持生态平衡、涵养水分、调节气候和净化空气方面，比原始森林差得多。② 自然资源，特别是土地的公有制，意味着可以进行统一的管理和治理，并合理利用山地、森林、湖泊和草地等自然资源，促进人类与自然和谐共存。

古巴早在 1959 年的《土地改革法》中就规定将 50% 的闲置土地分配给农民，剩余 50% 归国家所有，这项法律首次宣告了古巴农民获得土地所有权和改善生活的权利，对古巴农民具有重要的激励作用。2008 年出台 252 号法令，政府进一步加强对土地的使用激励机制，规定闲置土地的使用权可授予有能力立即开发并持续生产的自然人或法人。将可持续的农业种植作为根本技术手段纳入国家法律政策中，提升古巴地方政府和人民应对危机的主动性。宪法与《环境法》两部重要法典中均强调土地等资源的公有性质，规定了人民与团体组织在生态环境建设中的权利与义务。通过制定《国家环境与发展计划》，以及《国家环境战略》"三部曲"，分别于 1997 年、2007 年和 2011 年根据发展要求，明确当前阶段的建设任务和目标，完善可持续发展的制度体系。在实践中，在土地等资源公有性质的前提下，古巴还大力发展科学技术。力争通过最新科学技术的成果转化，结合古巴人民对土地资源的合理开发利用，促进国内农业、工业的恢复生产以及能源的开发创新，确保资源的开发和利用惠及每位古巴人民。政府在国家科学、技术和环境部下设环境司及其附属机构，其他部门也设立了相关的环保科

---

① 许宝友主编《世界主要政党规章制度文献：越南、老挝、朝鲜、古巴》，中央编译出版社，2016，第 148 页。

② John Ballamy Foster, *Ecology against Capitalism*, New York: Mohthly Reeview Press, 2002, p. 115.

研机构：交通部下设海湾环境与工程中心、古巴水力资源研究院下设水力资源和水质中心、糖业部下设制糖工业研究所。同时，一系列科技研发中心也相继成立，如青年岛特区的海岸生态研究中心、格拉玛的豪尔赫·迪米特洛夫农业研究中心、圣地亚哥的生态系统与生物多样性研究中心和太阳能研究中心等。①

三 社会主义党建思想

2016 年 4 月，古共七大修订通过了最新版的党章。章程明确规定，"古巴共产党忠诚于共产主义理想。作为国家和社会的最高领导力量，古共承担人民赋予的领导和协调全国在革命原则的基础上努力建设具有真正古巴特色的社会主义的重任。"强调党领导一切，确保古巴共产党成为绿色发展的引领者和推动者。章程还明确规定了党员的义务和责任，"为发展和巩固社会主义价值观而奋斗，使劳动者认同社会主义所有制、集体主义和合作关系；尊重和承认其他所有制形式和非国有制经济的存在，使之与既有经济模式相协调；为古巴革命、平等和社会公正的基本观念而奋斗；为建设一个健康、文明、节俭、富有劳动精神、不同于资本主义消费社会的标准的社会而奋斗"②，确立了在古巴共产党领导下党员干部的职责，保证了绿色发展的先锋力量。古巴共产党和领导人的党建思想也是确保绿色发展顺利进行的又一保证。一是把搞好党群关系作为党建的关键一环。古巴革命胜利后，菲德尔·卡斯特罗坚持认为古巴共产党是动员群众的重要组织，而群众组织和团体在国家生活中一直发挥着重要的作用。搞好党群关系，吸收更多的群众骨干组织和各条劳动战线上的优秀分子入党是绿色发展过程中不可或缺的动力。二是要坚持人民权益至上，使之成为绿色发展的根本条件和政治保证。卡斯特罗认为，只有人民当家做主，才能充分体现其根本利益。"党的建设思想和成长过程就包含了同群众的经常对话。党保留选择党员的权利，但也时刻倾听群众的看法和意见。"③ 三是强调党员干部在工作作风上的表率作用，其对增强党的凝聚力、巩固党的领导地位至关重要，这也是古巴绿色发展能够持续推进的重要保证。同时，对宣传媒体和教育的管理也有助于环境

---

① 贺钦：《浅析古巴可持续发展的基本经验》，《拉丁美洲研究》2007 年第 3 期。
② 参见《古巴共产党章程》，靳呈伟译，《当代世界社会主义问题》2016 年第 3 期。
③ 〔美〕卡梅洛·梅萨-拉戈：《七十年代的古巴》，商务印书馆，1980，第 136 页。

保护意识的广泛传播，向大众普及环保知识，提高了他们保护环境的自觉性和生态素养。

古巴的绿色发展在社会主义党建思想的支持下，明显有别于欧美的环境运动。在欧美，大部分是通过具体的环境运动，把民众意志转化为国家法律，并通过法律的实施，来逐渐改善生态环境。当然，政策制定和实施中也有党的意志在起作用，比如绿党以及逐渐绿化的其他政党，但多党政治使环境保护政策常常没有延续性。例如，美国前总统小布什在上台后，就宣布退出《京都议定书》；现任总统特朗普宣布退出《巴黎协议》。除了发达资本主义国家外，一些发展中国家，也有因为土地的私有制、缺乏延续的政府和政策以及国民教育落后等缺陷，环境保护政策无法得到有效实施。美国环保协会中国项目主任张建宇认为，受西方选举制度局限，特殊利益集团的作祟，最终会阻碍本该畅通的执政渠道。与之相反，古巴共产党和政府拥有强大的执行能力，因此，当政府意识到生态问题的重要性时，就可以打破利益樊篱。在政党制和党建方面，古巴作为社会主义国家具有独特的优势，尤其是在政党制方面拥有巨大优势。

第三节　以政府为主导的古巴特色绿色建设

社会主义制度、土地资源公有制、生态环境的公共物品属性等因素决定了市场机制在古巴绿色发展中的有限性。这些也决定了古巴共产党和政府在建设中的主导作用，它们不仅是绿色发展理念的倡导者，更是绿色发展的主导者。理念的创立、制度体系的建立、机构的设置、政策的制定与实施、评估与监管都体现了古巴从上到下的政府主导型建设模式。从顶层设计中强调绿色发展的重要性，到宪法中写入"可持续发展"理念，再到强有力的《环境法》等一系列具体法律法规的制定和实施，古巴逐步建立起较为系统的绿色发展规划框架。古巴设立国家科学、技术和环境部，并结合环境冲突评估、环境许可制度、国家环境监测等监管和奖励机制，推动绿色发展在法律法规以及机构设置方面的建设。当然，绿色发展要更好地发挥政府的作用，就不能排斥市场和公民或社会团体的作用，这一点在新任古巴领导人迪亚斯-卡内尔上台后进行修宪运动，其修改草案称将有条件地承认自由市场并适当考虑市场因素中可以看出。坚持政府主导，搭建完整的绿色发展理念框架，制定严格的环境保护法律法规，设置严密的执行、监管以及奖惩机制，成为古巴建设具有本国特色的绿色发展的主要特征。

一 搭建绿色理念框架

古巴近年来国内政局稳定，经济在旅游业等行业的拉动下缓慢趋好。人民生活水平逐渐提高的同时，古巴政府对绿色发展和环境保护的认识也逐步加深，建设一个社会公平、环境友好、保护自然资源和民族遗产的繁荣社会，成为当代古巴共产党和人民共同奋斗的目标。2016 年 4 月，古共七大召开，古巴时任领导人劳尔·卡斯特罗在大会上回顾了六大开启社会主义经济模式更新以来党在各领域的工作情况，提出了建设"面向未来的繁荣、可持续的社会主义"更新目标①，为古巴的绿色发展明确了发展方向。会上，古共提出了"2030 年古巴经济社会发展计划：国家愿景、战略轴心和战略部门"、"党和革命的经济和社会政策纲要的更新 2016~2021 年"和"古巴社会主义经济社会发展模式的理念"等治国理政的新方略。经 2017 年 5 月 18 日中央委员会全体会议核准、2017 年 6 月 1 日全国人民政权代表大会批准，通过了《2030 年古巴经济社会发展计划：国家愿景、战略轴心和战略部门》（简称《发展计划》）、《党和革命的经济和社会政策纲要的更新 2016~2021 年》（简称《纲要更新》）、《古巴社会主义经济社会发展模式的理念》（简称《理念》）三份决议。这三份文件构成古巴社会主义"更新"的最新指导纲领，也成为古巴绿色发展的重要理念框架。它们分别从战略核心、战略部门、未来发展方向以及行动纲领等方面突出自然资源和环境保护的重要性，进一步明确建设繁荣和可持续的社会主义"更新"目标，成为古巴共产党进行绿色发展的思想指导。关于绿色发展以及环境保护的顶层设计表述具体如下。

（一）《2030 年古巴经济社会发展计划：国家愿景、战略轴心和战略部门》

在《发展计划》中古巴共产党提出了到 2030 年的发展愿景总规划，即希望国家发展为一个主权、独立、民主、繁荣和可持续的社会主义社会。同时也提出要达到这样的要求，国家需要有预见性的建设规划，还要能够积极应对未来的挑战。其中，自然资源和环境作为发展战略的支柱和动力被列为

---

① 许宝友主编《世界主要政党规章制度文献：越南、老挝、朝鲜、古巴》，中央编译出版社，2016，第 516 页。

发展计划的战略轴心。文件认为，古巴所拥有的保护自然资源的潜力成为社会和经济可持续发展的重要基础。但之前几个世纪的生产破坏给环境造成严重的负面影响，革命阶段虽已取得了公认的成就，但依旧缺乏全面的控制与监测，没有严格的法律框架对资源利用进行可持续性限制，科学技术成果的转化率也有待提高。作为群岛国家，地质和地貌特征以及地理位置使古巴的环境气候系统显得更为脆弱。因此，在国家和国际背景不断变化的情况下，必须为巩固和深化扭转这种状况做出努力，通过更有效的政策和措施，充分保证人们拥有一个健康的生活环境，促进经济和社会繁荣、可持续发展。为此，《发展计划》要求，国家到 2030 年继续巩固和加强环境治理，制定综合方案与环境保护行动计划，包括加强流域管理，山体和生物多样性保护，土壤改良和保护地区沿海、海洋资源，重新造林，防治荒漠化和干旱等举措；预防、减少和控制污染；提供安全稳定的工作环境以及加强环境教育和提高环境教育的能力，除了制定适当的法律框架和实施机制外，还应采取适当的新的激励措施和制裁措施。为实现这一目标，这一战略轴心部分确定了保护自然资源和合理利用，维持生态系统平衡，并从社会利益角度保护国家环境和自然遗产；提高环境质量；通过逐步执行解决气候变化问题的国家计划，减轻古巴应对气候变化影响的脆弱性三个总体目标，并将其分为 21 个具体目标。①

（二）《党和革命的经济和社会政策纲要的更新 2016~2021 年》

《纲要更新》是古共七大根据六大公布《党和革命的经济和社会政策纲要》后的执行情况提出的更新意见，并对原纲要做出一系列调整和补充，其中涉及科学技术创新和环境政策的条例共有 18 条。这些条例从科学技术与创新的角度阐述绿色发展的重要性。其中较为主要的有：第 99 条要求进一步建立有助于系统加快将科学、创新和技术成果引入生产和服务过程的法律和规章框架，并遵守既定的社会和环境责任标准；强调生态环境保护和绿色发展是生产服务的红线。第 101 条要求执行科学、技术、创新和环境制度的相关政策，促进在各自领域的互动，并在短期、中期和长期内增加其对经济和社会等所有领域的影响；规定了不同时期如何协调生态与科技的创新发

---

① 文件内容来自："Bases del Plan Nacional de Desarrollo Económico y Social hasta el 2030: Visión de la Nación, Ejes y Sectores Estratégicos"，http://www.granma.cu/file/pdf/gaceta/último% 20PDF%2032.pdf。

展，进而促进经济社会的全面发展。第 105 条要求更新现有关于科学技术和环境保护的定义，通过不同方式激发创造力，加强对集体劳动的参与和解决技术问题的生产、服务，以促进无害于环境的生产方式的可持续发展；强调了生产方式必须是无害的、可持续发展的，指明了未来绿色发展的具体建设方式。第 107 条规定加速执行所有研究和实体机构的科学和技术创新的指导方针与方案，并将这些都纳入国土部门的政策中；保证农业部门的优先权，增加信息化培训，提高从业人员感知风险的能力，促进全社会的可持续发展；通过强调科学技术融入国家政策、提高人们知识水平等促进社会和谐和持续发展，这也成为古巴进行绿色发展的重要指导纲要。[①]

（三）《古巴社会主义经济社会发展模式的理念》

这是古巴在党的全国代表大会上首次提出"理念性"问题，反映了经济和社会模式更新的理论基础和基本特点，规划了持续推进绿色发展、迈向繁荣与可持续发展社会的战略目标和未来发展方向。《理念》中阐明了"模式"的战略目标是在经济、社会、环境等方面推动和巩固繁荣与可持续的社会主义社会建设。在一个繁荣和可持续的社会主义国家加强价值观、健康、科学、技术和创新、文化、社会沟通、国防和国家安全、合理利用和保护资源和环境方面的教育和培训至关重要。《理念》认为经济社会和环境的可持续性发展紧密相连，要求经济增长的速度和结构能确保建立一个与环境协调发展的社会公平正义、合理利用和保护自然资源和民族遗产的繁荣国家。在论述社会主义原则方面，强调在道德和法律两个层面都承认公民平等地享有权利、平等地履行义务，并以公平、正义等方式确保权利和义务落到实处，实现机会平等。其中就包括平等地享有健康环境；同时，公民也有保护环境的义务和社会责任。在社会主义计划方面，《理念》认为社会主义发展规划要以人类可持续的进步为基础，并全面地考虑社会、道德、政治、经济、法律、人口、社区、区域、文化、科技、保护和合理利用资源与环境等多个维度。[②]

随着纲领调整和改革行动的贯彻实施，2011 年开启的社会主义模式"更新"使古巴国内的经济状况得到局部改善，人民生活水平有所提高，但

---

① 文件内容来自："Lineamientos de la Política Económica y Social del Partido y la Revolución para el período 2016-2021"，http：//www. granma. cu/file/pdf/gaceta/último%20PDF%2032. pdf。

② 文件内容来自："Conceptualización del Modelo Económico y Social Cubano de Desarrollo Socialista"，http：//www. granma. cu/file/pdf/gaceta/último%20PDF%2032. pdf。

经济增长幅度依旧不够显著。2011～2015 年年均 GDP 增长率只有 2.8%，2016 年古巴经济自 1994 年以来首次出现负增长，下降 0.9%（后古巴国家统计局改为增长 0.5%）。① 因此，面对新形势下大刀阔斧的改革，在理想与现实之间取得公平和效率的统一，实现生态环境保护与经济的协调发展，成为古巴绿色发展的重要标准。古巴在新时期制定的新方略中关于生态环境保护及绿色发展的重要论述也成为推动古巴共产党带领古巴人民走出一条造福当代人和子孙后代的绿色发展之路的理念支撑。

二　制定系列法律法规

古巴对绿色发展的关注最早可以追溯到 20 世纪七八十年代，随着绿色发展系统工程的不断完善，古巴政府先后颁布了专门针对环境可持续发展的重磅文件——《国家环境与发展计划》和《国家环境战略》。1992 年宪法修订中，正式将"可持续发展"写入宪法。之后，古巴制定了强有力的《环境法》，并出台系列相应的法规政策，古巴正式进入法制发展阶段。

《国家环境与发展计划》是古巴先于《21 世纪议程》发布的国家战略。1992 年在里约热内卢的"联合国环境与发展大会"上通过的《21 世纪议程》阐述了可持续发展在 40 个领域的问题，并提出了 120 个实施项目，成为可持续发展理论走向实践的转折点。这说明，古巴在各国建立可持续发展框架倡议前已先行实践，也因此成为拉美和加勒比地区第一个实现该目标的国家。1997 年制定的《国家环境战略》是古巴环境政策的纲领性文件，文件强调保护及发展环境建设现有成就的最恰当方式就是要纠正和克服在环境教育和环保意识等方面的错误和不足。在当前条件下要更多地重视国家的环境问题，包括土壤退化、水污染、毁林和生物多样性丧失四个主要环境问题，大力发展科学技术为更有效地进行环保工作奠定基础，以实现可持续经济和社会发展目标。② 文件从整体战略上对绿色发展进行了具体的规划，确保古巴的绿色发展建设有序进行。2007 年，古巴通过《国家环境战略》（2007～2010）第二阶段计划，该计划设立了新行动计划和目标。同时，对

---

① 袁东振主编《拉丁美洲和加勒比发展报告（2017～2018）》，社会科学文献出版社，2018，第 198 页。

② "Aprobación de la Estrategia Ambiental Nacional"，http：//www. medioambiente. cu/index. php/ hitos-ambientales？start＝10.

一些主要的环境问题进行了重新界定，特别是由于干旱对国家造成的水资源短缺问题。[①] 2011 年，古巴政府颁布实施了《国家环境战略》第三周期计划，周期为 2011 年至 2015 年。该计划提供了一个包括定义主要环境问题的国家战略目标和总体目标通用框架，要求在保护和合理利用自然资源、提高公民环境意识和人民生活质量方面达到更高的水平，确保及早适应和应对气候变化的影响。该战略持续实施及实时更新是古巴环境保护政策体系进一步落实巩固的重要体现，也是绿色发展的重要一环。

古巴 1992 年于第三届全国人民政权代表大会第十一次会议上通过宪法修正案，将可持续发展的理念和公民保护环境的义务写入宪法。宪法第二十七条明确规定："为使人民生活更美好，保障人民的生存、福利，以及当代和子孙后代的安全，国家保护环境和自然资源，意识到经济和社会的可持续发展与其密切联系。相关国家机关执行相关政策。""保护水、空气、土地、动植物和自然资源是每个公民的义务。"[②] 宪法的修订，从立法上保障了古巴的绿色发展。加拿大生态社会主义学者伊恩·安格斯说，1992 年 6 月在里约热内卢举行的地球峰会，达成了《联合国气候变化框架公约》，这是第一个旨在"将大气中温室气体浓度稳定在不对气候系统造成危害的水平上"的国际协议。但是像紧随其后的《京都议定书》一样，该协议失效了。只有一位国家元首发出了强烈的呼吁，并号召立即采取紧急行动——然后返回自己的国家，对实施切实可行的可持续、低排放的发展政策予以支持。那位国家元首就是菲德尔·卡斯特罗。1992 年，古巴修订了宪法，承认"可持续经济和社会发展可以使人类生活更加合理，也能为当代人和后代人的生存、健康和安全提供保障"。修订后的宪法赋予省级、市级人民政权代表大会实施和强化环境保护的权力。[③]《环境法》等法律法规相继出台，标志着绿色发展在法制建设上的不断完善。1997 年，古巴颁布第 81 号法令《环境法》，从法律制度上系统地规范环境保护和治理的相关律法政策。作为一部全面的法律，《环境法》的内容

---

① "Estrategia Ambiental 2007-2010", http：//www. medioambiente. cu/index. php/hitos-ambientales? start=40.

② 许宝友主编《世界主要政党规章制度文献：越南、老挝、朝鲜、古巴》，中央编译出版社，2016，第 150 页。

③ 〔加〕伊恩·安格斯：《为后代而斗争：一位生态社会主义者的观点》，姚单华摘译，《国外理论动态》2009 年第 11 期。

十分详尽，包含了 14 个部分和 163 条论述，涵盖空气、水、废物、噪声、有毒物质、历史保护、生物多样性、国家公园、森林、野生动物保护区、沿海管理、教育、研究和技术、环境影响评估和规划、环境检查、执法和惩罚制度。[1]《环境法》第三、四条还规定"健康的环境被认为是一项基本人权，保护环境则是公民的义务，也是国家的义务和责任，保护和预防等环境原则须予以维护，承认公众的知情权和参与环境决策权"。[2] 通过以《宪法》为核心、以《环境法》为框架，古巴的绿色发展建立起较为完整的法律制度体系和环境保护管理政策，为古巴的生态环境治理与绿色发展的顺利实施提供了法律保障。

三　设置奖惩监管机制

1975 年，古巴政府首次正式明确设立环境机构的必要性。一年后，古巴成立了环境保护与合理利用自然资源委员会。该委员会的设立是由政府主导进行环境管理的一种尝试；它由八个与环境责任相关的政府部门组成，其中包括公共卫生、供水、渔业和糖业等不同职责部门，所有与环境相关的事务都必须通过这个机构进行。尽管委员会的设立具有明显的包容性，但它缺乏相对独立的权威，并且研究项目成果稀少。1992 年里约热内卢会议后，古巴得到联合国的援助，发起了一项全国范围内的环境研究，其目的是对古巴当前的环境问题和之后的发展方向进行诊断。该研究报告指出环境保护与合理利用自然资源委员会已无法很好地处理古巴当前的环境问题及应对日后的发展趋势。古巴政府意识到，需要设立一个专门的、对环境事务有相当权威的环境机构。1994 年，环境保护和自然资源保护委员会与其他十几个机构合并为一个新的部门：国家科学、技术和环境部。该部门是古巴政府专门设立的主管可持续发展和环境保护的部级单位。它将科技研发、教育和环境保护三项工程有机结合，将国内外可持续发展资源有效整合，将环境政策制定和实施集中于一处，同时还负责调解、解决各机构之间的环境问题和分歧，将相对重要的议题提交给国务委员会，从而形成了从理论探索到实践检验的良性循环机制。当前，国家科学、技术和环境部已成为古巴在绿色发展

① Zoe Nicole Boutilier, *Implementing Environmental Policy in Cuba: An Assessment of Eco-Socialist Theory*, Master of Arts thesis of Saint Mary's University, Halifax, Nova, 2005, p. 100.

② "Ley No. 81 Del Medio Ambiente", http://www.medioambiente.cu/legislacion/L-81.htm.

与环境保护治理等方面具体统筹实施的核心部门，该部门与古巴国内诸多环保科研机构以及社会环保组织共同组成了古巴环保决策与实施的主力军。同时，1996 年古巴成立国家环境治理技术标准化委员会，负责国家环境技术标准的修改、执行及完善，该机构对国际 ISO140000 认证系统同样负有修改和评价的责任。① 此举将古巴环境治理标准与国际接轨，按照国际化、标准化指标进行系统的环境保护与生态治理。此外，古巴政府为形成完整配套的环境管理行政系统，通过《国家环境战略》进一步完善了以国家科学、技术和环境部为主，公共卫生部、基础工业部、国家水利资源研究院、渔业部等部门为辅的行政体制。古巴环境保护机构历经初创、整合、拓展等阶段发展，最终推出专门的环保机构，从体制机制上推动绿色发展的落实。为了规范绿色发展和环境管理体系，提升、鼓励团体和个人的环境保护意识和行为，在《环境法》的框架下，国家科学、技术和环境部的具体措施中，建立了环境规划许可制度、环境冲突评估体系、国家环境监测、地区保护等体系，从中央到地方，覆盖各级、各领域的环境保护监察机构。其中，环境保护监管是古巴绿色发展的核心，它通过环境许可证的授予和管理，制定严密的监控技术标准，规范环境保护制度。在奖励机制方面，古巴政府力求通过展现绿色发展的示范作用和激励机制，鼓励社会各界参与环境保护的行动中。21 世纪初，古巴政府首次设立环境鼓励奖，通过表彰环保人士和团体，推进《环境法》的落实和环保意识的普及。2001 年，为激发国内各行业的环保精神，古巴政府成立了以清洁生产为目标的国家网络；同年，政府为扩大奖励激励机制，设立国家环境大奖，表彰个人、企业、社会团体、非政府组织和相关机构在环境保护方面所做出的杰出贡献。在环境保护的经费上，古巴政府克服经济困难，建立财税和投资优惠机制，支持绿色发展专项经费的落实到位；积极争取国际上特别是社会主义国家和拉丁美洲其他各国的援助，设立国家环境基金，鼓励持续探索、推进绿色发展。古巴的环境保护监管、奖惩机制促进了古巴绿色发展的有序、良性的可持续建设。

---

① 潘金娥等：《马克思主义本土化的国际经验与启示》，社会科学文献出版社，2017，第 207~208 页。

第六章
古巴绿色发展的不足及应采取的时代应对

古巴的社会制度和发展历程促使古巴逐渐探索并开始走社会主义模式的绿色发展之路，当前已取得了显著成效，古巴在绿色发展方面的成就令人瞩目，获得国际社会的普遍认可并赢得多项国际性殊荣。然而，作为一个发展中国家，古巴绿色发展也存在不足之处，其在发展进程中仍存在诸如缺乏深度的理论思考等问题，同时也面临着严峻的现实挑战。古巴只有坚持社会主义，认清当前存在的局限和发展的不足，并就此做出准确的预判，制定合理的时代应对之策，坚持追求社会公平正义的发展方向，才能迈出超越当下的历史性一步。

第一节　古巴绿色发展的不足

古巴自苏东剧变后在发展方式上做出的改变稳定了社会主义的建设之路，但作为一个发展中国家，古巴在绿色发展过程中依旧存在许多问题，在当今瞬息万变的世界潮流中也仍将面临诸多的现实挑战。

一　古巴绿色发展存在的问题

尽管古巴社会主义的发展让世人看到了古巴人民和古巴共产党对马克思主义的坚持、对社会主义道路的坚持，古巴的绿色生态经验让人们意识到建设一个可持续的世界的可能；但古巴现实的发展和经济状况却并不符合一个新的生态文明型的社会主义国家。古巴是一个具有绿色发展优势，但缺乏深度的理论思考与制度建构的国家。现实的局限制约着古巴的绿色发展，我们必须清醒地认识到这些局限并给予客观评价，才能对古巴的未来发展方向做出准确的预判。笔者认为古巴当前面临的局限主要有以下几个方面。

（一）系统的绿色发展理论尚未形成

古巴的绿色发展最主要的不足之处就在于其国家层面并未形成系统的绿色发展理论，这与我国当前生态文明建设理论的形成和快速发展形成鲜明对比。古巴的生态模式为世界特别是生态社会主义者所赞誉，但其模式是在粮食和资源能源危机的背景下也即倒逼出现的。在古巴社会主义建设的"特殊时期"，人们出于温饱需要、政府出于维护社会稳定发展需要，十分注重有机替代、都市农业等绿色生态模式的建立和发展。但随着古巴经济的恢复及世界局势的不断发展，古巴的绿色生态的建设举措不再是建立在缓解粮食危机、能源短缺等基础之上。人们自发自动进行的生态建设出现了暂缓甚至停滞的现象，当前古巴多数的生态建设不再是作为解决温饱的主要手段，更多时候是一种对外宣传以及生态旅游的特色展示，缺乏系统理论已是古巴绿色生态模式持续发展的重要掣肘。在未有系统理论指导的情况下，国家进行生态治理仅基于法律和政策手段，人们进行生态实践仅出于传统习惯和生活需求，这是一种尚未成熟的绿色发展，也正因此，古巴在统筹经济发展与生态治理、协调国家发展与人民需求之间的关系方面存在着严重不足。古巴当前要保持并持续推进绿色发展，就必须建立起一套符合古巴基本国情的绿色发展理论，只有在系统的理论支撑和指引下，才能够促进古巴兼顾经济与环境的发展，古巴才能真正实现向生态文明社会的顺利转型。

（二）政府生态环境管理治理不到位

在没有系统的绿色发展理论的指导下，古巴共产党和政府对绿色发展的建设缺乏精细的规划，对绿色发展的思想意识也不强，对古巴国内生态环境的治理和管理也存在着不到位的情况。以哈瓦那为例，在多年的经济制裁之下，古巴政府更多的是考虑粮食供应等人民基本需求的保障，而对一些公共设施的维护、城市环境等缺乏有效的管理。城市房屋得不到良好的维护和修缮，公共道路空间或设施被居民挤占，城市的管理并不是基于系统的可持续的建设规划，更多时候来自旅游业的发展需要。未做精细规划的政府管理注定是不到位的，当前，古巴的绿色发展展现在众人眼前的更多是具体的有机替代措施、都市农业发展等分散的实践成果。古巴尚未形成一整套关于绿色发展的建设规划，在决策方面及制定措施方面缺乏兼顾地方特点的统筹思量，在落实等方面缺乏行之有效的推进举措，在治理生态环境方面缺乏深远的计划和长远的思考。古巴要继续推进绿色发展，并实现经济与生态之间兼顾的、平衡的可持续发展，则离不开古巴政府在生态环境治理与管理方面的精细规划和长远认识。政府的管理在绿色发展中起到了一个承上启下的、承接思想的引领传达、培养民众环保意识的重要作用，因此，古巴政府在生态环境的治理与管理方面到位与否于绿色发展前景而言至关重要。

（三）公民生态可持续意识有待加强

目前，古巴的经济发展与"特殊时期"相比有了很大的改善，人民的生活水平也在逐步提高。虽然生活水平在提高，人们对物质的需求在不断增加，但是，保护环境和实施可持续的生态建设的意识并没有因此得到充分提升。这就是我们常说的文化堕距。辩证唯物论的观点认为，物质文化决定了非物质文化，而非物质文化一经形成，则会相对独立和稳定。一般而言，物质技术和其他方面的变化在此之前发生，并且遵循非物质适应等文化变化在此之后才会发生的规律。文化堕距现象在古巴社会主义绿色发展建设中通过公民的生态环境保护意识的滞后现象反映出来。古巴人民缺乏对生态绿色发展的深层次认识，当然部分原因在于国家尚未形成系统的绿色发展建设理论，大部分民众将绿色种植、有机种植看作为了满足生活的基本需要。而当基本需要已经得到满足，在新自由主义思潮的侵蚀下，人们很容易产生虚假需求。对高消费的生活方式的追求，已在古巴民众中出现，这种以虚假需求为基础的经济发展必然与绿色发展建设的初衷相悖。因此，古巴要继承当前保留下来的优秀的绿色发展建设经验，"把人的整体的发展融入自然的范围内，而不是通过创建虚假的需求来发展社会"[1]，要通过增强公民在生态方面更深层次的认知意识，协调生活基本需求和自我价值实现之间的平衡，在自然的范围内，合理利用资源，满足真实需求，这才是绿色发展的实际展现。

（四）尚处于农业化向工业化的过渡期

古巴当前处于中等发展中国家的行列，国内的经济建设重点放在农业的开发建设方面，社会整体处于农业社会向工业社会的过渡时期。总的说来，古巴在社会主义建设和改革的过程中，工业成分较少，对自然资源的危害尚未构成致命威胁。经济发展的制约在一定程度上减少了对自然生态环境的破坏。但这并不意味着如西方某些极端的生态主义者所说的，要回

---

[1]　Pamela Stricker, *Toward a Culture of Nature: Environmental Policy and Sustainable Development in Cuba*, Plymouth: Lexington Books, 2007, p. 118.

到农业社会早期，坚持生态中心主义，无视当今社会发展对工业、市场的需求。世界上有不少情况类似于古巴的国家，在工业化社会尚未完全形成时期，对自然的控制与破坏都依旧保持在临界值之内。古巴政府也看到了这一现实的局限性，意识到处于农业社会对国家发展的制约，因此，以迪亚斯-卡内尔为代表的新政府上台后，采取了一系列改革措施，通过加强国内经济建设、促进国家外交多元化等手段，力求加快社会进步的步伐。但在这一过程中，古巴必须清醒地意识到，工业化经济的发展必然会对生态环境造成大规模的破坏，在向工业化国家过渡过程中，如何始终坚持生态环境保护，制定并推行绿色发展建设的规划，是古巴政府应该也必须要考虑的问题。

二 古巴绿色发展面临的现实挑战

古巴内外交困的现实处境决定了在绿色发展的建设过程中必然会受到相当的限制，现实的局限导致古巴目前尚未完成向新的社会主义文明形态的转型，甚至可以说，转型之路刚刚起步，距离成熟还相当远。当前，古巴绿色发展面临的现实挑战主要体现在以下几个方面。

(一) 领导层的更迭影响绿色发展

菲德尔·卡斯特罗被誉为一个理想的社会主义者，是传统社会主义理论的忠实信仰者和勤奋实践者。[①] 他在古巴革命以及古巴社会主义建设中，坚持要让全体古巴人民享受到社会主义的优越性。从多年来古巴所坚持的免费医疗和教育政策来看，菲德尔·卡斯特罗成功地实现了这一目标。菲德尔的认真思考、紧跟形势、长期学习使得他在执掌古巴政军大权 47 年中始终深受国人的拥护和爱戴，古巴人民理解他，也支持他。当古巴社会主义迈进 21 世纪之时，古巴共产党的政权迎来了第一次交替，2006 年，劳尔·卡斯特罗接棒菲德尔，成为古巴的新任掌权人。劳尔的上台，给古巴的社会建设带来了诸多变化，特别是在经济建设方面，古巴共产党先后召开六大和七大，提出了社会主义模式的"更新"，并以此制定了一系列经济社会模式的纲领和政策。古巴模式的"更新"取得了显著成就，经济发展水平有所提高，人民生活质量有所提升，但在模式"更新"的过程中也遇到了不少问

---

① 赵荣宪、杨锡军：《卡斯特罗时代：中国大使亲历纪实》，欧阳媛等译，外文出版社，2018，第 3 页。

题与困难。2018 年 4 月 19 日，古巴召开第九届全国人民政权代表大会，会上选举现年 58 岁的米格尔·迪亚斯-卡内尔为新一任国务委员会主席兼部长会议主席。至此，古巴正式开启第二次国家领导人的新老交替进程。值得一提的是，此次的政权交替使古巴告别了卡斯特罗时代，全新的领导集体、"二元性"的政策走向、第三次宪法修订成为迪亚斯-卡内尔上台后古巴政治的新发展。以上现状和正在实施的举措，为古巴的未来发展路线增添了许多综合因素。领导层新旧交替、宪法的全新修订也成为古巴能否顺利地继续坚持推行绿色发展的一大挑战。

1. 新政府的"二元性"政策走向

在过去几十年的社会主义革命和建设的过程中，古巴在卡斯特罗兄弟的领导下，学会了如何在资本主义国家的包围下生存，积累了一套经验。预计新领导人迪亚斯-卡内尔将继续推进这一经验。这套经验的特点就在于其凸显的"二元性"特征，迪亚斯-卡内尔政府准确地认识到，菲德尔·卡斯特罗继承传统的社会主义思想抵制全球化，劳尔·卡斯特罗承担起继续指引革命的使命，适应外资和贷款、允许国内市场和非国有经济的扩大，以及采用现实主义外交政策适应全球化。西班牙《国家报》等西方媒体报道称，在由迪亚斯-卡内尔代表的新统治精英上台后，其试图通过"抵抗+适应"和"菲德尔+劳尔主义"的双重整合来扭转之前的片面政策走向，在加强对国内经济体制的控制的同时，将规范自营就业和非国有产业的发展。新政府将以后革命时代从未出现过的方式向外国投资开放古巴市场。① 古巴将进行包括修改宪法在内的一系列国家战略的制定和修改，以适应这种二元性的发展。如此可以确保政治权力和制度重组的顺利过渡，但也可能导致难以控制的内部冲突。不同于劳尔执政思想的全新政策走向为古巴未来绿色发展的持续建设增添了许多不确定因素。首先，古巴作为一个社会主义国家，十分强调政府的主导作用，绿色发展的建设在古巴离不开国家的理念指引和政府的政策指导，劳尔时期提出的都市农业政策就成为古巴当时绿色发展的主要指针。因此，领导层的更迭导致发展方向的模糊，会对绿色发展的持续稳定推进造成重大影响。其次，新政府

---

① Rafael Rojas, "La dualidad cubana—Díaz Canel mezcla resistencia y adaptación: refuerza el control económico pero también abre Cuba al capital extranjero", https://elpais.com/elpais/2018/10/05/opinion/1538752258_340275.html.

为凸显经济发展的重要性，对个体户、私企和非农牧合作社等采取放宽政策，加快经济增长的同时，也诱使人们更多地开采、开发、利用自然资源。新形势下的古巴政府和人民能否继续保持绿色发展的初心，也成为今后能否顺利实施绿色发展的一大考验。最后，此次迪亚斯-卡内尔政府上台后颁布的新政策和新举措被称为古巴的一场"权力发生象征性变化的全新革命"①，甚至部分极端的西方媒体宣称，这是古巴放弃社会主义道路、发展国家资本主义的信号。在众多质疑声中，如何消除众人疑虑，坚定社会主义之路不动摇，成为以社会主义制度为基础而进行绿色发展的古巴政府未来最需要留意的关键点。

2. 第三次修宪以适应模式"更新"

随着迪亚斯-卡内尔新政府的上台，古巴全国人民政权代表大会定于6月2日开始审议宪法修正案，并进行相关研究和讨论。自革命胜利以来，古巴政府颁布了基本法（1959年）和宪法（1976年）。1976年，在经由公民投票后通过并实施的宪法分别于1992年和2002年经历了两次修正。此次为古巴共和国历史上的第三次宪法修订，相较之前，这是自1959年古巴建国以来"首次进行的涉及经济问题的修宪"。拉美和古巴研究专家认为，古巴正在经历"经济和社会模式的更新"。自政策调整和"更新"以来，原有的古巴宪法已经无法完全覆盖国内发展形势。这成为古巴宪法修正的重要背景。② 此次修订涉及经济、社会、司法等诸多方面，更首次深入涉及经济的发展问题，试图以此缓解古巴更新、更开放的经济模式与受国家法律体系严格控制的社会经济之间的矛盾。古巴至今仍是整个拉丁美洲地区唯一一个消灭了饥饿的国家，人均78.3岁的预期寿命、99.9%的识字率和接近1.8公顷的人均生态足迹使它成为全球唯一符合世界自然基金会可持续发展定义的国家。③ 然而，苏东剧变后的几十年，古巴的经济发展起伏不稳，目前国家仍以"计划经济"为主，85%的劳动人口仍然在国有部门与农业合作社中工作，但私营经济越来越成为古巴经济中的重要组成部分。在修宪的推动

---

① Ricardo Mir de Francia, "Cuba pasa página a los Castro", https://www.elperiodico.com/es/internacional/20180418/cuba-se-prepara-para-el-relevo-de-raul-castro-6766251.

② 《古巴着手第三次修宪，首次涉及经济问题以适应模式"更新"》，https://baijiahao.baidu.com/s? id=1601849579579565217&wfr=spider&for=pc&qq-pf-to=pcqq.c2c。

③ 《古巴修宪进行时：肯定私有财产、不再提"实现共产主义"》，https://baijiahao.baidu.com/s? id=1607043243627574575&wfr=spider&for=pc&qq-pf-to=pcqq.c2c。

下，"变革之轮"已经启动。宪法的修订，对私营经济的肯定将对古巴的可持续发展建设造成最直接的影响，要想平衡经济与生态之间的发展，宪法的理念与政策制定至关重要。当前，第三次修宪中另一引人注目的关键是，虽然新宪法重申了古巴政治、经济和社会制度的社会主义特征，古巴共产党是社会和国家的主导力量，国有企业是国民经济的支柱；但原本1976年宪法中列出的"在共产党的领导下，为建立共产主义社会而继续前进"的文字却被删去，只保留了"古巴共和国是工人、农民及其他体力劳动和脑力劳动者的社会主义国家"①。正是这一举措引起了国内外学界和政界的强烈关注和诸多猜疑，也为古巴未来的发展该何去何从增添一分阴影，而古巴能否在此次变革中顺利向绿色发展的社会转型，也多了些不确定性。因此，古巴此次修宪后形成的新局面将对绿色发展产生深远影响。

（二）经济建设与绿色发展难协调

当前古巴的发展中，私营经济越来越成为古巴经济中的重要组成部分。私营部门的开放并不是现在才开始，早在劳尔·卡斯特罗掌舵期间，古巴的私营经济就得到了飞速发展，"古巴有30%的人口在私营部门工作，这些私营经济大量存在于机械车间、小型手工艺商品店以及哈瓦那等城市的私人餐馆"②。经济的发展提高了人民生活水平的同时，也开始逐渐改变人们关于绿色生态农业建设的一些观念。在特殊时期，食物的紧缺让古巴人民别无选择，被动地在自家庭院种植有机健康又实惠的瓜果蔬菜，这些低碳环保生活理念随着经济的发展和对私营部门的政策松动及放宽，将会受到严重的冲击。同时，人们的生活追求不再限于温饱，旅游行业的兴起和繁荣带来的巨额收益，工业化农业生产重新进入古巴人民的视野等一系列随着经济变革而发生的改变，成为维持人与自然和谐发展的一大威胁，如何平衡古巴经济与绿色发展之间的关系是古巴政府需要面对的最紧急的挑战。

1. 人民生活目标发生转变

在多年的经济制裁下，古巴曾经历日常用品、建筑材料等极为短缺的时期。那时人们的生活以温饱为目标，物品的供应以满足基本需要为准。在这

① "Carta Magna con intencionalidad transformadora y sensibilidad política", http：//www. granma. cu/cuba/2018 - 07 - 23/carta-magna-con-intencionalidad-transformadora-y-sensibilidad-politica-23-07-2018-00-07-01.

② Ricardo Mir de Francia, "Cuba pasa página a los Castro", https：//www. elperiodico. com/es/ internacional/20180418/cuba-se-prepara-para-el-relevo-de-raul-castro-6766251.

样艰苦的环境下，超越那个时代的绿色环保和节俭的绿色发展理念根植于古巴人民生活的方方面面。如今，古巴政府意识到经济发展的重要性，对非国有的部门有条件地逐步放开，人民在时代潮流不断的洗刷中，看到一种当下超越温饱的生活方式。因此，在古巴的城市中有这样一幕幕诡异而又和谐的景象：古城里布满了各种有故事的老房子，国营商店的柜台里散发着乏味的气息，商品种类稀缺；但一转角，却能看见一幢华美的大楼，售卖着来自国外的奢侈品，而它们的消费者则是城市中的"新贵"，不少是民宿和私房菜餐厅的经营者。不止于温饱的追求，使得一部分古巴人民的生活目标发生转变，他们开始追求高消费的生活方式。虽然近年古巴国内社会福利保障尚属健全，官僚阶层特权也还比较有限；但是少数私人企业主和特权阶层的财富在过去二十多年以惊人的速度进行积累，目前古巴有近 60 万劳动力在私营行业就业，占古巴整体劳动力约 13%，比 2010 年时多了约 4 倍。① 近十年来，古巴新兴的中产阶级创造了许多成功且颇有利润的商业模式，包括开设餐馆、旅馆、鞋店，销售化妆品等。餐饮业已成为 2016 年古巴私营经济中最赚钱的行业。虽然古巴仍然是世界上相对收入最为平等的国家之一，但如今的古巴贫富差距变得越来越大却是一个无法回避的事实。财富的过于集中违反了绿色发展的基本原则，人民生活方式的转变本身没有问题，但转变过程中对高消费生活方式的信奉和追求以及逐渐失去的对生态环保和绿色发展的重视不得不引起我们的关注，因为这将从本质上影响古巴长久的绿色发展。

2. 旅游行业的高速发展是把双刃剑

古巴在革命胜利之前就有旅游业，那时大量的游客来自美国，到古巴旅游的目的是嫖娼、吸毒和赌博。古巴革命胜利后，由于根本上深受美国经济制裁的影响，以及为了避免潜在的社会和政治风险，旅游业一度不再被视为国家经济发展的可行性选择。这一时期古巴为数不多的酒店只是用来接待本国居民以及以社会主义国家为主的代表团。苏东剧变使得古巴骤然失去苏联的援助，古巴政府逐渐意识到单一的产业依赖无法支撑整个国家的正常运转，旅游业的兴建和发展将成为新的外汇收入来源。古巴自 20 世纪 90 年代开始大力发展旅游行业，1995 年起，旅游行业的收入首次超过蔗糖产业，

① 《古巴修宪进行时：肯定私有财产、不再提"实现共产主义"》，百度，https://baijiahao. baidu.com/s? id=1607043243627574575&wfr=spider&for=pc&qq-pf-to=pcqq.c2c。

成为外汇收入的主要来源。近年来，随着古巴以都市农业、生态环保等标签重新被世人关注，古巴旅游行业开始进入以生态保健旅游为特色的高速发展阶段。因资金缺乏而无法大修大建的古建筑和博物馆等"因祸得福"，得以保持原貌，成为吸引国际旅游者的一大特色。但打着生态旅游旗号的古巴旅游行业，在高速发展的同时也给生态环境造成了不小的负担，古巴政府支持全力开发旅游行业的潜力，在 1990 年至 2000 年十年间，古巴对旅游行业的投资达到 35 亿美元。大型酒店、国际机场的扩建和更新，允许私人出租房屋作为旅游民宿等一系列举措在一定程度上破坏了原有的生态稳定。同时，人们对旅游行业的认识也在逐渐发生变化，从事旅游业人员的收入与从事工业或政府人员收入之间存在着较大的差距，科学家、医生和其他受过高等教育的人可以通过充当接送游客的出租车司机或导游赚取高于他们本职工作十倍的工资。因此，古巴社会因旅游业的兴旺而得到发展，也恰恰是旅游业导致已成型的社会认识遭到破坏，"古巴所取得的社会进步也因此正在发生在贬值"①。由旅游行业的双刃剑效应而引发的对于如何平衡经济发展与生态环境保护、如何协调社会进步与提升公民意识的反思，值得古巴政府谨慎而全面考虑。

3. 农业生产与经济需求间的矛盾成为潜在危机

古巴重视农业的绿色发展，并将其作为一项新的措施引入国家激励政策中，以此提高古巴农民进行生态农业作业的积极性。经过多年努力实践，古巴农业生产者的要求得到了极大满足，不仅表现在经济方面，更在环境以及利用资源等方面得以体现。但现实是残酷的，当前古巴的农业仍然是古巴经济的薄弱环节，总体单一种植的条件下，农业多样化的发展进程并未发生根本性飞跃。农业生产与经济需求的矛盾成为绿色发展的潜在危机，其主要矛盾如下。一是古巴国内可利用的自然资源的缺乏与农业生产者在生产过程中不断增加的需求的矛盾。由于一直处于内忧外患的国内外环境中，古巴在燃料、化肥、农药、生物肥、虫害防控、运输工具等资源和基础设备的供应方面存在严重不足，并不能满足当前农民生产的需要。二是在以上这组矛盾的影响下，传统农业与非传统农业或生态农业生产之间的矛盾也逐渐凸显。传统的使用化肥、农药的单一种植农业产量高于生态农业，农民并不会完全依

---

① Pamela Stricker, *Toward a Culture of Nature: Environmental Policy and Sustainable Development in Cuba*, Plymouth: Lexington Books, 2007, p.131.

赖生态农业；都市农业的持续发展受到限制，少数古巴左翼分子认为，"这种自己的食物自己种的想法，似乎是暂时的，现在我们又开始使用石油和化学物，在 90 年代，有一个积极的谷物多样化与有机栽种的运动，因为那时候这些是必要的，而现在的矛盾是，这些专家去世界各地谈论古巴有机农业时，古巴自己却在愈发远离有机生态的模式。"① 三是农业生产在计划与市场间的矛盾并未得到缓解，改善基础服务的可能性取决于国家的集中体制，自由市场对此几乎不产生影响。② 国家的集中计划体制限制了购买力和销售力，与市场的需求关系逐渐紧张化也影响着古巴生态农业的持续发展。

（三）美古关系复杂阻碍绿色发展

古巴与美国的关系一直处于冷热交替中，奥巴马上台后美国与古巴关系取得历史性的突破，美古关系缓和局面的出现为古巴的生态旅游带来了大量的游客资源，古巴旅游业一度繁荣。但随着美国最新一任总统特朗普的上台，美古关系再度转冷。在特朗普强硬表态下，美国驻哈瓦那大使馆大幅削减工作人员规模，并停止向古巴民众发放签证，对两国关系造成沉重打击。"古巴民众认为，奥巴马执政时，两国关系的重建使得美国和古巴的关系向前迈进了一大步。但现在，因为特朗普的心血来潮，事情变得比以往任何时候都糟糕。"③ 特朗普在与古巴外交关系方面逆转了奥巴马政府的政策，直接影响古巴的经济、社会的稳定发展。许多美国人在这样的政策背景下选择远离古巴，"根据政府数据，2018 年第一季度，前往古巴的非古巴裔美国人的人数下降了近 60%"。④

在美古关系转冷的困境下，游客的大量流失产生了一系列的连锁反应，古巴的生态旅游业遭到严重打击，经济发展受到多重阻碍，有机农业等生态项目的输出和引进也受到影响，古巴绿色发展的外部环境面临严峻挑战。对美国与古巴外交关系的冷处理，直接影响古巴未来经济社会的发展速度与进程，如何采取有效的应对措施成为当前古巴新任领导人亟须解决的问题。这项决策的成功与否也间接影响古巴绿色发展能否顺利地开展。因此，古巴政

---

① 〔美〕比尔·温伯格：《"特殊时期"造就的古巴生态模式，还会延续下去吗》，谢一谊译，https：//www.thepaper.cn/newsDetail_forward_1900341。
② 陈美玲：《古巴农业革命》，社会科学文献出版社，2013，第156页。
③ Azam Ahmed, "Cubans Doubt a Change at the Top Will Bring Change at the Bottom", https://www.nytimes.com/2018/04/21/world/cuba-castro-diaz-canel.html.
④ Azam Ahmed, "Cubans Doubt a Change at the Top Will Bring Change at the Bottom", https://www.nytimes.com/2018/04/21/world/cuba-castro-diaz-canel.html.

府以何种姿态和举措应对美古外交复杂而又不稳定的关系，也构成古巴能否持续推进绿色发展的一个重要拐点。

第二节　古巴绿色发展应采取的时代应对

在总结、分析古巴绿色发展所取得的成效以及面临的现实挑战的基础上，笔者认为，古巴在未来绿色发展过程中，应该根据时代需要，顺应国际形势，给出合理、可行的应对之策。在当今瞬息万变的时代潮流中，拥有清醒的认识、找准发展中的定位，总结经验、结合新时代进行特色发展，面向国际、注重多元化发展的作用等都是时代应对策略的主要方面。

一　找准发展中的定位

告别卡斯特罗时代的古巴正站在时代发展的十字路口，历史的经验教训告诉我们改旗易帜不是解决当前社会问题的出路，而只会导致国家的分裂及社会的崩塌。一方面只有坚定信念，坚持社会主义的基本制度不动摇才能够在多变的潮流中站稳脚跟，实现社会发展，这是古巴作为一个社会主义国家在建设中必须要找准的一个定位。另一方面，社会的不断发展需要我们向前看齐，而不是固步自封；但也要重视在发展过程中带来的生态安全问题，古巴的发展不能走西方资本主义国家以及"第一时代"的社会主义国家的老路：单方面追求经济的高速发展，无疑会导致生态危机的爆发，不考虑环境污染将如同恩格斯所言要承受来自大自然的无情的报复。因此，古巴积极推进社会主义建设之时，首先要有清醒的认识，找准发展中的定位，寻求经济建设与生态环境的协调发展才是继续保持该国绿色发展优势的正确时代应对。

（一）社会主义是不可动摇的基本制度

古巴新任领导人迪亚斯-卡内尔上台后做出的第一项改革即是对古巴宪法进行第三次修改。其中最引人瞩目的是将"在共产党的领导下，为建立共产主义社会而继续前进"的文字表述删除，只在讨论文案中保留"古巴共和国是工人、农民及其他体力劳动和脑力劳动者的社会主义国家"。这一改动引起了世界范围的关注，特别是部分西方极端分子直言古巴将放弃社会主义制度。古巴领导人也通过媒体强调了古巴会继续坚持社会主义制度，语言的调整只是为了更加适应当今复杂的时代发展需要，如西班牙媒体就曾转述古巴领导人的话语，认为"对宪法的修订自 1991 年以来就已开始，现在我们需要进行更加深刻的变革。但对宪法的修订讨论必须要注重在古巴作为一个社会主义国家的情况下施行缓慢的开放经济路线，同时也要将民族传统等因素融入其中"①。但这一举动无疑让学界及世人认为古巴未来的发展方向及趋势变得模糊，古巴的绿色发展举措是建立在社会主义制度基础之上的，这是基本条件。古巴如今站在时代变迁的十字路口，如果无法明确发展方向，坚持继续走社会主义道路，那么其绿色发展进程将会受到严重阻碍，向生态文明型的社会转型也将遥遥无期。因此，古巴共产党和政府必须对当前的发展形势有着清醒的认知，坚定地站在社会主义的立场上，如此才有可能持续推进绿色发展。社会主义在生态环境保护、可持续建设方面有着资本主义无法比拟的优势，古巴共产党和政府应该意识到这种优越性，并充分发挥其优势，结合已有成果进一步调整措施，采取更深层次、更长远的绿色发展建设规划。这才是古巴未来在发展过程中应该坚持追求的绿色发展之路。

（二）经济建设要与生态环境协调发展

所谓的绿色发展并不同于西方一些极端的生态环境保护主义者所认为的要保护环境就要牺牲人们的正常生活水平、回归原始，而是要在以人为本的理念下，使经济发展水平保持不变的同时强调人与自然的和谐相处，人可以利用自然，但必须是合理的、可持续的开发利用，这才是绿色发展的本质。古巴自"特殊时期"开始逐步实施的绿色发展实践举措为古巴的社会主义建设创造了巨大优势。当前，古巴是更加注重经济的发展，还是在计划经济体制下继续维持社会运转？显然，古巴共产党和政府已经做出选择，新任领导人迪亚斯-卡内尔就表示，"在深化古巴模式的'更新'方面，当务之急是要加快实体经济的发展"②。在这样的局势下，如何兼顾生态治理与经济发展、如何统筹经济效率与社会公平，成为未来古巴绿色发展最需要厘清的问题。古巴当前不仅面临着经济改革、宪法修改等国内复杂的发展现状，更必须时刻应对国际形势包括拉美形势的新变化，这就需要古巴共产党和政府在坚定社会主义制度不动摇的同时努力寻求兼顾经济发展与社会公平正义，也只有这样才能完全实现古巴共产党在七大上制定的关于"更新"古巴社

---

① Abel Gilbert, "Cuba impulsa una reforma de la Constitución", https://www.elperiodico.com/es/internacional/20180603/cuba-impulsa-reforma-constitucion-6854918.

② 徐世澄：《古巴国家新领导人迪亚斯-卡内尔主席的历史使命》，《当代世界》2018 年第 6 期。

会主义经济社会模式的理论中所提出的目标：建立一个独立、主权、民主、繁荣和可持续的社会主义国家。

2018 年，古巴召开第九届全国人民政权代表大会，新领导人的上台标志着古巴告别卡斯特罗时代。迈向新时期，古巴面临的主要问题与挑战是：首先，社会主义"模式"更新进程缓慢，经济增长效果不明显，进而影响人民生活的改善和物资供应；其次，古巴经济并没有完全摆脱对外的依赖性，多年来，支撑古巴经济的依旧是劳务出口和旅游产业，实体经济发展缓慢、能源短缺、粮食依靠大量进口、基础设施落后都是古巴当下经济建设的困境；最后，古巴特有的货币和汇率双轨制严重影响古巴经济的发展，劳尔·卡斯特罗主政时期曾多次提出要取消双轨制，但至今仍未有具体的可行性实施计划。迪亚斯-卡内尔上台后，面对经济建设的诸多问题，宣称要大力发展国内实体经济，将古巴经济工业化建设和发展提上日程。这一举措无疑是促进古巴发展、提高古巴人民生活水平的良策，但笔者认为，古巴共产党和政府应该清醒认识到经济工业化建设不能以牺牲生态环境为代价。古巴之所以被西方生态社会主义学者所推崇，是由于其可持续的生产生活方式获得认可。古巴政府应在经济建设的过程中，充分考虑生态环境的保护与发展情况，做到经济建设与保护生态环境相协调。就目前的古巴而言，其实现的可能性将大大高于西方部分已身处生态危机困境的资本主义国家。把握时机、找准定位，在未来的经济建设和发展中制定出充分的生态环境保护与绿色发展策略，是古巴未来模式"更新"之路的风向标。

（三）社会公平正义是未来发展的主模式

古巴当前的经济体制依旧是计划经济，但从 1993 年开始，随着自由市场的扩大和整体上市场销售权的下放，古巴的私有企业和对外贸易开始逐渐兴起。当前古巴政府领导层的新旧交替以及宪法的第三次修订等新局势进一步打破了原有的高度集中的社会主义经济体系。古巴开始意识到适当放开市场给经济社会带来的积极作用，相较于劳尔·卡斯特罗时代的社会主义模式"更新"，新政府改革的步伐可能会有所加快。这就意味着，追求社会的公平正义极有可能成为未来绿色发展的核心思路。

从广泛的意义上而言，古巴目前的经验已在某种程度上充分体现古巴共产党和政府对坚持社会公平正义的重视程度：古巴自革命胜利以来始终坚持免费医疗和免费教育，在推行有机农业、替代农业等改革生产中给予充分的奖励。但笔者认为，未来对社会公平正义的追求不仅是人们可以公平得到生存发展的机会，更多的是与自然之间的和平共处，发现自然的美，平等地感受自然带给我们的一切，同时也回赠自然我们能给予的辅助；对古巴而言，最主要的是要"在普通民众中培养对大自然的欣赏的意识与品味，这对国家和政府实现公平的、民主的土地使用等决策起到至关重要的作用"①。人类在生产活动的过程中必须权衡效用、责任和美的问题。"人类在土地使用等方面的问题，有人认为，通过道德标准或偶尔反对的功利主义进行衡量对土地的管理及维护是非常有效的，而作为一种从美的、责任的角度出发去考虑则显得不那么重要。"② 当前古巴人民已经摆脱了"特殊时期"带来的粮食紧缺等问题，未来的发展最重要的是在古巴人民群众中形成更深层次的生态环境保护意识，共同促进绿色发展。此外，还要兼顾代际公平，即在自然开发和利用的过程中，不仅要考虑到当代人的生活需求，还要考虑到子孙后代与自然之间的和谐共处。这些才是社会公平的根本体现，才是未来古巴绿色发展的主要模式。

二 结合新时期的特色

古巴的革命是成功的，古巴的绿色发展实践成效是被赞誉的。古巴在新时代的发展中要站稳脚跟，就必须总结已有的经验，结合时代新发展做出一定的战略性调整，以应对当今复杂多变的局势。苏东剧变后的古巴在发展方式上做出的改变曾为古巴社会主义的生存和发展带来新的生机与活力。历史的发展与变迁是如此惊人的相似，当前的古巴又一次站在了发展的十字路口，继续坚持绿色的发展模式、实现向可持续发展社会的顺利转型，需要古巴政府和人民的共同努力。

政府方面，首先，需要继续更新粮食生产中的劳动关系。1993年，古巴政府已将国有农场调整为合作农场。把原来所有者与使用者并有的国有农场转变为以政府保留土地所有权的合作社。在合作社中，农民可以免费使用土地。这种方式改变了原本土地大量闲置浪费等情况。得益于此次政策转向，古巴的农产品体系避免了崩溃的危险。但近年来，古巴的农牧业等生产出现了减产及不稳定等现象。古巴国内就政府是否需要采取促进商业或货币

---

① Aldo Leopold, *Round River*, New York: Oxford University Press, 1953, p. 149.
② J. Baird Callicott ed., "The Land Aesthetic," *in Companion to a Sand Country Almanac: Interpretive and Critical Essays*, Madison: Wisc.: The University of Wisconsin Press, 1987, p. 158.

调整等的策略以取代进口依赖存在着较大的争论。政府在农业方面的计划没有达到预期效果，粮食供给仍旧以食品进口为主。因此，需要政府再次做出调整，更新劳动关系，重点转向可持续的有机耕作，并适当允许财富的积累，放宽限制，减少对外依赖。其次，可采取多样化的分配方式。古巴政府曾通过发放配给卡给穷苦民众，以确保他们能够得到最低限度的粮食。这一方式在"特殊时期"为保证古巴人民的基本生活需要提供了必备保障。但这种有区别的扶助与优待、国有占绝对主体的"社会主义优化模式"已无法适应古巴如今的发展。当前，古巴政府新领导上台，宪法也正进行第三次修订，从党政方面看都是一个全新的机遇和挑战，古巴政府应改变国有占绝对主体的状态，发展多样化的分配方式，坚持可持续替代等农业方式，并合理地利用资本与市场等资源，以调动古巴人民的积极性，实现古巴经济社会与生态环境的双向发展。最后，积极实施推进可持续生态农业等方面的激励措施。对传统农业的生产，古巴政府对化肥与农药进行强制性的规范使用，并给予一定的使用补贴，对单一种植作物的高产也会给予奖励。近年来，随着可持续生态作业逐渐被古巴人民接受，政府更应采取积极措施，注重可持续有机作业能力培训，加强生态技术在农民间的推广。同时，对国外先进的、有利于经济发展的环保作业方式需要给予足够重视和引进鼓励，拓宽农民与官员在绿色建设上的眼界。

民众方面，古巴人民需要进一步坚持并不断创新实践永续栽培的发展模式。都市农业在古巴的发展非常顺利。有研究表明，在首都哈瓦那，"有一半的蔬菜来自城市内部，在古巴其他城镇，城市菜园能够生产80%~90%的蔬菜"①。但新时期，经济社会的不断进步，需要古巴人民在坚持这一栽培模式的基础上，适应时代发展的需要，创新性地开发都市与农村资源。当前，古巴人民对都市农业的热衷更多是出于吸引旅游观光的游客，对这一模式在绿色生态发展方面的认识还不够到位；同时，古巴的农村仍有大量的土地出现闲置状况。这需要政府足够重视，做出合理的战略调整，还需要古巴人民提升对绿色发展的认知水平，要清醒地意识到，该模式的发展并不仅限于都市，农村的土地上也可以实现绿色的永续种植作业。都市农业的种植不能局限于保证温饱、吸引游客，更重要的是需要从人类命运

---

① 〔美〕梅甘·奎因：《能源危机与古巴的社区农业》，白少君编译，《国外理论动态》2010年第4期。

共同体的角度出发，意识到资源的充分开发利用，能够惠及自身和子孙后代。只有民众的意识到位，才有可能实现创新性发展永续栽培、种植模式，进而实现向可持续发展社会的顺利转型。另外，可以扩展养分循环的空间关系。从"特殊时期"开始，古巴人民通过合作农场内部的养料循环利用，构建了一种人、动物与植物之间协调发展的小型空间关系，这一关系模式充分发挥了生物多样性的优势，也减少了远距离运输养料的需要。这符合当时经济发展状况不佳、人民生活水平低下的状态。古巴经济从 1994 年开始出现恢复性增长，虽然 2016 年首次出现负增长，但整体经济状况相较于苏东剧变时期有明显好转。如今，古巴政府开始逐步放宽私有属性的经济限制，市场的活跃度逐渐上升，人民完全可以在合理利用市场资源的基础上，扩大养分循环的发展空间，通过将合作农场内部的循环利用扩大到农场之间等举措，逐步实现养分等资源循环利用空间的不断扩大，发挥高效生态系统的功能。

三　注重多元化的运用

古巴虽为一个社会主义国家，但其长久被殖民的历史决定了古巴无法完全摆脱对大国的依赖，同时，地理位置的局限也决定了古巴在资源方面无法完全实现独立自主。在新领导人上台之际，古巴的发展迎来了新的历史机遇和挑战。当下，要顺利进行绿色发展，就必须改变过度依赖大国的状态，面向国际，注重多元化的交流。不仅要坚持加深与中国等社会主义国家的合作，更要注重与资本主义国家的接触。运用多元的交流，拓宽可持续发展的平台，为绿色发展提供更多的外力支持，也是保证建设顺利实施的重要策略。

（一）与美国保持既对抗又合作之势

自殖民时期开始，古巴对美国无论经济上还是资源上都存在着一定的依赖，过度依赖更一度致使古巴陷入危机边缘。这种对大国依赖的特征是每个被殖民国家都存在的。古巴在革命胜利后，虽然摆脱了美国的控制，却转向依赖苏联，这也是在苏东剧变期间，古巴身受重创的主要原因之一。进入 21 世纪，古巴的发展开始逐渐向多元化转变，但与美国的接触仍是对抗性状态居多。这种情况在 2015 年发生了重大转变，古巴和美国恢复了外交。自 2016 年 3 月初以来，奥巴马访问古巴，两国关系开启正常化进程。但好景不长，随着特朗普的上台，美国对古巴采取了较之前更为强硬的政策，美古关系正常化进程遭到逆转。这对于正在恢复性发展经济的古巴而言，是一个沉重的外部负担。美国限制当地公司与古巴军队相关企业进行交易，并限制美国公民访问古巴，不仅给古巴经济造成不小的打击，更重创了古巴旅游业。以生态旅游、绿色出行闻名的古巴，一半以上的访客来自美国。因此，如何在又一轮复杂的美古外交阶段处理好与美国的既对抗又合作的关系，保证绿色发展顺利展开，是新时期古巴须慎重考虑之事。古巴必须坚决抵制来自美国在制度、意识形态等方面的攻击，只有保持这种对抗之势，才会有稳定的生存空间。但与美国在环境保护等方面的民间合作依然不能放弃。同时，作为一个超级大国，美国在绿色农业方面的具体操作和实施经验，也可以成为古巴有机农业的借鉴案例。积极吸取、引进美国在这些方面的实践经验，对古巴的绿色发展而言有着诸多裨益。及时调整对美国的应对之策、主动吸收有利于绿色发展的农业经验和管理方式是古巴新时期外部关系方面的关键之举。

（二）与中国等国加强友好往来

古巴在苏东剧变时期受到重创，但其他社会主义国家对古巴的帮扶从来有增无减。近年来，随着在拉丁美洲的第三世界国家盟友——委内瑞拉等国——发生经济危机、右倾势力抬头，这些国家对古巴的援助大幅减少。但中国等社会主义国家对古巴的支持与交流合作则日益增长。当前，中国与古巴之间在可持续发展领域的合作往来越发频繁，学界、政界、民间都有长足的发展。2017 年 5 月，中国社会科学院马克思主义研究院党委书记、院长邓纯东会见古巴国家科学、技术和环境部生态系统研究所生态学家米格尔·安赫尔·加西亚教授。双方就古巴在生态农业方面的发展经验、中古两国面临的经济与环境问题等交换了看法，并就合作开展社会主义生态农业比较研究等进行了沟通和交流。[1] 2018 年，中国共产党代表团访问古巴，了解上海电气对古巴的投资，考察了古巴遗传工程和生物技术中心，促进中古在可持续发展领域的务实合作。[2] 2018 年 11 月，古巴新任领导人迪亚斯-卡内尔访华，与习近平主席就中古多方合作进行了深入交流。今后，古巴应继续加深与中国等国的合作往来，扩大盟友圈。多边、多元的沟通交流，不仅可以使

---

① 贺钦：《5 月 11 日，院长、党委书记邓纯东会见古巴外宾》，马克思主义研究网，http://myy.cass.cn/tplx/201705/t20170511_3515992.shtml。

② 谈燕：《李强率领的中国共产党代表团 7 月 14 日至 17 日访问古巴 推动上海与古巴在各领域务实合作》，《解放日报》2018 年 7 月 19 日，第 1 版。

古巴获得全方位的支持与帮扶，摆脱过分依赖一国状态下孤立的险境，更可以将已有的有机替代、生物医药等技术传播出去，构建人类命运共同体的生态圈，为世界生态安全贡献一份力。2018 年 5 月，古巴在中国的首家新药研发机构由中古国际生物技术中心在永州签署项目合作备忘录。① 这是新时期古巴的外交之策，也是古巴绿色发展的时代应对。

（三） 与欧盟成员等国确立多元发展之态

中国社会科学院荣誉学部委员、拉丁美洲研究所研究员徐世澄教授指出，被称为 "革命之子" 的新古巴领导人迪亚斯-卡内尔面临着光荣而艰巨的任务。② 古巴当前主要任务是加快实体经济的发展，深化模式 "更新"，在外交领域面对诸多不利转变，必须加强同欧盟成员以及西方其他国家的关系。这一时期的应对之策对古巴在绿色发展领域的建设而言同样适用。西方资本主义国家在本质上是反生态的，制度的内部固有矛盾，决定了它们无法走真正的可持续发展之路。但这并不影响它们在具体的经验举措上采取生态环保的措施，局部改善西方国家的环境。例如，瑞典哈马碧的生态城市样本实验、丹麦卡伦堡生态工业园的建设模式、德国 "绿色农业" 建设经验、新加坡 "新生水" 技术等都是值得古巴借鉴的绿色生态的、可持续发展之策。经济建设对如今的古巴而言是社会发展的重中之重，但亦不能抛弃绿色发展的已有成果。古巴唯有打开思路、拓宽眼界，与欧盟成员等西方国家建立多元的外交生态领域联系，汲取它们在这方面的先进技术经验和治理方案，才能寻到一条符合新时期古巴向绿色发展社会顺利转型的应对之路。

---

① 张华兵：《古巴在中国首家新药研发机构拟落户永州》，《永州日报》2018 年 5 月 29 日，第 1 版。
② 徐世澄：《古巴国家新领导人迪亚斯-卡内尔主席的历史使命》，《当代世界》2018 年第 6 期。

第七章
古巴绿色发展的当代价值
及其对中国的启示

在对古巴绿色发展的探索历程、主要经验与成效、主要特征，以及存在的问题与当前面临的严峻挑战等进行分析总结的基础上，我们已有可能对古巴的绿色发展情况做出基本评价，并对其绿色发展的当代价值进行概括。一方面，它向国际社会展现了一条有别于资本主义国家的缓解生态环境问题的绿色路径；另一方面，它为不同制度的国家展示了环境治理以及可持续发展的新范式。古巴的绿色发展对中国的生态文明建设也有不少益处，特别是在绿色城市建设、永续栽培式的农业发展以及培育民众环保意识等方面都有一定的借鉴价值。

第一节 古巴绿色发展的当代价值

绿色发展模式的兴起和发展与本土化的改革探索是分不开的，绿色发展的建设也要遵循历史发展的规律，遵照本土化的特色。古巴的绿色发展是在社会主义制度的强大保障下，以政府为主导进行的绿色建设。与资本主义国家不同，古巴在帝国主义的长期包围下，依旧坚持社会主义方向，选择独立探索，寻求马克思主义理论与本国实际的具体结合，向国际社会展现了可持续发展的社会主义绿色路径。在政府主导作用下的本土化建设以及将生态建设融入医疗、教育等古巴特色行业的做法也为世界上不同制度的国家提供生态环境治理的新范式。古巴在社会主义建设的进程中抵御住了美国的长期孤立封锁、自然历史灾害的侵扰，以及苏联解体带来的巨大压力，向世界展示了一条绿色的发展道路，具有重要的当代价值。

一 基于马克思主义本土化开展的绿色治理

古巴在菲德尔·卡斯特罗等历任领导人的引领下，始终坚持运用马克思主义进行本土化建设。他们坚持不复制任何他国的模式，要创建一个完全本土化的、基于古巴国家和人民特点的社会主义模式。古巴的绿色发展正是建立在这样的基础上不断改进而取得今日的成就。可以说，古巴持续推进绿色发展是对马克思主义的特色继承，是古巴社会主义本土化发展的必然，也是古巴历史发展的必然。

（一）有机替代，资源能源紧缺下的选择

古巴有机农业的替代技术是古巴领导人和古巴共产党在充分研究当代社会主义替代模式的积极面与消极面的基础上，在资源能源紧缺的历史背景下做出的正确选择。古巴的殖民历史使古巴人民充分认识到单一依赖一种产业所带来的严重后果。苏东剧变时期，古巴是世界第三大产糖国，苏联是其依靠的唯一消费者和唯一出口国家，仅依赖一个国家出口一种基础产品致使古巴陷入了灾难性的局面：古巴糖产量暴跌。糖业的剧变历史表明，寻求多元化的有机替代是摆脱单一种植或农业依赖的最终选择。古巴政府和领导人面对危机，吸取经验教训，较早地意识到当前的策略选择在资源能源紧缺的情况下无法维持国家的正常运转。结合当地农民的传统经验和本土的地理气候，古巴逐步开始推行农业的有机替代；在有机替代技术不断发展完善的基础上，将有机替代从农业扩展到国内的更多产业中。在危机中选择了一条正确的道路——在被孤立的情况下能够实现自给自足、可持续的有机替代资源能源之路。这一道路的选择最初是迫于无奈，但历经几十年的发展，该理念和实践措施已深入人心，人们从被动接受转为主动选择。有机替代特色，是历史发展的必然选择，既符合古巴的国情实际，又成为他国效仿的榜样，值得推广。

（二）都市农业，特殊时期社会主义持续发展的必然

古巴在"特殊时期"面临的最大困难就是粮食危机。劳尔·卡斯特罗在缓解这一危机方面做出了巨大贡献，他被誉为"都市农业"计划的主要创始人和推动者，当时城市中的所有绿地——包括公园、草坪以及花园——都变成了菜园，出产的产品拯救了众多生命。1997年12月29日，在哈瓦那举行的城市农业运动十周年活动上，劳尔·卡斯特罗作为这项重要倡议的

发起者获得了特别证书。① 劳尔的先进理念展现了古巴共产党和政府在社会主义建设方面坚持本土化发展的精神。有了都市农业的开创和发展，加上蜂蜜储存、淡水鱼养殖、替代能源寻求等活动，古巴的社会主义开辟了生态、可持续的绿色发展路径，为成功实现向可持续发展的社会主义社会转型创造了一个良好的开端。但我们在称赞古巴绿色生态模式得以实现并持续发展的同时，也要清醒地认识到，都市农业等古巴特色生态产业是在国家社会资源全面短缺的情况下兴起的。如今的古巴，经济发展向好，人民的生活质量也在逐步提高，粮食危机已得到较好缓解。在人们开始有更多资源选择的情况下，是否需要且如何能够持续推动都市农业的持续发展，成为摆在古巴共产党和政府面前的一个重要问题。我们在对古巴的绿色发展做较为全面的评价时，首先要肯定古巴在都市农业等绿色发展方面所取得的巨大成就以及其树立的国际典范，但也要对其未来发展的趋势做客观的评判，古巴的本土化发展是否还会延续"特殊时期"所采取的生态模式值得持续观察。

（三）免费医疗与教育，社会公平正义的两大体现

古巴共产党和政府在进行社会主义本土化建设发展中，两大政绩的成效始终保持不变，即：全民享有从小学至大学的免费教育和全民享有免费医疗。古巴人成为受教育程度最好的民族之一，古巴的公共健康水平位居世界前列；两大免费政策不仅是本土化发展的必然，更成为绿色发展的人力保障。人们身体健康与智力教育是获得幸福的基础，一个新型的文明社会所追求的最终目标必定是社会公正、人人平等。古巴在这方面的努力已成为党和政府的一种坚持，不论形势有多严峻，都不放弃在医疗和教育方面的投入，并不断加大投入，巩固免费医疗与免费教育的实施。这一坚持从本质上而言就是可持续的，是绿色发展建设的又一体现；而这一坚持也促进古巴人更系统地熟知绿色发展的相关理念和知识，更系统地保障人民健康以稳固进行绿色发展的劳动力。在这一层面，古巴承载着"可以建设另一个世界"的希望。② 当然，当前的古巴形势也足以引起我们的担忧，政府新旧领导人政权交接、第三次宪法的大范围修订、美古关系的再度转冷等都将影响古巴经济社会的发展，从而间接影响古巴政府对免费医疗与教育的支持力度，最终影

---

① 〔俄〕尼古拉·S. 列昂诺夫：《劳尔·卡斯特罗：革命生涯》，魏然等译，中国社会科学出版社，2016，第169~170页。

② 〔德〕汉斯·莫德罗等：《古巴：起步还是止步?》，王建政译，社会科学文献出版社，2016，第104页。

响古巴的绿色发展进程。因此，当前的评价只是基于现状而言，古巴在如此复杂的时代背景下将有什么样的应对之策，值得我们留意。

二 向国际社会展现可持续发展的绿色路径

受自然地理环境、地缘政治格局等影响，古巴社会主义建设进程中，始终强调反对帝国主义和敌对势力的破坏与干涉，强调社会主义革命和建设并举。① 古巴的绿色发展不仅从可持续发展的视角向国际社会展示了社会主义进行可持续发展的绿色路径，更再次证明了新自由主义的全球化道路在古巴等拉美国家行不通，资本主义无法从根本上解决生态环境问题。

（一）社会主义制度下得以实现可持续发展的绿色路径

古巴绿色发展的实践经验与成效向世界分享了人与自然和谐发展的可持续理念，以及在社会主义制度下进行可持续建设的绿色路径，助力国际生态环保秩序的建立和完善。从生态学的角度来看，古巴的绿色发展将生态环境建设从资本逻辑中解放出来，让世界看到了人与自然关系得以修复的可能性。从可持续发展的角度看，古巴经验向世界展示了社会主义制度下有机替代的成效——新时期的"自给自足"开始被接受，有利于继续向可持续发展社会转型。

1. 生态学视角：人与自然关系的修复

马克思恩格斯从资本主义生产方式导致的物质变换裂缝现象中意识到物质变换和资源循环利用对于可持续发展的重要价值，在人类生态理论史上较早地提出了物质变换与循环经济理论。② 追求剩余价值是资本家的本质。为使利润最大化，其迫使劳动发生异化，破坏劳动调节人与自然之间物质转化的性质。人与自然和社会之间的联系被人为分开。在资本主义生产条件下，劳动异化导致了人地之间的物质变换出现"无法弥补的裂缝"③，物质代谢断裂问题由此引发。古巴的绿色发展表明，这种"无法弥补的裂缝"具有修复的可能性。古巴政府和农民围绕土地的内涵式发展有助于恢复土壤肥力。社区以及小型农场多模式劳动生产，重视多作物间作模式的"内循环"模式以及种植业和畜牧业一体化生产的"外循环"模式，改善劳动条件，

---

① 潘金娥：《当代社会主义的探索、创新与发展》，《马克思主义研究》2018年第3期。
② 方世南：《马克思恩格斯的生态文明思想：基于〈马克思恩格斯文集〉的研究》，人民出版社，2017，第48页。
③ 《马克思恩格斯文集》第7卷，人民出版社，2009，第919页。

保障了农民土地权益的同时将动植物与人类的空间整合一体化。这样不仅可以减少远距离导致输送的高成本，还可就近利用循环优势保持土壤肥力，使得代谢循环关系重新建立。此外，政府通过土地改革等激励措施吸引农民参与平日的生产管理，激发民众投身绿色发展建设的积极性，也从另外一个方面体现了代谢修复的潜能。古巴的修复潜能让世人看到了人与自然关系得以修复的可能性，这曾经是一个连美国的"有机农业运动"都无法解决的代谢断裂问题。以美国为典型代表的资本主义国家在遇到环境问题时，大都认为其是一个技术问题，只要进一步地进行技术创新就可以彻底解决环境问题，而没有必要改变生产模式，进行社会变革。实际上正是这些技术方法使资本逻辑内的环境问题越来越严重。古巴向世界展示的可持续发展的绿色路径并不是科学技术层面的理论或应用的改进，而是一种模式、建立在社会主义制度框架下的一种绿色发展模式。这种模式有益于人类命运共同体向更加光明的未来发展；有益于其他国家特别是发展中国家多一分发展机遇、扩大共同利益；最终实现国际社会全面的互利互惠、共赢多赢。

2. 可持续发展视角：新"自给自足"被接受

古巴的新"自给自足"经验并不是完全依赖自然、靠吃"天水"，而是在严峻的地理与政治环境格局下，充分利用本土资源，实现有机替代。这种替代不是盲目的，正如菲德尔·卡斯特罗所言："必须时刻警惕风险。必须保持清醒的头脑，思考，再思考，而且思考有什么替代的选择。寻找替代的选择并优中择优的习惯是十分必要的。"① 古巴的有机替代符合绿色发展理念的实质，即：满足"需要"，尤其是贫困人口的基本需要，并将此放在优先地位进行考虑；达到"限制"，生态环境在一定技术生产和社会组织下对目前和未来的需要施予限定；追求"平等"，当代人与子孙后代在利用环境以及自然资源上的机会是平等的，同代人之间以及各国、各地区、各组织之间的环境和资源的利用也是平等的。古巴的有机替代遵循绿色发展理念、顺应自然，综合利用和分配资源能源，在城市开展都市农业计划，整合荒废用地和家庭空地；在农村实行有机化肥和绿色农药应用，保障粮食主权的同时增强土壤肥力，提高循环利用率。古巴经验给予国际社会的一个重要启示是，在资源缺乏、经济落后的状态下，依旧可以进行可持续的生产发展，坚

---

① 〔古〕萨洛蒙·苏希·萨尔法蒂编《卡斯特罗语录》，宋晓平等译，社会科学文献出版社，2010，第1~2页。

持绿色发展也不失为一条促进经济社会转型的新路子。

自然资源问题是随着人口数量、生产力以及人类生活水平的发展而变化的。① 当前世界人口已达 60 亿，虽然有学者声称信息化社会已经来临，但很多发达国家依旧处于后工业社会阶段，有的发展中国家甚至还在向工业社会过渡，人类社会基本上依旧处于与自然对抗、向自然界豪取强夺的阶段。自然资源消耗和废物产生的规模已大大超出从前，全球性的环境危机日益严重，但许多国家，特别是发展中国家的工业化与经济的高速发展至今仍未实现。这一恶性循环一方面导致了这些国家为了能够不断地从工业化发展中牟取利益，着重发展农业和工业，挤占其他物种的生存空间，迫使它们濒临灭绝；另一方面在它们获得利益的同时，地球上的土壤、森林、水系都遭到侵蚀破坏，降低了地球的承载能力。这是发展中国家不得不面临的两难困境，而古巴的新"自给自足"方式给这些国家提供了一个可持续发展的新理念，不再因发展需要而陷入经济与生态无法取得共赢的恶性循环中。如，古巴的都市农业计划就是在生态与经济协调发展基础上提出的一个新的有机替代理念。杰拉尔德·G. 马尔腾（Gerald G. Marten）认为在能量输出与可持续发展之间有一个重要的联系：如果需要大量的人工投入才能使生态系统的功能满足人类的需求，那么从长期来看，农业和城市生态系统就缺乏可持续性。因为要在长时期内确保可靠的巨大投入是很困难的。② 而古巴的都市农业不仅不需要大量的人工投入——政府鼓励人们利用都市零碎的土地和自家现成的庭院进行种植——还成为许多家庭妇女的经济来源，增加社会的就业机会；这一农业种植模式还协调了生态环境与经济发展之间的矛盾，构成了一个良性的、可持续的发展系统。这种新型的"自给自足"方式不仅为许多国家的经济发展提供新的发展路径参考，甚至也可为发达资本主义国家提供一定的借鉴，尽管在社会制度无法变革的条件下，资本主义国家并不能从根本上解决生态环境危机。

（二）社会主义制度下的发展优势为国际社会所借鉴

在新自由主义的主宰下，自然资源必然会被掠夺性和破坏性地开发，社会趋于全面的商业化，金钱和财富增长成为首要目的，资源能源必然将被迅

---

① 陈静生、蔡运龙、王学军：《人类-环境系统及其可持续性》，商务印书馆，2007，第 103 页。

② 〔英〕杰拉尔德·G. 马尔腾：《人类生态学——可持续发展的基本概念》，顾朝林等译，商务印书馆，2012，第 159 页。

速耗竭。这种市场逻辑，其本质完全是控制自然，而不是顺应自然的，不仅无法从根本上解决环境问题，还将带来人类发展史上最为严重的生态危机。古巴已深刻认识到新自由主义全球化给古巴甚至是拉丁美洲带来的灾难，古巴领导人菲德尔·卡斯特罗以敢于在国际舞台上直接批评以美国政府为首的西方大国的歧视政策而著称，他也是批判全球化的代表性人物，在他的众多演讲或发言中，强调要将古巴在国际斗争中的目标从捍卫本国主权上升到关注全人类的未来命运。在领导人的超前意识和正确思想的指引下，古巴政府和人民果断寻求社会主义可持续发展的绿色路径。在快速的现代化进程中，随着经济的发展、汽车社会的到来，世界各国消耗着越来越多的资源和能源。古巴绿色发展的成效为拉丁美洲其他国家向社会主义转型、加强政府作用、优化监管评价体系等提供了具有社会主义制度优势的经济和生态"双赢"借鉴。

1. 社会主义转型方面

拉美"21世纪社会主义"已成为新世纪民族社会主义发展的典型代表。拉美地区委内瑞拉、厄瓜多尔以及玻利维亚等国奉行"21世纪社会主义"的政党持续推进具有民族民主特色的社会主义实践探索。其反对新自由主义的观点和政策主张，强调要探索新的发展模式；建议扩大民主参与，建立新民主制度；主张社会公平，提出现实社会平等、正义、公正的社会价值观，这些思想与古巴社会主义建设的思想内涵十分相近。经济方面，加强国家对经济的干预和调控，对资本和市场进行一定的限制，使资本和市场服务于社会，力图建立国有经济、混合经济及私营经济共生共荣的、可持续的、合理的经济模式；社会方面，发展社会福利、促进社会公正等政策理念更与古巴的社会主义建设同宗同源。因此，古巴的绿色发展经验可为拉丁美洲多国的经济社会发展提供重要的启示。

2. 政府发挥主导作用方面

政府主导模式不仅是古巴绿色发展的重要经验，也是社会主义国家的基本特色之一。在环境危机深重的当前，人们已经认识到完全依赖市场调节无法从根本上解决环境问题，只有加强国家的宏观调控，统筹协调多种经济结构和社会关系，才能将环境治理的效用发挥到最大。古巴在社会主义制度的框架下，以政府为绿色发展的主导力量，整合各种社会资源，调节各层次国内外的复杂关系，从国家层面制定环境战略，从全局出发，解决的是综合性、长期性的生态环境问题，这种政府主导模式是西方国家所没有的。古巴的这些经验也给西方资本主义国家带来启示。在西方国家，由于受制于市场自发调节原理的制约，经济发展与环境治理似乎永远是相斥的，西方生态社会主义学者们对此陷入思考，在增长极限论、稳态经济论等方面展开了激烈的讨论，西方国家的环境保护人士也经常发表言论或进行示威游行以抗议政府发展经济的政策，但这些举措并未给西方国家的生态环境带来任何本质上的改善。古巴绿色发展的成效让西方资本主义国家意识到宏观调控和政府调节的重要作用，认识到单靠市场调节将会出现更多弊端，政府主导模式是值得借鉴的。

3. 考核监管评价体系方面

古巴建立的从上至下、上下联动的绿色发展体系，构筑起以国家科学、技术和环境部为核心的中央-省-市三级配套主管机构，资源上整合科研、教育、环保等多方优势，在制度方面形成严格的生态环境损害赔偿和责任追究制度；在监管方面形成科学的政绩考核和经济社会发展考核评价体系、环境保护督查工作制度；在激励奖励机制方面通过环境许可证的授予和管理，制定严密的监控技术标准，筛选并奖励绿色发展的示范机构和个人，规范社会各界的环境行动。这不仅是古巴的特色、古巴的优势，更是社会主义制度优越性的体现。目前，古巴的社会主义正经历持续深化"更新"阶段，古巴的绿色发展亦进入自我转型的重要时期。绿色发展的脚步并未停止，其经验给拉丁美洲其他国家、世界上其他社会主义国家以及广大发展中国家，甚至是资本主义国家带来的启示也是不断更新的。我们清醒地认识到，古巴的成功是社会主义制度的成功，是马克思主义本土化的最好体现，是对新自由主义全球化的有力批判。古巴的绿色发展不仅对世界生态环境建设事业做出了突出贡献，也令那些漠视、忽略与消极应对全球生态危机的资本主义国家感到汗颜，增加了国际社会对社会主义运动的认同感。

三 为不同制度国家提供生态治理的新范式

生态危机是当前全世界与全人类共同面临的最严峻的挑战。经济社会的高速发展换来的是人们不得不承受由此所带来的现代性之痛——环境问题以及可持续发展问题。如今，人们开始认识到经济发展中的生态效应和环境约束，也意识到环境问题已经逐渐成为经济发展的内在关键因素，推动社会朝更加美好的方向发展成为人类的重要追求。但不同地域、不同制度的国家实现或者追求现代社会的可持续发展方法与路径不尽相同。古巴绿色发展的理论与实践经验为发展中国家的现代化进程提供了新的参考范式，为世界社会主义国家提供了新的转型发展路线，也为西方资本主义国家缓解生态危机提供了新的应对选择。古巴经验就好比一个双重镜面，我们可以透过其审视自身发展的优劣势，其对世界环境治理和人类的全面发展都大有裨益。

（一）拓展发展中国家可持续发展新模式

大多数发展中国家目前借鉴和模仿的发展模式是以英、美为代表的西方发达国家开辟的资本主义特色的现代化发展道路。在资本主义固有矛盾及其弊端不断暴露的当下，众多发展中国家发现通过传统的现代化发展方式，即在模仿发达资本主义国家推进本国工业现代化的进程中，遇到了许多西方国家建设过程中并未出现的问题。就生态环境层面而言，发展中国家当前面临资源消耗过度、生产成本不断上升、为保持经济发展不得不先污染后治理等严峻问题。这些生态环境问题又进一步导致本国居民的收入分配不均、贫富差距拉大、两极分化严重，甚至造成社会矛盾越发激烈等社会问题的爆发。目前，许多发展中国家已逐渐开始转换思路，不再一味追随西方资本主义国家的脚步。有的国家开始反省生态环境和自然资源的条件考量在经济发展中的缺位问题，即在经济建设过程中完全忽略环境因素，或将之列为"外部的自然条件"。

古巴绿色发展的理论与实践经验让诸多处于气候污染、水土流失、沙漠化等严峻困境之中的发展中国家看到了一个全新的、绿色的、可持续的发展模式。其有机替代可成为发展中国家新资源能源开发利用的有效案例；针对农民的土地激励措施为大多数仍然偏重农业的发展中国家提供策略上的助益；生物农药和生物制剂的研究开发及科研成果的有效转化值得发展中国家进行模仿，以摆脱对化学农药和进口药物的过分依赖。古巴的实践经验能够促进这些国家经济的独立发展，实现可持续的、维护代际公平的发展。当然，这种新模式的开拓并不意味着需要其他发展中国家完全模仿，那样的话将与之前模仿西方国家无异，并不能从根本上推动发展中国家的整体发展。应当将国家发展实际与古巴模式相结合，包括地理环境、政治格局以及人文因素等的结合，寻找一条真正符合本国国情的特色发展之路，这才是"开拓"的本质内涵。同为发展中国家，古巴的绿色发展之路对追求现代化与生态环境协调发展的国家而言有着积极的借鉴意义。

（二）促进社会主义国家生态建设新发展

苏东剧变后，国际共产主义运动陷入低潮。但是，中国、越南、古巴、老挝、朝鲜这些社会主义国家积极探索发展具有本国特色的马克思主义，进行社会主义改革，坚持走社会主义发展道路。在 20 世纪末的世界格局大震荡中，这些国家经受住了考验，并于 90 年代开始恢复发展。进入 21 世纪，中国、越南、古巴、老挝、朝鲜继续深化对本土化马克思主义的认识和对国际环境的探讨，在思想、政治、经济、社会、文化和外交等方面做出努力并取得了阶段性成就。在对社会主义道路不断探索的进程中，丰富和发展了马克思主义，推动世界社会主义运动向前发展。作为社会主义国家，在进行环境保护治理和绿色发展方面拥有得天独厚的制度优势，这一优势是社会主义国家进行生态建设的基础和框架：坚持共产党领导，提高政策决策的效率并改进质量；坚持人民当家做主、以人为本、人民为主体的执政理念，扩大人民参与治理的范围，体现社会的公平正义；在经济建设中强调政府的主导作用，实行宏观调控，加速政策上令下达的过程，充分调节各界、各层的复杂关系，从中做出最优选择。古巴经验就是在这种夯实的地基和框架中，为其他社会主义国家的生态建设添砖加瓦、建言献策，在社会主义制度内提供新的发展思路。

古巴在制度和建设上与中国、越南等国有许多相似之处，这更利于这些国家吸收和借鉴古巴经验。但也要清醒地认识到，社会主义国家的整体发展普遍落后于其他国家，作为发展最为迅速的国家，虽然几十年来中国的经济发展突飞猛进，但与发达的资本主义国家相比仍旧有不小差距。越南目前正处于社会主义革新阶段，经济建设有所成就，但整体的发展水平依旧处于世界的中下层。因此，对于生态环境治理，可以借鉴古巴经验，但不能忽略与现代化的协同推进，要协调好其与经济发展的关系；古巴经验中最值得其他社会主义国家借鉴的是其绿色发展理念。"一种社会发展观念的改变必然要求社会发展方式的相应调整，因而要求社会行动方式的相应改变和调整。观念是行动的先导。"① 古巴民众的绿色发展意识较强，在生态环境治理与可持续发展的建设中，人民的主动参与和维护加速了古巴的绿色发展，这对其他社会主义国家的生态环境建设有着重要的启示。

（三）为资本主义国家环境治理提供新选择

西方资本主义国家是近代工业现代化进程的最大受益者，率先进入世界发达国家行列。在奉行"国强则霸"的原则下，发展起来的西方资本主义

---

① 万俊人：《美丽中国的哲学智慧与行动意义》，《中国社会科学》2013 年第 5 期。

国家必然会向外推行霸权政治，这种现代工业化模式带有与生俱来的掠夺性，在发展的过程中必定会不断增强与其他国家之间发展的不平等性。在工业化发展早期，资本主义国家依靠暴力与殖民掠夺其他国家的资源，积累了不少原始资本；到后期则是依靠霸国的政治经济与文化干预来主导世界规则。由于资本主义自身发展特点，西方国家无法规避周期性经济危机的爆发。当前，生态危机的日益严峻成为资本主义国家面临的新一轮挑战。通过提高科学技术水平以摆脱环境污染的尝试，经实践证明无法从根本上解决生态问题。古巴的绿色发展经验，虽然产生于较为落后的发展中国家，但依然可以为资本主义国家提供环境治理的选择，其绿色的农业生产实践、兼顾代际公平的环境保护措施等足以回答发达国家的环境治理难题。同时，资本主义国家也必须增强全球共同治理环境的意识，"生态环境具有难以确切划定的共时性空间边界，也由于环境影响和生态效应难以获得确切的历时性时段评估，因而常常导致生态环境资源利用的权利和生态环境保护的责任难于确定，两者之间的关系也常常会出现模糊不清、相互脱节或互不相称的困境"①。资本主义国家在面对有利的自然资源或生态条件时，出于掠夺本性，市场经济的"丛林规则"会成为国家政策的主导。相反，面对保护生态环境的责任和承诺，逃避和推诿将占上风。因此，古巴经验为资本主义国家提供环境治理的新选择的同时，充分缓解生态危机，更多地需要资本主义国家正确地看待自然资源分享与环境保护责任分担等问题。

第二节　对中国生态文明建设的有益借鉴

通过分析梳理古巴绿色发展的实践经验及其所取得的成效，总结古巴绿色发展的基本特征并给予其全面的评价，我们对古巴的绿色发展有了基本了解。借此，笔者认为，古巴绿色发展的成功案例同样可成为中国生态文明建设的有益借鉴。自党的十七大首次提出建设生态文明以来，我国的生态文明建设进入了高速发展时期。党的十九大首次将生态文明建设提升至国家战略的高度，生态文明思想不断丰富完善。同时，《关于加快推进生态文明建设的意见》、《生态文明体制改革总体方案》、《全国生态保护"十三五"规划纲要》以及《国家环境保护"十三五"环境与健康工作规划》等一系列重

---

① 万俊人：《美丽中国的哲学智慧与行动意义》，《中国社会科学》2013 年第 5 期。

磅文件的出台，对中国的生态文明建设作出总体部署，对当前和今后一个时期的建设提出了具体任务、目标和措施。可以说，中国的生态文明建设在短时期所取得的成效是辉煌的、是瞩目的。但不可否认，生态环境保护治理与建设还无法从根本上改变中国目前的环境污染问题。城市污染防治、农业的可持续建设、人民环境保护意识等都是生态文明建设需要关注的重要部分。古巴在这些方面的实践成就可以为中国的生态文明建设提供借鉴参考，特别是其在遭到美国长期封锁的情况下依旧可以实现绿色发展的经验，完全可以成为我国在城乡一体化、可持续农业发展等方面的优秀借鉴案例。当然，中国的生态文明建设不可能照搬古巴的成功经验，还必须立足中国国情特别是城乡实际，走出一条具有中国特色的生态文明之路。

一 都市农业对绿色城市建设的借鉴

新中国成立后，我国的工业化进程平稳起步并逐步发展，社会逐渐进入城市化的推进期。改革开放 40 余年来，我国城市在国民经济中的作用日益突出，城市人口的规模、区域进一步扩大，大中型的城市数量逐年增加。最近几年，我国的城市化进入快速发展时期。有关资料统计，我国的城市化率由 21 世纪初期的 36.2% 增长到 2012 年的 52.57%，年均增长达到 4%；城市人口由 1978 年的 1.72 亿急剧上升至 2012 年底的 7.12 亿。我国城市化速度远高于历史同期的发达国家，预计 2030 年，我国的城市化率将达到 70%，并完成城市化。[①] 城市化的快速推进使人口迅速从农村向城市聚集，农村劳动力缺失、城市污染、能源消费大规模增长等问题逐渐凸显。了解城市污染的根本原因、缓解城市压力、促进城乡融合进而实现城乡一体化发展，是当前中国生态文明建设的重要组成。古巴在生态城市、绿色城市建设方面颇有经验，其都市农业实践获得国际社会的多方赞誉和认可，其成功经验可以为中国的绿色城市建设提供有益借鉴。

（一）中国城市污染原因分析

目前，中国城市污染状况依旧较为严重，大气污染、噪声污染、垃圾污染、水污染以及电磁辐射污染已成为城市的主要污染类型。要从根源上解决环境污染问题，建设"绿色城市"，就要充分了解并分析中国城市污染的前

---

① 中国工程院"生态文明建设若干战略问题研究"项目研究组：《中国生态文明建设若干战略问题研究（综合卷）》，科学出版社，2016，第 189~190 页。

因后果，找出治理污染的关键因素。从社会的供给和需求等方面看，中国城市污染的主要原因体现在以下三个方面。

1. 人口激增与城市化进程

正如前文所述，人口的增长并快速向城市聚集加速了城市化进程，但也给城市带来了严重的经济和生态负担。改革开放 40 多年来，有 1/4 的农村人口进入城市。城市化进程快速推进导致的结果就是：一方面，随着城市人口的聚集，人们的生活更加密集，在一定程度上能源消费集中，减少了浪费；另一方面，城市人口的工资水平更高了，能源消费率也因此提升。在中国，农村人口的能源消费水平是城市人口的 1/3，因此，人口激增以及过快的城市化进程导致城市能源消费大规模增长。同时，城市化的脚步加快并不意味着农村环境负担得以减轻、环境有所改善。在农村，随着劳动力人口的大量流失，为保证农作物产量，化肥、农药等被过度使用，不仅加重了农村土地和水源的污染，也导致粮食生产出现安全隐患。

2. 工业活动更加密集

随着城市化进程不断加速，中国城市的工业活动更加密集。煤炭、电力等能源消耗占据主要地位。从世界范围看，目前我国的能耗强度仍旧高于世界平均水平。一次性能源消费对煤炭的依赖性较强，国家统计局发布的《中华人民共和国 2019 年国民经济和社会发展统计公报》数据显示，我国全年能源消费总量 48.6 亿吨标准煤，比上年增长 3.3%。煤炭消费量增长 1.0%，原油消费量增长 6.8%，天然气消费量增长 8.6%，电力消费量增长 4.5%。[①] 煤炭消费量占能源消费总量的 57.4%，仍旧高出世界平均水平，天然气、水电、核电、风电等清洁能源消费量占能源消费总量的 23.4%，上升 1.3 个百分点，但依然不及全球平均水平，煤炭污染成为城市工业活动的主要污染成分。密集的工业活动不仅加大了对一次性能源的依赖，更导致铅、汞等有毒物质的大量排放，城市易出现酸雨、地表水质下降等污染现象。目前，我国跨边界河流污染的主要来源有：农副产品、纺织、制衣、纸浆、石油与原子能加工、化工以及有色金属冶炼，这些都与密集的城市工业活动有关。虽然近年来我国生态文明建设的力度不断加大，国内能源消费的速度有所放缓，同时国家也大力推进可再生能源的消纳，即将启动可再生能

[①] 《中华人民共和国 2019 年国民经济和社会发展统计公报》，国家统计局，http：//www.stats. gov.cn/tjsj/zxfb/202002/t20200228_1728913.html。

源配额制，但工业活动导致城市的严重污染状况却无法在短期内得到好转，城市的能源结构转型还有很大的改善空间。

3. 汽车化与城市形态

人口的聚集也导致私家汽车的数量剧增，其增速可谓世界奇迹。根据国家统计局发布的《中华人民共和国 2019 年国民经济和社会发展统计公报》，到 2019 年末，全国民用汽车保有量 26150 万辆（包括三轮汽车和低速货车762 万辆），比上年末增加 2122 万辆，其中私人汽车保有量 22635 万辆，增加 1905 万辆。民用轿车保有量 14644 万辆，增加 1193 万辆，其中私人轿车13701 万辆，增加 1112 万辆。[①] 小汽车已在城市家庭普及，城市交通已经汽车化。城市汽车化的凸显导致城市交通拥堵、尾气等污染气体排放日趋增多、城市空间遭到挤占等。虽然政府试图通过限号、增加燃油税等措施进行调控，但收效并不明显，城市居民每年的汽车使用量呈上升趋势。同时，随着居民对汽车的依赖程度越来越高，相应的汽车社会的景观逐渐形成。车道、立交桥、高架桥、路灯、停车场、加油站、洗车店和汽车修理店成了城市的重要组成部分。[②] 汽车城市中至少有 1/3 的土地被开发用于容纳道路、大型停车场和与汽车相关的设施。城市整体形态被汽车挤占，相应的空间状态对人们日常的生活造成深远影响。

对于以上造成城市污染的重要原因，中央政府给予了高度重视，城乡一体化建设的提出正是为了从根本上较好地解决城市污染以及农村发展等问题。未来，中国的城市形态必将向生态型的"绿色城市"进行结构转型。那么正视城市的污染来源、合理处理和分配城市空间资源、满足居民对生活质量的美好追求等将成为中国城镇化建设的重要组成。

（二）古巴都市农业等经验对中国的借鉴

古巴都市农业的成功经验可以为中国的生态文明建设，特别是绿色生态城市的建设提供一定的借鉴。古巴都市农业最显著的特征就是对城市废弃土地的开发利用，以及在城郊建立的农作物种植区短距离为城市居民提供新鲜蔬果。以上两点均可为中国的绿色城市建设提供有益参考。

---

① 《中华人民共和国 2019 年国民经济和社会发展统计公报》，国家统计局，http：//www. stats. gov. cn/tjsj/zxfb/202002/t20200228_1728913. html。

② 陈永森：《"汽车化"还是"去汽车化"——基于城市空间的思考》，《黑龙江社会科学》2016 年第 2 期。

1. 合理利用城市废弃土地进行有机种植

都市农业，顾名思义就是在城市中进行农产品的种植或栽培。在古巴，大部分城市居民的楼前、阳台、后花园等种植有相当数量的农作物。古巴都市农业的发展方式是以城市为中心进行有机耕作。古巴政府向都市居民和邻近的组织发起寻找城市中闲置土地的号召，然后进行清洁整理，最终进行作物的种植等。在哈瓦那等城市，每块都市土地的蔬菜种植类别达 20 多个。随着都市农业的扩大和推广，社会上衍生出多种特色模式：国有或合作性质的城市农场、有机农场，集约化的蔬菜园，菜圃和后花园，郊区农场等。通过大型的企业、研究所、办公室和家庭农业自给，实现了 75% 的城市人在粮食等食物方面自给自足。[①] 根据中国实际，这种小规模家庭式的种植方式在城市中并不能进行大规模的推广，但中国的城市可以吸收这一种植模式特征，发动人力资源与先进的农业设施组建农业生产基地。借鉴古巴都市农业的基本模型，利用城市中废弃的土地建立现代农业园区，利用先进的科学技术实现农业企业、科技、设施集群发展。在城郊地区建设温室大棚等小规模农业种植区，与城市农业园区进行互补供给，实现向绿色城市的进一步转型。

2. 建立农产销一体化都市农业模式

古巴都市农业的发展缩短了食物运输的距离，古巴政府将都市周围五公里定为城市农业区、十公里定为郊区农业区[②]，都市居民可以到这里买菜，食物运输里程很短、新鲜程度较高。在都市农业不断发展的过程中，城市的蔬菜供应越发充足，如，哈瓦那有一半的蔬菜供应来自城市内部。在其他城镇，城市菜园可以生产 80%～100% 的蔬菜。中国在都市农业方面并不是毫无发展，多年的发展已逐渐改变了传统的农户-采购商/批发商-零售商-消费者的多环节流通模式。如今，中国可以进一步借鉴古巴这种短距离种植并输送蔬果的都市农业模式，建立农产销一体化模式。这方面，上海市推行的"三对接一直销"模式已初见规模。为丰富蔬果销售渠道，上海市实现了农超对接，即蔬菜专业合作社与连锁超市进行对接；农市对接，即专业菜市场经营管理公司与蔬菜专业合作社签订协议；农社对接，即引入"社区

---

① 〔古〕费尔南多·富内斯：《古巴的有机农业运动》，黄小莉译，《开放时代》2010 年第 4 期。

② 林慧贞：《古巴：逼出来的生态农业》，《农产品市场周刊》2015 年第 19 期。

直销店""社区蔬菜直供车"等，由蔬菜专业合作社将蔬果直接运往居民社区进行定点定时销售。[①] 这种符合实际的都市农业产销模式探索，不仅能够减少中间流通环节的成本消耗、降低交易成本，更能够有效地提升农产品的质量水平，适合在全国范围内进一步推广实施。

二 永续栽培实践对我国农业发展的启发

古巴从 20 世纪 70 年代已开始研发有机化肥来替代化学制品的使用。天然、有机的化肥和杀虫剂促进古巴农业的绿色转型。中国是一个农业大国，农业的发展关系着国家根本发展，是与居民生活息息相关的一个重要产业。据统计，2019 年，我国的粮食种植面积 11606 万公顷，比 2018 年减少 97 万公顷。全年粮食产量 66384 万吨，比 2018 年增加 594 万吨，增产 0.9%，主要生产作物为稻谷、小麦和玉米。[②] 粮食生产和食品安全于中国而言是农业发展重中之重。古巴在农业方面的有机经验可以进一步推动中国农业全面发展，提升食品安全水平，提高土壤的耕作肥力，在农村劳动力逐渐缺乏的现代社会，确保农村持续地、合理地利用耕地进行劳作。

（一）加大有机化肥的研发与投入力度

古巴在有机化肥的使用方面，根据南美洲气候、土壤等实际情况，将粪肥、生物土、混合肥料、蠕虫腐殖质等作为有机肥料替代化学肥料，以满足作物种植所需要的营养成分，在提高收成的同时，还能够改善土壤有机质、改善土壤质量，防止退化。同时，古巴还注重将科学技术的研究成果及时地转化为种植实践。天然杀虫剂、生物作物的研发与种植都是古巴永续农业发展的成功案例。在中国，随着劳动力人口逐渐向城市靠拢，农村劳动力出现大面积缺失。为提高农作物产量，农民开始大量使用化学化肥和农药。这一种植方式在短时期内有可能提高产量，但对土地和水源会造成不可逆转的污染，严重破坏农村的生态环境。因此，在国家提出"乡村振兴"战略的背景下，我国可以借鉴古巴的永续栽培实践模式，根据不同地区的水土和气候等实际情况，挖掘可以替代化学肥料和农药的有机肥料，在保证农业产量的同时提高农作物的安全水平，真正实现绿色作物的广泛种植。

---

① 李强、周培：《都市农业的自然演变与结构优化》，科学出版社，2016，第 76 页。
② 《中华人民共和国 2019 年国民经济和社会发展统计公报》，国家统计局，http://www. stats. gov. cn/tjsj/zxfb/202002/t20200228_1728913. html。

随着我国生态文明建设的持续推进，在不断探索绿色种植和可持续作业新模式的同时，政府和有关部门可以借鉴古巴农业在科学技术成果转化方面的研发经验，利用科学技术积极拓展有机种植和有机养殖。当然，我国在这方面已有部分成效，例如在山西，为了在生态环境可负担的范围内实现养殖产量最大化，特石农场等企业在政府的帮扶下，就地取材，收集原本已废弃的秸秆、豆腐渣、酒糟等原料，利用微生物技术，通过发酵提高其蛋白质含量，然后去除原料中含有的有毒和抗营养物质，大规模生产绿色的微生物蛋白饲料。这种废弃物饲料化的新模式既降低生产成本，又节约粮食，实现了绿色、可持续的规模运作。这种方式与古巴的永续栽培实践有着异曲同工之妙，但并未在国内得到广泛推广。古巴实践经验与我国部分经典案例值得我们关注，以在生态文明建设迈上新台阶的浪潮中，充分发挥我国的本土绿色优势，扩大有机种植和栽培区域，助力乡村振兴。

（二）参考古巴内外循环作业模式

古巴的循环作业模式充分整合了养分循环的空间关系，通过改进人、动物以及植物之间的空间关系，重视多作物间作模式和种养业一体化，充分发挥生物多样性和高效生态系统的功能，实现绿色循环经济持续发展。古巴循环作业模式包括内循环和外循环两部分。内循环模式指的是"多作物间作"循环模式，即在同一片土地上，根据作物相辅的习性，合理地组合豆科植物、茄作物等作物，进行间作种植。外循环模式指的是种植业和畜牧业一体化生产的循环模式，将当地的动物与植物相结合，在农场内部进行合理配置，减少在种养过程中远距离运输养分的需要，同时利用就近的养分补充土壤肥力。古巴的内外循环模式符合绿色发展的要求，值得我国农业生产在这方面进行借鉴。随着乡村振兴战略的深入实施，我国正在逐步推动农业朝绿色生态方向转型。要向高品质、高附加值的农产品供给迈进，就必须转变传统的生产作业模式。

在蔬果间作种植方面，可以尝试运用生态链的方式，在原有葡萄、火龙果等水果种植基础上，种植木瓜、菠萝等热带水果品种，发展有机农业。在种养一体化方面，还可以把种植业和畜牧业相结合。我国威海南海新区，就尝试将"600多亩梨园和奶牛养殖结合在一起，建立起奶牛养殖、梨树种植、梨膏加工的现代循环高效农业，牛奶供给国内知名厂商，有机梨膏获得权威认证。"这是有机循环种养的一个重要开端，值得推广。同时还可以在与农村接壤的城郊建立种养的高效基地，与偏远山区的农业辅助基地相结合，实现同一经济体双基地的配置资源。转变传统的粗放型农业，探索高效循环农业运营新路。当前，我国不断加大生态文明建设的力度，也在实施乡村振兴战略。新时期，我们可以借鉴古巴永续种植的成功模式，积极培育家庭农场、种植大户、合作社、农业企业等新型主体，推行绿色生产、生态种植，在环境可负担的范围内提高资源利用效率，实现从粗放增长向绿色农业发展的转型，全面推进我国农业的发展。

三 环保意识与民众生态素养的培育

古巴的绿色发展顺利实施和持续开展，很大程度上归功于古巴人民拥有较高的生态环境保护素养。在都市农业等有机生产过程中，古巴人民相信并支持政府的推广，积极采取绿色方式进行种养；在社会服务和保障行业，古巴人民自觉地将绿色因素融入医疗、教育、旅游等行业的发展，并以生态绿色的发展为荣；在机制参与方面，古巴人民积极主动地参与到政府的环境保护活动中，政府也通过奖励政策，表彰优秀的环保人士，激发广大民众的环境保护热情。在中国生态文明建设已取得显著成效的当下，民众的生态环境保护意识并未得到明显提升。随着经济社会的高速发展，人们的生活消费方式也并未朝绿色消费方向转变。民众的环保意识普遍不高、绿色消费意识不强成为在生态文明建设过程中必须重视的一个问题。古巴在这些方面所做出的努力和成就值得我们借鉴一二。

（一）加大生态环境保护教育与宣传力度

古巴在绿色教育方面做出了诸多努力，一方面，将可持续发展理念融入教育全过程，并在普通教育的基础上，专门推出与绿色发展相关的专业教育和职业教育，深化民众的环境保护意识及可持续发展理念，这一点值得我们借鉴和学习。我国普通民众的环境保护意识相对薄弱。2007 年，首个《中国公众环保民生指数》公布，调查显示，公众的环保意识总体得分为 57.05 分，环保行为得分为 55.17 分，环保满意度得分为 60.20 分。公众的环保意识与行为有很大的改善空间。经过十多年的努力和发展，在生态文明建设的大力推进和广泛宣传下，我国民众的环保意识有所增强。2018 年《公民环保行为调查报告》发布，研究报告显示，"66.88% 的受访者在过去六个月中讨论过'绿山青山是金山银山'等生态文明理念；公民环境保护行为存在差异，家庭活动实践中出现环保行为的频率最高，公共场所第二，工作场所最差。迫切需要制定具有引导性、指导性、针对性的、基础性的国家公民生态环境行为准则。公民的环境保护行为以自律为主，缺乏监督他人的意识；宣传生态环境保护的渠道仍以电视广播为主；公民的环境保护行为与文化水平呈正相关，中青年群体表现最佳；公民生态环境行为实践多出于责任感和从众心理，缺乏主动性"。① 对此，我国应该加大生态环境保护的教育和宣传力度，特别是注重规范民众在公众场合的行为。同时，还可通过政府或机构的激励政策以及融媒体等多渠道的教育宣传，激发民众在生态环境保护方面的主动意识，不仅自身做到拥有良好的生态环保素养，还要主动督促他人遵守环保方面的行为规范。除此，还要深化环保教育，将环境保护意识融入普通教育，特别是义务教育的过程中，制定系统的生态素养培养规范，使环保意识根植于普通民众的内心。

另一方面，古巴积极鼓励大众参与环境保护建设和绿色发展的活动，这方面的经验也值得我们借鉴。正如《公民环保行为调查报告》中显示的，公民生态环境行为实践多出于责任感和从众心理，缺乏主动性。这由两方面的因素造成：其一，我国政府和环保机构开展的全民参与环保活动较少，民众鲜少能直接参与地方或中央政府的环保建设；其二，民众由于生态环保意识较弱，对环保活动的参与热情不够。在古巴，政府与民众一起参与环境保护建设和决策的经验较为成功，其中哈瓦那都市公园的修复成为一个典型事例：在公园修复期间，政府鼓励民众一起参与到修复计划中，共同制订防治污染计划，改变污水排放渠道，都市公园得以顺利修复的同时，古巴普通民众也充分意识到生态环境保护的重要性，潜移默化中公众的环保意识得到增强。因此，我国可以参考古巴鼓励民众主动参与环境保护的建设与决策等做法。

（二）转变民众的消费理念倡导绿色消费

古巴在绿色发展进程中还有一点值得我们借鉴：其多年来一直倡导勤俭节约的消费理念。当然，这与古巴并不发达的国情有直接关系。劳尔·卡斯特罗曾指出："必须从现在开始考虑恢复、节约、合理、有效而节俭的工作方法和作风等一切因素，我们正处于特殊时期。"② 但不可否认的是，正是由于这种理念深入人心，古巴民众环境保护意识明显高于中国的普通民众。

---

① 《〈公民环保行为调查报告〉发布》，人民网，http://env.people.com.cn/n1/2018/0606/c1010-30040376.html。

② 〔俄〕尼古拉·S.列昂诺夫：《劳尔·卡斯特罗：革命生涯》，魏然等译，中国社会科学出版社，2016，第162~163页。

当前，要转变我国民众的消费理念，不仅要积极倡导绿色消费，更需要大力推行生态文明教育。从生态文明观的视角，在整体上教育广大民众何为荣、何为耻，推行以"惜物"为核心的绿色消费理念。同时，还要增大教育在居民消费中所占的比例，实行终身教育和全民教育，进而提升我国民众的整体素质。① 从我国当前生态文明建设的实际来看，普通居民的消费领域集中在日常民生方面，这是要重点推广绿色消费理念的领域。

在日常生活的消费领域，目前我国大部分民众在衣食住行等方面的物质需求已得到基本满足，这是经济社会快速发展后人民受益的结果。但随着社会发展水平的日益提高，民众在物质方面的满足并不能带来足够的幸福感。因此，要引导民众逐步重视精神层面的获得感，注重精品消费、精致生活，减少环境资源的消耗，同时政府方面还要注重引导企业生产高劳动力附加值的产品，减少甚至杜绝市场上出现一次性消耗产品。在交通领域，应结合城乡一体化战略，对城乡进行合理规划，合理布局住宅区域和商业区域，缩减工作和生活之间的出行距离。在交通工具方面，倡导民众低碳出行。适当控制民用汽车的增长速度，反对对大排量汽车的盲目追求，并为自行车、行人等提供优良的交通环境和人性化的服务设施。同时，鼓励城市居民向乡村流动，带动农副产品以及乡村旅游业的发展，实现生态文明与经济建设的协调发展。在建筑领域，目前我国的人均建筑能耗依旧低于发达国家水平，但其增长速度相当快，部分民众存在对大面积房屋和多技术建设的盲目追求。因此，要积极倡导绿色消费理念，对居民的房屋需求加以绿色引导，促进居民在建筑需求方面恢复理性，从自己的需求出发，而不是盲目追求面积和技术，提倡居民在居住过程中保持绿色的生活方式。当然，政府在建筑领域的有关规划和政策决定也应充分考虑这方面的因素。

---

① 中国工程院"生态文明建设若干战略问题研究"项目研究组：《中国生态文明建设若干战略问题研究（综合卷）》，科学出版社，2016，第90页。

结　语

　　古巴绿色发展是古巴社会主义建设的一个重要组成部分，有着深厚的马克思主义生态思想的理论渊源。古巴在都市农业、有机替代、再生能源以及绿色服务行业等方面做出的努力不仅符合国际上定义的可持续发展的要求，更是马克思恩格斯关于人与自然思想的实践，是马克思主义在古巴社会主义建设中的特色发展。古巴在绿色发展方面做出的努力不仅获得国际社会，特别是西方左翼学者的广泛赞誉，其成功经验也能为中国的生态文明建设提供有益参考。对古巴绿色发展的理论与实践进行分析和总结，具有重要的学术价值和实践意义。

　　本书在当代世界生态环境问题日益凸显的背景下，以古巴的绿色发展为切入点，对其理论与实践进行了充分研究。研究指出，古巴是在苏东剧变、国内经济危机、美国长期封锁的严峻形势下进行绿色发展的探索。在国内生态环境极度恶化的状况下，先后历经基础铺设、阶段发展、自我转型等发展时期，逐渐形成较为系统的绿色发展体系。古巴在绿色发展方面的主要贡献体现在农业、工业、服务行业以及生产关系等几个方面。农业方面，古巴打造了诸如都市农业、有机替代等永续栽培的生态实践模式；工业方面，积极寻求石油替代等再生能源，建立清洁系统，对工业垃圾进行可再生处理；社会服务行业方面，建立绿色医疗、绿色教育、绿色旅游等特色行业；生产关系方面，重建粮食生产体系中的劳动关系，促进人与自然的关系修复。研究认为，古巴的绿色发展取得显著成效主要源于其继承并发展了马克思恩格斯的生态思想，并结合古巴特色和国情实际，进行本土化的建设。经过多年努力，古巴国内环境得到普遍改善，经济恢复发展，获得国际社会的多方赞誉认可。古巴的绿色发展也面临诸多现实挑战，必须及时采取相应的时代应对之策。总之，古巴的绿色发展是基于国情实际的生态环境治理，成效虽显著，但缺乏对理论的深度思考和制度建构。古巴绿色发展的未来之路仍是值得长期关注的焦点。具体表现为以下两点。

一是关于古巴未来绿色发展的定位问题。古巴的绿色发展发端于"特殊时期"，当时艰难困苦的生存环境决定了古巴不得不走一条能够自给自足的可持续的绿色道路。自2011年古巴经济恢复发展后宣布进行社会主义模式"更新"以来，古巴的发展重心放在经济建设方面。特别是新任领导人迪亚斯-卡内尔上台后，表示将继续深化模式"更新"，侧重实体经济的建设。在新时期，古巴面临着全面系统的深化改革，在改革的过程中能否兼顾经济发展与生态环境的保护，未来能否继续走社会主义绿色发展之路，值得持续关注。

二是关于古巴社会主义模式"更新"问题。古巴的绿色发展是古巴社会主义建设和改革的一个重要组成部分。古巴在模式"更新"方面的改革不仅体现在绿色发展方面，还有政治制度的更新、经济社会的更新以及意识形态的更新。古巴在新时期、新领导人的带领下将如何进行社会主义模式的全面"更新"，新一届政府将引导古巴的社会主义到何处，古巴民众和国际社会会如何看待古巴社会主义的发展，古巴会如何影响世界社会主义的发展态势等问题，需要我们进行深入研究。

参考文献

一 马克思主义经典著作及重要文献

1.《马克思恩格斯文集》第1~10卷，人民出版社，2009。

2.《马克思恩格斯全集》第34卷，人民出版社，2008。

3.《马克思恩格斯全集》第44卷，人民出版社，2001。

4.《马克思恩格斯全集》第46卷，人民出版社，2003。

5.《资本论》，人民出版社，2004。

6.《列宁专题文集》第1~5卷，人民出版社，2009。

7.《毛泽东选集》第1~4卷，人民出版社，1991。

8.《邓小平文选》第1卷，人民出版社，1994。

9.《邓小平文选》第2卷，人民出版社，1994。

10.《邓小平文选》第3卷，人民出版社，1993。

11. 习近平：《决胜全面建成小康社会 夺取新时代中国特色社会主义伟大胜利——在中国共产党第十九次全国代表大会上的报告》，人民出版社，2017。

12. 习近平：《习近平谈治国理政（第一卷）》，外文出版社，2018。

13. 习近平：《习近平谈治国理政（第二卷）》，外文出版社，2017。

14. 习近平：《习近平谈治国理政（第三卷）》，外文出版社，2020。

15. 中共中央宣传部：《习近平总书记系列重要讲话读本（2016年版）》，学习出版社、人民出版社，2016。

16. 中共中央文献研究室：《习近平关于社会主义生态文明建设论述摘编》，中央文献出版社，2017。

17. 中共中央文献研究室：《十八大以来重要文献选编（上）》，中央文献出版社，2014。

18. 中共中央文献研究室：《十八大以来重要文献选编（中）》，中央文献出版社，2016。

19. 中共中央文献研究室：《十八大以来重要文献选编（下）》，中央文献出版社，2018。

20. 习近平：《推动我国生态文明建设迈上新台阶》，《求是》2019年第3期。

21.《坚决打好污染防治攻坚战 推动生态文明建设迈上新台阶》，《人民日报》2018年5月20日，第1版。

22.《庆祝改革开放40周年大会在京隆重举行 习近平发表重要讲话》，《光明日报》2018年12月19日，第1版。

23. 习近平：《在哲学社会科学工作座谈会上的讲话（全文）》，新华网，http：//www.xinhuanet.com/politics/2016 - 05/18/c _ 1118891128 _ 2.htm。

24. 习近平：《在气候变化巴黎大会开幕式上的讲话》，人民网，http：//jhsjk.people.cn/article/27874111。

25.《习近平向生态文明贵阳国际论坛2013年年会致贺信强调：携手共建生态良好的地球美好家园》，人民网，http：//jhsjk.people.cn/article/22266285。

二 中外著作

（一）原创著作

1. 蔡华杰：《另一个世界可能吗？——当代生态社会主义研究》，社会科学文献出版社，2014。

2. 常杰、葛滢：《生态文明中的生态原理》，浙江大学出版社，2017。

3. 陈静生、蔡运龙、王学军：《人类–环境系统及其可持续性》，商务印书馆，2007。

4. 陈美玲：《古巴农业革命》，社会科学文献出版社，2013。

5. 陈学明：《生态社会主义》，扬智文化事业股份有限公司，2003。

6. 陈学明：《生态文明论》，重庆出版社，2008。

7. 陈永森、蔡华杰：《人的解放与自然的解放：生态社会主义研究》，学习出版社，2015。

8. 崔桂田、蒋锐等：《拉丁美洲社会主义及左翼社会运动》，山东人民出版社，2013。

9. 杜明娥、杨英姿：《生态文明与生态现代化建设模式研究》，人民出版社，2013。

10. 方世南：《马克思恩格斯可持续发展思想：基于〈马克思恩格斯文集〉的研究》，人民出版社，2017。

11. 付成双：《美国现代化中的环境问题研究》，高等教育出版社，2018。

12. 高放：《当代世界社会主义新论》，云南人民出版社，1998。

13. 顾海良：《马克思主义发展史》，中国人民大学出版社，2009。

14. 侯惠勤：《马克思的意识形态批判与当代中国》，中国社会科学出版社，2010。

15. 胡建：《马克思生态文明思想及其当代影响》，人民出版社，2016。

16. 胡振良、常欣欣：《当代世界社会主义前沿问题》，中共中央党校出版社，2011。

17. 郇庆治：《重建现代文明的根基——生态社会主义研究》，北京大学出版社，2010。

18. 郇庆治：《自然环境价值的发现：现代环境中的马克思恩格斯自然观的研究》，广西人民出版社，1994。

19. 解保军：《马克思自然观的生态哲学意蕴："红"与"绿"结合的理论先声》，黑龙江人民出版社，2002。

20. 赖海榕：《中国农村政治体制改革——乡镇半竞争性选举研究》，中央编译出版社，2009。

21. 李春辉：《拉丁美洲史稿·上卷（二）》，商务印书馆，2001。

22. 李繁荣：《马克思主义农业生态思想及其当代价值研究》，中国社会科学出版社，2014。

23. 李惠斌等：《生态文明与马克思主义》，中央编译出版社，2008。

24. 李建平：《〈资本论〉第一卷辩证法探索》，社会科学文献出版社，2006。

25. 李强、周培：《都市农业的自然演变与结构优化》，科学出版社，2016。

26. 廖小明：《生态正义：基于马克思恩格斯生态思想的研究》，人民出版社，2016。

27. 毛相麟：《古巴：本土的可行的社会主义》，社会科学文献出版社，2012。

28. 毛相麟：《古巴社会主义研究（西）》，五洲传播出版社，2014。

29. 毛相麟：《古巴社会主义研究》，社会科学文献出版社，2005。

30. 聂运麟等：《当代资本主义国家共产党——低潮中的奋进、变革与转型》，社会科学文献出版社，2007。

31. 潘金娥主编《马克思主义本土化的国际经验与启示》，社会科学文献出版社，2017。

32. 潘玉腾：《推进社会主义核心价值体系大众化研究》，社会科学文献出版社，2012。

33. 蒲国良：《当代国外社会主义概论》，中国人民大学出版社，2006。

34. 苏振芳：《创新思维方法论》，社会科学文献出版社，2013。

35. 孙道进：《马克思主义环境哲学研究》，人民出版社，2008。

36. 汤荻：《古巴印象》，北京十月文艺出版社，2017。

37. 王承就：《古巴共产党建设研究》，人民出版社，2011。

38. 王伟：《美国对古巴政策研究》，人民出版社，2017。

39. 王雨辰：《走进生态文明》，湖北人民出版社，2011。

40. 肖枫、王志先：《古巴社会主义》，人民出版社，2004。

41. 徐世澄、贺钦：《古巴》，社会科学文献出版社，2018。

42. 徐世澄：《当代拉丁美洲的社会主义思潮与实践》，社会科学文献出版社，2012。

43. 徐世澄：《古巴》，社会科学文献出版社，2003。

44. 徐世澄：《古巴模式的"更新"与拉美左派的崛起》，中国社会科学出版社，2013。

45. 徐世澄主编《拉丁美洲现代思潮》，当代世界出版社，2010。

46. 徐世澄主编《拉美左翼和社会主义理论思潮研究》，中国社会科学出版社，2017。

47. 许宝友主编《世界主要政党规章制度文献 越南、老挝、朝鲜、古巴》，中央编译出版社，2016。

48. 袁东振主编《拉丁美洲加勒比发展报告（2017~2018）》，社会科学文献出版社，2018。

49. 越南科技联盟－环境与可持续发展研究所主编《越南可持续发展标准的研究（第一辑）》，越南国家政治出版社，2003。

50. 张金霞：《"古巴模式"的理论探索——卡斯特罗的社会主义观》，人民出版社，2012。

51. 赵家荣、曾少军：《永续发展之路：中国生态文明体制研究》，中国经济出版社，2017。

52. 赵荣宪、杨锡军：《卡斯特罗时代：中国大使亲历纪实》，外文出版社，2018。

53. 郑传芳：《中国特色社会主义理论体系若干问题研究》，人民出版社，2010。

54.《中外生态文明建设100例》编写组编《中外生态文明建设100例》，百花洲文艺出版社，2017。

55. 中国工程院"生态文明建设若干战略问题研究"项目研究组：《中国生态文明建设若干战略问题研究（综合卷）》，科学出版社，2016。

56. 中国社会科学院拉丁美洲研究所编《当代中国拉丁美洲研究》，中国社会科学出版社，2017。

57. 周穗明等：《20世纪末西方新马克思主义》，学习出版社，2008。

58. 周新城：《越南、古巴社会主义现状与前景》，安徽人民出版社，2000。

（二）国内译著

1.〔古〕卡斯特罗口述、〔法〕拉莫内著《菲德尔·卡斯特罗访谈传记：我的一生》，中国社会科学院拉丁美洲研究所组织翻译，国际文化出版公司，2016。

2.〔古〕萨洛蒙·苏希·萨尔法蒂编《卡斯特罗语录》，宋晓平等译，社会科学文献出版社，2010。

3.〔古〕菲德尔·卡斯特罗：《全球化与现代资本主义》，王枚等译，社会科学文献出版社，2000。

4.〔古〕菲德尔·卡斯特罗：《菲德尔·卡斯特罗在古巴共产党第一、二、三次全国代表大会上的中心报告》，人民出版社，1990。

5.〔古〕《卡斯特罗言论集（第2册）》，人民出版社，1963。

6.〔古〕切·格瓦拉：《格瓦拉日记》，陈皓译，译林出版社，2016。

7. 〔古〕胡安·鲁伊斯·昆塔纳：《古巴矿业概况》，中国矿业大学出版社，2017。

8. 〔德〕汉斯·莫德罗等：《古巴：起步还是止步?》，王建政译，社会科学文献出版社，2016。

9. 〔英〕理查德·戈特：《世界历史文库——古巴史》，徐家玲等译，中国大百科全书出版社，2013。

10. 〔俄〕尼古拉·S. 列昂诺夫：《劳尔·卡斯特罗：革命生涯》，魏然等译，中国社会科学出版社，2016。

11. 〔美〕卡梅洛·梅萨-拉戈：《七十年代的古巴——注重实效与体制化》，丁中译，商务印书馆，1980。

12. 〔乌〕爱德华多·加莱亚诺：《拉丁美洲被切开的血管》，王玫等译，南京大学出版社，2018。

13. 〔美〕霍华德·威亚尔达、哈维·克莱恩编著《拉丁美洲的政治与发展》，刘捷等译，上海译文出版社，2017。

14. 〔美〕斯基德莫尔、〔美〕史密斯、〔美〕格林：《现代拉丁美洲（第七版）》，张森根等译，当代中国出版社，2014。

15. 〔荷〕德维特等主编《拉丁美洲的高等教育：国际化的维度》，李锋亮等译，教育科学出版社，2011。

16. 〔英〕杰拉尔德·G. 马尔腾：《人类生态学——可持续发展的基本概念》，顾朝林等译，商务印书馆，2012。

17. 〔美〕罗伊·莫里森：《生态民主》，刘仁胜、张甲秀、李艳君译，中国环境出版社，2016（2017重印）。

18. 〔美〕约翰·贝拉米·福斯特：《生态革命——与地球和平相处》，人民出版社，2015。

19. 〔美〕乔尔·科威尔：《自然的敌人：资本主义的终结还是世界的毁灭?》，杨燕飞等译，中国人民大学出版社，2015。

20. 〔澳〕罗宾·艾克斯利：《绿色国家：重思民主与主权》，郇庆治译，山东大学出版社，2012。

21. 〔英〕乔纳森·休斯：《生态与历史唯物主义》，张晓琼等译，江苏人民出版社，2011。

22. 〔美〕比尔·麦吉本：《幸福经济——从"更多"到"更好"》，林丽冠译，南海出版公司，2010。

23. 〔印〕萨拉·萨卡:《生态社会主义还是生态资本主义》，张淑兰译，山东大学出版社，2008。

24. 〔澳〕约翰·德赖泽克:《地球政治学:环境话语》，蔺雪春、郭晨星译，山东大学出版社，2008。

25. 〔美〕玛丽-爱丽丝·沃特斯编著《我们的历史并未终结:古巴革命中的三位华裔将军》，王路沙译，知识产权出版社，2008。

26. 〔美〕约翰·贝拉米·福斯特:《生态危机与资本主义》，耿建新等译，上海译文出版社，2006。

27. 〔美〕约翰·贝拉米·福斯特:《马克思的生态学:唯物主义与自然》，刘仁胜、肖峰译，高等教育出版社，2006。

28. 〔美〕丹尼尔·A. 科尔曼:《生态政治——建设一个绿色社会》，梅俊杰译，上海译文出版社，2006。

29. 〔美〕约翰·马德莱:《贸易与粮食安全》，熊瑜妤译，商务印书馆，2006。

30. 〔美〕莱斯特·R. 布朗.B.:《模式2.0:拯救地球，延续文明》，林自新、暴永宁译，东方出版社，2006。

31. 〔英〕戴维·佩珀:《生态社会主义:从深生态学到社会正义》，刘颖译，山东大学出版社，2005。

32. 〔法〕塞尔日·莫斯科维奇:《还自然之魅:对生态运动的思考》，庄晨燕、邱寅晨译，生活·读书·新知三联出版社，2005。

33. 〔英〕克里斯托弗·卢茨:《西方环境运动:地方、国家和全球向度》，徐凯译，山东大学出版社，2005。

34. 〔美〕詹姆斯·奥康纳:《自由的理由》，唐正东、臧佩洪译，南京大学出版社，2003。

35. 〔英〕安东尼·吉登斯:《第三条道路及其批评》，中共中央党校出版社，2002。

36. 〔英〕安东尼·吉登斯:《第三条道路:社会民主主义的复兴》，郑戈译，北京大学出版社，生活·读书·新知三联书店，2000。

37. 〔美〕蕾切尔·卡逊:《寂静的春天》，吕瑞兰、李长生译，吉林人民出版社，1997。

38. 〔美〕丹尼斯·米都斯等:《增长的极限》，李宝恒译，吉林人民出版社，1997.

39. 〔加〕威廉·莱斯:《自然的控制》,岳长龄、李建华译,重庆出版社,1993。

40. 〔德〕A. 施密特:《马克思的自然概念》,欧力同等译,商务印书馆,1988。

(三) 国外著作

1. Aldo Leopold, *Round River*, New York: Oxford University Press, 1953.

2. Andre Gorz, *Capitalism, Socialism, Ecology*, London: Verso, 1994.

3. Benjamin Kline, *First along the River: A Brief History of the U. S. Environmental Movement*, San Francisco: Acada Books, 1997.

4. Camelo Mesa-Lago, *The Economy of Socialist Cuba*, New Mexico, 1985.

5. Derek Wall, *The Rise of the Green Left: Inside the Worldwide Ecosocialist Movement*, London & New York: Pluto Press, 2010.

6. Howard L. Parsons, *Marx And Engels on Ecology*, London: Greenwood Press, 1997.

7. Hugh Thomas, *Cuba: A History*, London: Penguin Group, 2010.

8. Julia Wright, *Sustainable Agriculture and Food Security in an Era of Oil Scarcity: Lessons from Cuba*, London, New York: Earthscan, 2009.

9. Jonathan Benjamin-Alvarado Editor, *Cuba's Energy Future: Strategic Approaches to Cooperation*, Washington, D. C.: Brookings Institution Press, 2010.

10. John Ballamy Foster, *Ecology against Capitalism*, New York: Mohthly Reeview Press, 2002.

11. John Bellamy Foster, Brett Clark, Richard York, *The Ecological Rift: Capitalism's War with the Earth*, New York: Monthly Review Press, 2010.

12. John Bellamy Foster, Fred Magdoff, *The Great Financial Crisis: Causes and Consequences*, New York: Monthly Review Press, 2009.

13. Jonthan Hughes, *Ecology and History Materialism*, London: Cambridge University Press, 2000.

14. J. Baird Callicott ed., "The Land Aesthetic," in *Companion to a Sand Country Almanac: Interpretive and Critical Essays*, Madison: Wisc.: The University of Wisconsin Press, 1987.

15. JoelKovel, *The Enemy of Nature: The End of Capitalism or the End of the World?* London&New York: Zed Books, 2007.

16. Monzote, M. and F. Funes, *Agricultura y Educacion Ambiental*, *Primera Convencion International sobre Medio Ambiente y Desarrollo*, Havana, Memorias Congreso de Educacion Ambiental para el Desarrollo Sostenible, 1997.

17. Nelso Companioni and Hernández Yanet Ojeda. et al., "The Growth of Urban Agriculture" in *Sustainable Agriculture and Resistance*: *Transforming Food Production in Cuba*, Fernando Funes et al. (ed), Oakland: CA.: Food First Books, Institue for Food and Development Policy, 2002.

18. Pamela Stricker, *Toward A Culture of Nature*: *Environmental Policy and Sustainable Development in Cuba*, Plymouth: Lexington Books, 2007.

19. Reinaldo Funes Monzote, *From Rainforest to Cane Field in Cuba*: *An Environmental History since 1492*, Translated by Alex Martin, Chapel Hill: The University of North Carolina Press, 2008.

20. Sherry Johnson, *Climate and Catastrophe in Cuba and the Atlantic World in the Age of Revolution*, Chapel Hill: The University of North Carolina Press, 2011.

21. United Nations Educational, Scientific and Cultural Organization, *The United Nations World Water Development Report 4*: *Managing Water under Uncertainty and Risk*, Vol. 1, Paris: UNESCO, 2012.

22. William M. LeoGrande, Peter Kornbluh, *Back Channel to Cuba*, Chanpel Hill: The University of North Carolina Press, 2015.

三　期刊文章

(一)　国内期刊

1. 程恩富:《世界社会主义的未来取决于国际无产阶级有效联合行动》,《国外社会科学》2012 年第 5 期。

2. 陈学明、罗骞:《科学发展观与人类存在方式的改变》,《中国社会科学》2008 年第 5 期。

3. 陈永森:《"控制自然"还是"顺应自然"——评生态马克思主义对马克思自然观的理解》,《马克思主义与现实》2017 年第 1 期。

4. 陈永森:《"汽车化"还是"去汽车化"——基于城市空间的思考》,《黑龙江社会科学》2016 年第 2 期。

5. 徐世澄:《古巴国家新领导人迪亚斯-卡内尔主席的历史使命》,《当代世界》2018 年第 6 期。

6.《古共七大召开及古巴模式更新的意义——访中国社会科学院荣誉学部委员徐世澄研究员》,《马克思主义研究》2017年第2期。

7. 徐世澄:《劳尔·卡斯特罗有关古巴经济变革的论述和古巴经济变革的最新动向》,《当代世界》2011年第3期。

8. 徐世澄:《菲德尔·卡斯特罗的思考》,《拉丁美洲研究》2009年第2期。

9. 杨建民、毛相麟:《古巴的社会主义及其发展前景》,《拉丁美洲研究》2013年第2期。

10. 王承就:《古巴共产党的执政理念探析》,《当代世界》2011年第4期。

11. 白少君编《能源危机与古巴的社区农业》,《国外理论动态》2010年第4期。

12. 贺钦:《浅析古巴可持续发展的基本经验》,《拉丁美洲研究》2007年第3期。

13. 李嘉:《古巴社会主义"更新"经济模式研究》,《政治经济学评论》2019年第1期。

14.《古巴共产党章程》,靳呈伟译,《当代世界社会主义问题》,2016年第3期。

15. 赵欢、柯昀含:《古巴的绿色发展之路》,《世界环境》2016年第1期。

16. 刘贺:《古巴社会主义生态文明建设的实践与启示》,《重庆社会主义学院学报》,2014年第3期。

17. 刘维广:《古巴社会主义经济建设与发展》,《拉丁美洲研究》2009年第1期。

18. 刘金源:《古巴的单一经济及其依附性后果》,《学海》2009年第4期。

19. 房宏琳、单吉堃:《古巴可持续农业发展的模式与经验》,《中国农村经济》2009年第9期。

20. 李锦华:《苏东剧变后古巴共产党的理论、方针政策与实践》,《马克思主义研究》2000年第6期。

21. 林慧贞:《古巴:逼出来的生态农业》,《农产品市场周刊》2015年第19期。

22. 林惠贞：《古巴生态农业启示录》，《农产品市场周刊》2014 年第 20 期。

23. 佚名：《古巴大学开发出天然杀虫剂》，《福建农业》2013 年第 4 期。

24. 佚名：《古巴有机农业的发展之路》，《新农业》2013 年第 10 期。

25. 李海洋：《古巴共产党党的建设的基本经验》，《学习与实践》2008 年第 6 期。

26. 张丹、范国睿：《古巴教育改革的经验与反思》，《国外教育研究》2008 年第 10 期。

27. 张登文：《苏东剧变后的古巴经济改革：措施、主要成就与思考》，《教学与研究》2011 年第 4 期。

28. 肖建华：《借鉴古巴经验推进我国"两型"农业发展》，《环境保护》2013 年第 15 期。

29. 〔古〕费尔南多·富内斯：《古巴的有机农业运动》，黄小莉译，《开放时代》2010 年第 4 期。

30. 〔荷〕詹姆斯·D. 科克罗夫特：《古巴社会主义 50 年的变迁》，贺钦译，《国外理论动态》2009 年第 10 期。

31. 〔美〕丽贝卡·克劳森等：《农业危机与古巴社会主义有机粮食生产模式的潜能》，宋树理译，《海派经济学》2016 年第 2 期。

32. 〔美〕丽贝卡·克劳森：《古巴：可持续发展农业的典范》，王维平等译，《国外理论动态》2007 年第 9 期。

33. 〔美〕梅甘·奎因：《能源危机与古巴的社区农业》，白少君编译，《国外理论动态》2010 年第 4 期。

34. 郇庆治：《国际比较视野下的绿色发展》，《江西社会科学》2012 年第 8 期。

35. 潘金娥：《当代社会主义的探索、创新与发展》，《马克思主义研究》2018 年第 3 期。

36. 生态社会主义国际：《贝伦生态社会主义宣言》，聂长久译，《当代世界社会主义问题》2010 年第 2 期。

37. 郎廷建：《马克思恩格斯的生态文明思想》，《上海财经大学学报》2015 年第 5 期。

38. 孟根龙、〔美〕小约翰·B. 柯布：《建设性后现代主义与福斯特生态马克思主义——访美国后现代主义思想家小约翰·B. 柯布》，《武汉科技大学学报》（社会科学版）2014 年第 2 期。

39. 万俊人：《美丽中国的哲学智慧与行动意义》，《中国社会科学》2013 年第 5 期。

40.〔加〕伊恩·安格斯：《为后代而斗争：一位生态社会主义者的观点》，姚单华摘译，《国外理论动态》2009 年第 11 期。

41. 郑又贤：《关于绿色发展的内在逻辑透视》，《东南学术》2016 年第 4 期。

42. 胡振良：《变革中的社会主义向何处去——当前党政领导干部关注的重大思想现实问题（十九）》，《科学社会主义》2007 年第 3 期。

43. 杨晶、陈永森：《生态文明建设的中国方案及其世界意义》，《东南学术》2018 年第 5 期。

44. 杨晶：《〈资本论〉蕴含的生态思想及其当代价值》，《福建师范大学学报》（哲学社会科学版）2019 年第 1 期。

45. 胡振生：《生态环境的恶化呼唤着共产主义》，《当代思潮》2000 年第 4 期。

46. 胡梅叶、陶富源：《马克思主义哲学理论结构的生态维度》，《哲学动态》2015 年第 9 期。

47. 翁礼成：《谈马克思恩格斯关于人与自然关系的主要思想》，《思想理论教育导刊》2012 年第 8 期。

48. 路健、蔡红霞：《农村环境保护问题》，《科技信息》2011 年第 18 期。

49. 段华明：《社会主义与生态问题》，《开发研究》1996 年第 4 期。

50.〔美〕马克·布罗丁：《工人阶级、环境和社会主义》，丁晓钦译，《海派经济学》2008 年第 22 期。

51.〔朝〕金哲：《朝鲜环境管理与可持续发展》，张慧智、崔明旭译，《人口学刊》，2016 年第 4 期。

52. 陈文：《越南的环境管理及保护》，《东南亚》2003 年第 2 期。

53. 陆彦椿：《朝鲜的国土生态环境》，《农村生态环境》1992 年第 4 期。

54. 叶碎高、李险峰：《老挝的森林资源与水土保持》，《黑龙江水专学报》1998 年第 4 期。

（二）国外期刊

1. Díaz-Briquets, S., "Forestry policies of Cuba's Socialist Government: an appraisal", *Cuba in Transition*, Vol. 6, 1996.

2. Jamieson, A. J., Malkocs, T., Piertney, S. B., Fujii, T. and Zhang, Z., "Bioaccumulation of persistent organic pollutants in the deepest ocean fauna", *Nature Ecology & Evolution*, Vol. 1, 2017.

3. Myers, N., Mittermeier, R. A., Mittermeier, C. G., Da Fonseca, G. A., Kent, J., "Biodiversity hotspots for conservation priorities", *Nature*, Vol. 403, No. 6772, 2000.

4. Miguel A. Altieri, Fernando F. R. Funes-Monzote, Paulo Petersen, "Agroecologically Efficient Agricultural Systems for Smallholder Farmers", Agronomy for Sustainale Development, Vol. 32, 2012.

5. Mercedes García, "Green Medicine: An Option of Richness", Fernando Funes et al. eds., *Sustainable Agriculture and Resistance: Transforming Food Production in Cuba*, Oakland: CA.: Food First Books, Institute for Food and Development Policy, 2002.

6. Ramaswami, A., Russell, A. G., Culligan, P. J., Sharma, K. R. and Kumar, E., "Meta-principles for developing smart, sustainable, and healthy cities", *Science*, Vol. 352 (6288), 2016.

7. Richard Stone, "Cuba's 100-year plan for climate change—Nation seeks assistance for project to strengthen coastal defenses and relocate villages", *Science*, Vol. 359, No. 6372, 2018.

8. Richard Levins, "The Struggle for Ecological Agriculture in Cuba", *Capitalism, Nature and Socialism*, 1990.

9. Zoe Nicole Boutilier, Implementing Environmental Policy in Cuba: An Assessment of Eco-Socialist Theory, Master of Arts thesis of Saint Mary's University, Halifax, Nova, 2005.

10. Andrew Webster, "Cuba Does What Comes Naturally in Medical Care: U. S. Trade Embargo Forces Reversion to Centuries-Old Healing Techniques", *Globe and Mail*, Vol. 6, 1999.

（三）报纸文章

1. 《习近平同古巴国务委员会主席兼部长会议主席迪亚斯-卡内尔举行

会谈》，《光明日报》2018 年 11 月 9 日，第 1 版。

2. 《古巴国务委员会主席兼部长会议主席迪亚斯-卡内尔（人物介绍）今起对我国进行正式访问》，《人民日报》2018 年 11 月 6 日，第 4 版。

3. 徐世澄：《新宪法将巩固古巴社会主义改革成果》，《中国社会科学报》2019 年 2 月 28 日，第 5 版。

4. 庄贵阳、薄凡：《从自然中来，到自然中去——生态文明建设与基于自然的解决方案》，《光明日报》2018 年 9 月 12 日，第 14 版。

5. 高强：《加快经济发展"绿色转型"的对策》，《光明日报》2013 年 2 月 13 日，第 3 版。

6. 刘志博：《培育乡村生态文化要抓好宣传教育》，《中国环境报》2018 年 12 月 21 日，第 3 版。

7. 谈燕：《李强率领的中国共产党代表团 7 月 14 日至 17 日访问古巴 推动上海与古巴在各领域务实合作》，《解放日报》2018 年 7 月 19 日，第 1 版。

8. 张成林：《增强为生态让路的行动自觉》，《海南日报》2018 年 12 月 21 日，第 3 版。

9. 张华兵：《古巴在中国首家新药研发机构拟落户永州》，《永州日报》2018 年 5 月 29 日，第 1 版。

四 学位论文

1. 王伟：《美国对古巴遏制政策的起源》，东北师范大学博士学位论文，2016。

2. 荣枢：《菲德尔·卡斯特罗的社会主义思想研究》，武汉大学博士学位论文，2012。

3. 靳呈伟：《拉美共产党的理论、政策与组织研究》，山东大学博士学位论文，2010。

4. 王承就：《古巴共产党建设研究》，南开大学博士学位论文，2010。

5. 邹焕梅：《当代社会主义国家执政党自身建设比较研究》，山东大学博士学位论文，2014。

6. 董卫华：《越南、朝鲜、老挝、古巴执政党的社会管理理念比较》，中南大学博士学位论文，2013。

7. 陈雪峰：《〈资本论〉蕴含的生态思想及其当代价值研究》，辽宁大学博士学位论文，2016。

8. 梅记周：《越南社会主义发展模式研究》华中师范大学博士学位论文，2013。

五　网络文献

1. 《古巴国家概况》，外交部，https：//www. fmprc. gov. cn/web/gjhdq_676201/gj_676203/bmz_679954/1206_680302/1206x0_680304/。

2. 埃菲社：《卡斯特罗批评"激进派"改革思路》，人民网，http：//citiccard. world. people. com. cn/GB/41219/6230863. html。

3. 贺钦：《5月11日，院长、党委书记邓纯东会见古巴外宾》，马克思主义研究网，http：//myy. cass. cn/tplx/201705/t20170511_3515992. shtml。

4. 《古巴着手第三次修宪，首次涉及经济问题以适应模式"更新"》，https：//baijiahao. baidu. com/s？id=1601849579579565217&wfr=spider&for=pc&qq-pf-to=pcqq. c2c。

5. 〔美〕比尔·温伯格：《"特殊时期"造就的古巴生态模式，还会延续下去吗》，谢一谊译，https：//www. thepaper. cn/newsDetail_forward_1900341。

6. 《古巴2018年接待外国游客数量创新高》，新华网，http：//www. xinhuanet. com/2018-12/21/c_1123887945. htm。

7. 《古巴新能源86%来源于蔗渣发电》，中国行业研究网，http：//www. chinairn. com/news/20131025/114726295. html。

8. 《古巴修宪进行时：肯定私有财产、不再提"实现共产主义"》，https：//baijiahao. baidu. com/s？id=1607043243627574575&wfr=spider&for=pc&qq-pf-to=pcqq. c2c。

9. 《〈公民环保行为调查报告〉发布》，人民网，http：//env. people. com. cn/n1/2018/0606/c1010-30040376. html。

10. 《中华人民共和国2019年国民经济和社会发展统计公报》，国家统计局，http：//www. stats. gov. cn/tjsj/zxfb/202002/t20200228_1728913. html。

11. 《联合国报告：亚太正成为实现全球环境目标"发动机"》，中国新闻网，http：//finance. chinanews. com/ny/2012/09-04/4158450. shtml。

12. 《种下绿色就能收获美丽（钟声）》，人民网，http：//world. people. com. cn/GB/n1/2017/1207/c1002-29690510. html。

13. Abel Gilbert，"Cuba impulsa una reforma de la Constitución"，https：//www. elperiodico. com/es/internacional/20180603/cuba-impulsa-reforma-constitucion-6854918.

14. Azam Ahmed，"Cubans Doubt a Change at the Top Will Bring Change at the Bottom"，https：//www. nytimes. com/2018/04/21/world/cuba-castro-diaz-canel. html.

15. "Carta Magna con intencionalidad transformadora y sensibilidad política"，http：//www. granma. cu/cuba/2018 - 07 - 23/carta-magna-con-intencionalidad-transformadora-y-sensibilidad-politica-23-07-2018-00-07-01.

16. "Caribbean Biological Corridor-a work in progress"，https：//www. unenvironment. org/news-and-stories/story/caribbean-biological-corridor-work-progress.

17. Rafael Rojas，"La dualidad cubana—Díaz Canel mezcla resistencia y adaptación：refuerza el control económico pero también abre Cuba al capital extranjero"，https：//elpais. com/elpais/2018/10/05/opinion/1538752258 _ 340275. html.

18. Ricardo Mir de Francia，"Cuba pasa página a los Castro"，https：//www. elperiodico. com/es/internacional/20180418/cuba-se-prepara-para-el-relevo-de-raul-castro-6766251.

19. "U. S. and Cuba to cooperate on conservation and management of marine protected areas"，http：//www. noaa. gov/media-release/us-and-cuba-to-cooperate-on-conservation-and-management-of-marine-protected-areas.

20. "Aprobación de la Estrategia Ambiental Nacional"，http：//www. medioambiente. cu/index. php/hitos-ambientales? start=10.

21. "Bases del Plan Nacional de Desarrollo Económico y Social hasta el 2030：Visión de la Nación, Ejes y Sectores Estratégicos"，http：//www. granma. cu/file/pdf/gaceta/último%20PDF%2032. pdf.

22. "Conceptualización del Modelo Económico y Social Cubano de Desarrollo Socialista"，http：//www. granma. cu/file/pdf/gaceta/último% 20PDF% 2032. pdf.

23. "Estrategia Ambiental 2007-2010"，http：//www. medioambiente. cu/index. php/hitos-ambientales? start=40.

24. "Estrategia Ambiental 2011-2015", http: //www. medioambiente. cu/index. php/component/docman/doc _ details/7-estrategia-ambiental-nacional-2011-2015? Itemid=.

25. "Human Development Index and its components", http: //hdr. undp. org/en/composite/HDI.

26. "Hitos Ambientales", http: //www. medioambiente. cu/index. php/hitos-ambientales? limitstart=0, .

27. "Ley No. 81 DEL MEDIO AMBIENTE", http: //www. medioambiente. cu/legislacion/L-81. htm.

28. "Lineamientos de la Política Económica y Social del Partido y la Revolución para el período 2016 - 2021", http: //www. granma. cu/file/pdf/gaceta/último% 20PDF% 2032. pdf.

29. "Living Planet Report 2006", http: //wwf. panda. org/knowledge _ hub/all_publications/living_planet_report_timeline/lpr_2006/index. cfm.

30. Third sessions of the UN Environment Assembly, "Towards a Pollution-Free Planet", http: //wedocs. unep. org/bitstream/handle/20. 500. 11822/21800/UNEA_towardspollution_long% 20version_Web. pdf? sequence = 1&isAllowed=y.

31. Dale Jiajun Wen, "North Korea and Cuba Offer a Preview of Oil Withdrawal", *Yes Magazine*, 2006/05/05: https: //www. yesmagazine. org/issues/5000-years-of-empire/peak-oil-preview-north-korea-cuba.

32. http: //www. medioambiente. cu/.

33. http: //www. medioambiente. cu/index. php/component/content/article? id=51.

后　记

　　本书是在我的博士学位论文基础上修改而成的。在此，感谢福建师范大学马克思主义学院对本书出版的大力支持。感谢社会科学文献出版社的编辑老师们对本书出版的认真指导与悉心审阅。

　　岁月如梭，三年的读博时光转眼而过。至今依旧能回想起第一次听课的场面，导师们渊博的知识和谆谆教导让我永生难忘。在福建师范大学马克思主义学院读博，是我此生的荣幸！回首这几年的求学生涯，要感谢的人很多。

　　感谢我的导师陈永森教授。感谢他对一个初入门却有点固执的学生的包容，感谢他在日常学习中不厌其烦地指导我如何进行科研写作，感谢他在论文开题、中期答辩、预答辩、答辩等过程中对我的鼓励。博士论文从题目名称、框架拟定、章节内容、词句表述等，都是他在指导下反复斟酌、仔细推敲而确定的。是陈老师给了我走科研之路的信心，他渊博的知识、严谨的态度、悉心的指导，犹如"定海神针"，让我在茫茫的选题中获得淡定，在烦躁的写作中获得平静，一步步引领我在学术的路上不断前行。这里，再次深深地感谢陈永森教授！

　　抱着感恩的心，还要真诚地感谢李建平教授、赖海榕教授、郑传芳教授、王建南教授、潘玉腾教授、苏振芳教授、杨建义教授、傅慧芳教授、吴宏洛教授、杨林香教授、陈桂蓉教授、曾盛聪教授、郑又贤教授、林旭霞教授、张莉教授、黄晓辉教授、杨立英教授、陈志勇教授、蔡华杰教授等马克思主义学院博学的导师们。导师们为学院博士生的培养倾注了大量心血，提供了良好条件。他们潜心的研究、精彩的课程、集体的指导，对学生高度关爱和负责的情怀，让我备受感动，深知不能辜负导师们的殷切期望。

　　感谢中共中央党校（国家行政学院）许耀桐教授，中国人民大学郑吉伟教授，清华大学卢风教授，北京大学郇庆治教授，中国社会科学院房宁研究员、潘金娥研究员、于法稳研究员，复旦大学陈学明教授，中南财经政法大学王雨辰教授，哈尔滨工业大学谢保军教授、叶平教授，云南大学袁群教授等对我论文的专业指导，他们睿智的建议、精准的点拨，大大拓宽我的学科视野和写作思路。

　　感谢福建师范大学学生工作部（处）的领导、老师们对我读博的大力支持。感谢马克思主义学院 2016 级博士同窗们的相互鼓励。感谢生态文明研究小组的成员们给予我的支持。同学们之间良好的学习、生活氛围，使我倍感集体的温馨与力量。感谢全国各地兄弟院校的师生们在我收集论文资料等方面的支持。特别感谢意大利墨西拿大学的 Roy Sumit 为我在外文文献的检索和收集方面给予的无私帮助。

　　最后，也是最重要的，我要感谢我的家人。家是心灵的港湾、精神的寄托。感谢我的爱人林明惠对我攻读博士的理解和支持，在我论文写作期间默默地担负起照顾女儿的责任，为我们这个小家付出了许多。感谢我的父亲和母亲，本可以颐享天年的他们，为了我能够顺利完成学业，主动承担大量的家庭事务和我女儿的抚养、教育工作。父母如此费心费神的操劳，让我倍感愧疚。当然，还要感谢我可爱的女儿，今年才 6 岁的她并不太清楚妈妈整天在书房里忙些什么，却依然很乖巧地知道不能随意打开书房的门、打扰妈妈读书。甚少陪伴孩子，也是一种遗憾，今后将会尽力弥补！

　　求学既是不断积累知识、提升学术水平的过程，也是对身心的极大考验。正所谓"成人不自在，自在不成人"，需要"忍人所不能忍"的勇气和毅力，才可能收获"成人所不能成"的结果。在这三年的求学之路中，常常因为没有写作思路，而显得异常焦虑、烦躁，甚至时时出现失眠现象……幸福都是奋斗出来的，读博中的纠结、失落、紧张、苦闷、酸楚，在毕业之际仿佛都化为一个个美妙的音符，催人奋进。

　　今后，我将继续鞭策自己，怀着感恩之心，加强理论学习，认真投入科研工作，以此回报所有关心我的人。

杨　晶

2020 年 5 月于福州水印长天

图书在版编目（CIP）数据

古巴绿色发展理论与实践研究 / 杨晶著. -- 北京：
社会科学文献出版社，2020.9
（马克思主义理论与现实研究文库）
ISBN 978-7-5201-6918-9

Ⅰ.①古…　Ⅱ.①杨…　Ⅲ.①绿色经济-经济发展-
古巴　Ⅳ.①F125.145

中国版本图书馆 CIP 数据核字（2020）第 128077 号

·马克思主义理论与现实研究文库·
古巴绿色发展理论与实践研究

著　者 / 杨　晶

出 版 人 / 谢寿光
组稿编辑 / 仇　扬
责任编辑 / 王小艳

出　　版 / 社会科学文献出版社·马克思主义出版分社（010）59367004
　　　　　地址：北京市北三环中路甲 29 号院华龙大厦　邮编：100029
　　　　　网址：www.ssap.com.cn
发　　行 / 市场营销中心（010）59367081　59367083
印　　装 / 三河市尚艺印装有限公司

规　　格 / 开　本：787mm×1092mm　1/16
　　　　　印　张：11.75　字　数：205 千字
版　　次 / 2020 年 9 月第 1 版　2020 年 9 月第 1 次印刷
书　　号 / ISBN 978-7-5201-6918-9
定　　价 / 68.00 元

本书如有印装质量问题，请与读者服务中心（010-59367028）联系